重庆大学编写组 / 编著

大唯大雅，卓尔不群

——重庆大学『卓越计划』十年回顾

重庆大学出版社

图书在版编目（CIP）数据

夫唯大雅，卓尔不群 ：重庆大学"卓越计划"十年
回顾／重庆大学编写组编著. -- 重庆 ：重庆大学出版
社，2022.9

ISBN 978-7-5689-3439-8

Ⅰ.①夫… Ⅱ.①重… Ⅲ.①重庆大学—人才培养—
概况 Ⅳ.①G649.287.19

中国版本图书馆 CIP 数据核字（2022）第 123278 号

夫唯大雅，卓尔不群

——重庆大学"卓越计划"十年回顾

FUWEI DAYA, ZHUO'ER BUQUN

— CHONGQING DAXUE "ZHUOYUE JIHUA" SHI NIAN HUIGU

重庆大学编写组　编著

策划编辑:林青山

责任编辑:陈　力　　版式设计:林青山

责任校对:谢　芳　　责任印制:赵　晟

*

重庆大学出版社出版发行

出版人:饶帮华

社址:重庆市沙坪坝区大学城西路 21 号

邮编:401331

电话:（023）88617190　88617185（中小学）

传真:（023）88617186　88617166

网址:http://www.cqup.com.cn

邮箱:fxk@ cqup.com.cn（营销中心）

全国新华书店经销

重庆升光电力印务有限公司印刷

*

开本:787mm×1092mm　1/16　印张:17.5　字数:438千

2022 年 9 月第 1 版　　2022 年 9 月第 1 次印刷

ISBN 978-7-5689-3439-8　定价:88.00 元

编委会

序　言

"夫唯大雅，卓尔不群。"

时代呼唤才德超出寻常、与众不同的优秀人才。在中国共产党的领导下，新中国建立了完备的工业化体系，党的"十七大"提出了国家走新型工业化发展道路、建设创新型国家和人才强国战略。2010 年 6 月，教育部召开"卓越工程师教育培养计划"启动会，联合有关部门和行业协（学）会，共同实施"卓越工程师教育培养计划"（以下简称"卓越计划"）。卓越计划面向工业界、面向世界、面向未来，促进我国由工程教育大国迈向工程教育强国，旨在培养造就一大批创新能力强、适应经济社会发展需要的高质量各类型工程技术人才，为国家走新型工业化发展道路、建设创新型国家和人才强国战略服务。

重庆大学以立德树人为根本，积极实施教育部"卓越计划"，先后有 13 个专业入选"卓越计划"，经过十年的探索和实践，已形成了较为完善的管理组织构架和政策经费支持机制，在人才培养模式改革、工科教师队伍建设、校企深度合作协同育人等方面取得了显著成效，先后有 1 641 名"卓越计划"荣誉毕业生走上社会并广受企业行业的欢迎。重庆大学"卓越计划"成为新工科人才培养的重要组成部分。

在中华民族迈向第二个百年奋斗目标之际，习近平总书记在中央人才工作会议上指出：要培养大批卓越工程师，努力建设一支爱党报国、敬业奉献、具有突出技术创新能力、善于解决复杂工程问题的工程师队伍。在"卓越计划"2.0 背景下，我们应突出四个理念："服务国家战略"理念、"对接产业行业"理念、"引领未来发展"理念、"以学生为中心"理念。重庆大学"卓越计划"2.0 将注重科学教育、人文教育、工程教育的有机统一，并在理论和实践两个维度实现学生知识、能力、素质的协调发展。

继往开来忆往昔，砥砺前行谱新篇。

重庆大学校长

2021 年 12 月

目　录

第一章

重庆大学『卓越计划』概况

窗内，窗外

重庆大学以造就"行业精英、国家栋梁"为己任,为国家和地方经济社会发展培养输送了一批又一批的高素质人才,培养了一大批杰出的科学家、教育家、企业家和工程技术人员。进入21世纪,学校坚持多元化、多维度、个性化的人才培养模式,给领跑者以空间,为其创造通向成功的天梯;给并跑者以约束,为其搭建顺利成才的平台;给跟跑者以帮扶,为其砌筑成长自立的台阶。先后实施拔尖计划、强基计划、卓越计划、本研贯通、校企联合、第二专业、辅修学位、微学位、双学位等人才培养模式,多样化的人才培养模式为一代又一代充满个性和才华的莘莘学子提供了广阔的舞台和丰富的成长空间。

"卓越工程师教育培养计划"简称"卓越计划"。重庆大学"卓越计划"依托学校强大的工科基础,构建"卓越计划"培养体系,旨在培养高水平、创新型的卓越工程人才。

一、教育部"卓越计划"实施背景

中华人民共和国成立至2010年,我国高等工程教育规模位居世界第一。形成了比较合理的高等工程教育结构和体系,培养了上千万的工程科技人才,有力支撑了国家工业化建设。虽然工程教育经过多年发展已经具备了良好基础,基本满足了社会对多种层次、多种类型工程技术人才的大量需求,但是面临世界科技加速发展、环境和生态危机等诸多挑战,我们的人才培养仍然存在不少问题,如工程人才培养模式单一、工科毕业生创新创业能力不足、学科知识交叉融合能力不强、经营管理能力不够、国际视野较为欠缺、国际竞争能力较弱等。基于此,教育部启动实施"卓越计划"。

2010年6月23日,教育部在天津大学召开"卓越计划"启动会,联合有关部门和行业协(学)会,共同实施"卓越计划"。教育部党组副书记、副部长陈希出席会议并讲话。工信部、人社部、财政部、中国工程院等22个部门和单位的有关负责同志出席了会议,"卓越计划"专家委员会的部分院士、20余家企业代表和60余所高校的院校长参加会议。此次会议标志着"卓越计划"正式启动实施。

"卓越计划"的主要目标是培养造就一大批创新能力强、适应经济社会发展需要的高质量创新型各类型工程技术人才,为国家走新型工业化发展道路、建设创新型国家和人才强国战略服务;培养特点是行业企业深度参与培养过程、学校按通用标准和行业标准培养工程人才、强化培养学生的工程能力和创新能力;核心重点是"三个面向":面向工业界——要主动适应工业界的需求,为中国特色新型工业化发展服务,为国家经济社会可持续发展服务;面向世界——要服务"走出去"战略,为工业界开拓国际市场提供源源不断的具有国际竞争能力的工程技术人才;面向未来——要有战略眼光和前瞻意识,培养能够满足未来发展需要、能够适应和引领未来工程技术发展方向的工程师。

实施"卓越计划"是增强国家竞争力的需要,是走中国特色新型工业化道路的需要,是建设创新型国家的需要,是建设人力资源强国的需要,是建设制造强国的需要。我国科技创新能力与发达国家相比仍存在较大差距,其根本原因在于创新型科技人才匮乏。"卓越计划"培养的创新型人才,将承担推动工程领域创新、推动经济发展的重大责任,对建设创新型国家提供源源不断的智力支撑作用。

二、重庆大学"卓越计划"实施概况

(一) 指导思想

以教育部"卓越计划"总体目标为要求,借鉴国内外工程教育的成功经验,树立"面向工业界、面向未来、面向世界"的工程教育理念。以社会需求为导向,以实际工程为背景,以工程技术为主线,着力提高学生的工程意识、工程素质和工程实践能力,注重培养学生的创新、创意、创业能力。

(二) 目标定位

重庆大学是以工科见长的综合性研究型大学,工科一直是学校的传统优势学科和特色,工科专业在校生占在校生总数的近70%。重庆大学工程教育具有优良的传统,经过几十年不断探索与创新,积累了丰富的工程教育改革和工程人才培养经验。结合我校的办学定位及人才培养目标,重庆大学"卓越计划"的目标定位为"培养面向创新、创意、创业的高层次工程人才"。

(三) 总体思路

重庆大学实施"卓越计划"的总体思路是:围绕面向创新、创意、创业的高层次应用型人才目标,从构建体系、完善机制、突出特色、创新模式四个方面推进工作,即构建高水平有特色的工程教育教学体系、完善支撑"卓越计划"的体制机制、突出"卓越计划"的实践特色、创新"卓越计划"的人才培养模式。

（四）培养层次

重庆大学"卓越计划"包括本科、硕士两个层次。硕士层次与专业硕士培养相结合。本书特指本科层次"卓越计划"。

三、组织管理

（一）组织构架

采用学校集中指导、学院具体实施的两级组织管理体系。

学校成立"重庆大学卓越工程师培养计划领导小组"，下设校企合作指导小组、推进工作小组，全面负责学校"卓越计划"工作；各学院根据"卓越计划"专业、学科领域的特点及学院的具体情况，成立院级领导小组，负责学院"卓越计划"本科专业、硕士学科领域的建设工作，组织架构如图1.1所示。

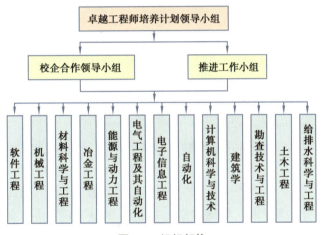

图1.1　组织架构

（二）教学运行管理

"卓越计划"专业培养方案审定及执行检查由推进工作小组负责，企业培养方案审定及执行检查由校企合作领导小组负责。

"卓越计划"专业教学运行管理由学院负责。院级领导小组具体负责协调、实施本学院"卓越计划"的建设工作。

实施"卓越计划"的专业，学生学籍由教务处统一管理，学生遴选办法和选拔实施细则由学院负责，对卓越计划学生进行动态跟踪管理。

四、政策措施

（一）学校层面的政策措施

①制订《重庆大学关于"卓越工程师教育培养计划"的实施意见》，从学校层面在师资保障、经费保障、条件保障等方面给予"卓越计划"全面支持。

②制订《重庆大学关于加强教师工程实践能力的办法》，明确规定年龄在 40 周岁以下的工科学院青年教师，必须以挂职锻炼、跟班工作、培训学习等方式参加工程实践，以保障青年教师得到工程锻炼。

③印发《重庆大学外聘任课教师管理办法》，对聘任条件、聘任程序、考核方式、薪酬发放等做出了明确规定，为"卓越计划"专业聘请企业管理人员及技术人员承担教学任务提供了有力支持。设立"卓越计划"专业建设负责人，并作为三级教授岗位聘用条件之一。

④制订《重庆大学本科实习教学管理办法》《重庆大学本科实习补贴经费管理办法》，明确了学生在企业学习的类型、组织形式及纪律等，为规范学生在企业的实习实践提供保障。

⑤学校招生宣传中对实施"卓越计划"专业给予重点介绍，以鼓励、吸引更多优秀学生进入。在推免研究生时，给予实施"卓越计划"的专业额外增加 2 个推免名额。

（二）学院层面的政策措施

各学院依据自身学科、专业特点及实施卓越计划的方式，从组织实施、人才培养方案、教学管理与质量保证、学生遴选、校企合作、教师评聘与考核等方面制订相应的院级政策措施。主要包括：

学院成立专门领导小组，负责卓越计划的组织实施与协调工作。领导小组下设工作小组，并指定"卓越计划"专业负责人，负责具体建设工作，如制订培养方案和教学计划，制订企业培养方案及执行检查等。组建外聘专家组，由富有工程实践经验、具有高级职称的校内外专兼职教师和行业专家组成，负责指导与检查工作，评价执行效果和提出改进建议。出台院级配套政策，在师资培训、教学用房使用、教研立项等方面给予支持，在岗位设置、工作量计算、教学津贴等方面加大政策保障力度；在工作量计算、教学津贴等方面建立激励机制，并且在考核及各类评优时，同等条件下优先，以保障教师队伍的稳定性。

（1）工程学部（包括机械工程学院、动力工程学院、电气工程学院等 5 个学院）制订《工程学部青年教师工程素养培训实施细则》，规定青年教师参加工程实践的企业选定原则、选派形式、考核及薪酬待遇等，激励青年教师加强工程实践能力。

（2）各学院针对"卓越计划"实施了各具特色的措施。

①建筑城规学院：确定"卓越计划"的基本建设原则，即紧扣培养目标的原则、强调实践成效的原则、注重即时反馈的原则、开放性与适应性原则。在此基础上，针对"卓越计划"的各培养环节，制订一系列配套实施文件。

②土木工程学院：在"卓越计划"建设与运行经费方面给予有力支持。与"卓越计划"专业相关的岩土工程实验室、结构工程实验室、山地城镇与新技术教育部重点实验室投入大量的经费进行配套建设，并在实验教学中向卓越班优先开放。在实践教学经费方面给予卓越班学生政策倾斜，生均投入实习经费远高于学院其他专业。

③软件学院：对"卓越计划"专职教师在教学岗位设置、工作量计算、教学津贴等方面做出调整，加大政策力度，以保障教师队伍的稳定；设立国际交流专项基金，建立由学院与国外高校、学生本人共同承担出国交流费用的机制，保证每年有一定数量学生获得中外双学位或认证，推进国际化进程；设立聘请企业和国外教师专项基金，用于从企业或国外聘请教师或导师，保证"卓越计划"师资聘请需求；设立专业培训基金，派出教师赴企业参加工程实践。

④电气工程学院：在政策和经费方面均给予特殊支持。组建电气工程及其自动化专业"卓越计划"项目导师团队。导师团队由各系遴选的有企业实践经验的教师组成，每位导师对口指导不超过3名卓越计划学生，负责联系企业和企业导师，共同指导企业生产实习和企业毕业设计。开展招生宣传并单列招生计划；学籍单独管理以便于实践环节的安排；开放学院各实验室以满足实践教学的需要。

⑤环境与生态学院：建立"卓越计划"质量保障体系；出台"卓越计划"学生遴选办法；利用科学研究、工程设计、工程建设等方面多渠道筹措经费支持"卓越计划"实施。

⑥动力工程学院：设立由院长牵头的"卓越计划"项目组，全面负责建设工作；开辟独立"卓越计划"办公场地，实行教学管理和学生管理的联合办公；学院各类实验室对"卓越计划"试点专业学生开放；"卓越计划"专职教师在考核及各类评优时，同等条件下优先考虑。

（本章执笔人：重庆大学本科生院　李正良）

第二章

土木工程专业『卓越计划』建设

智慧土木 匠心筑梦

一、建设思路和人才培养目标

我校土木工程专业于 2013 年 10 月获准纳入卓越工程师本科专业第三批建设项目。

"卓越工程师教育培养计划"(以下简称"卓越计划")既是贯彻落实《国家中长期教育改革和发展规划纲要(2010—2020)》和《国家中长期人才发展规划纲要(2010—2020)》而提出的高等教育重大改革计划,也是促进我国由工程教育大国迈向工程教育强国的重大举措。其目标是面向工业界、面向世界、面向未来,培养造就一大批创新能力强、适应经济社会发展需要的高质量工程技术人才。"卓越计划"实施的层次包括工科的本科生、硕士研究生、博士研究生 3 个层次,培养现场工程师、设计开发工程师和研究型工程师等多种类型的工程师后备人才。

迄今为止,教育部共批准了 42 所高校的土木工程专业参加卓越工程师培养计划,其中既有"985 工程""211 工程"院校,也有普通的本科院校。在国家通用标准和土木工程专业行业标准的基础上,根据各校的实际情况,探索不同层次高校土木工程专业卓越工程师的人才培养模式和培养方案,是卓越计划成功的关键。

重庆大学是教育部直属的全国重点大学,是国家"211 工程"和"985 工程"重点建设的高水平研究型综合性大学。重庆大学土木工程作为新中国首批建筑类专业院校中的主导专业,在 1995—2013 年连续 4 次以"优秀"成绩或最高评估年限(8 年)通过住房和城乡建设部高等教育土木工程专业评估委员会的专业教育评估;2013 年被纳入教育部"卓越工程师教育培养计划"专业。

从近几年的情况来看,我校土木工程专业有近 1/3 的毕业生能进入研究生阶段学习,因此不能简单地用统一的"现场工程师"培养模式来培养学生。但和清华大学、同济大学和浙江大学等国内顶尖高校的情况又有所不同,这些高校绝大部分毕业生都会读研究生,故可采用整体提高培养标准的方式,例如浙江大学就将本科阶段卓越工程师定位为培养"应用设计型"土木工程师。

结合我校实际情况,以学生为中心,充分考虑学生的个性化发展,建立"创新精神养成于个性发展、创新能力培育于实践教育"的新理念,以"高素质、强能力、复合型和拓展型"卓越人才培养为目标,充分考虑人才差异化培养,构建兼顾"研究型""应用型"和"管理型"人才培养的土木工程卓越人才培养体系(图2.1)。

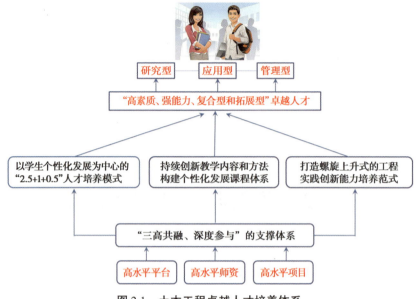

图 2.1　土木工程卓越人才培养体系

重庆大学土木工程卓越计划以"高素质、强能力、复合型和拓展型"人才为培养目标。通过卓越工程师培养计划,使学生成为具有创造性思维、独立工作能力以及团队协作精神,掌握土木工程专业相关基础理论和专业知识的高素质人才;具有信息获取、知识更新和终身学习能力,能够灵活运用知识,具有发现问题和解决问题的强能力人才;具有专业的系统思维和综合判断,并能结合多学科及社会实际,处理复杂事情的复合型人才;具有国际化视野的拓展型人才。

为了达到以上人才培养目标,必须改变过去以课堂教学为主的单线条式的教学模式,以行业需求与工程创新为导向,整合现有课程教学体系,建设一批体现最新工程实践应用和科研成果的精品课程群,改革既有教学方法和手段,整合校内外各类实践、教学资源,培养学生的实际动手能力和创新能力。通过校企合作,在人才培养环节增强高校与企事业单位的合作,增强学生对实际工程的认知、加深对专业知识的理解,强化学习能力与知识应用能力,从而提升人才培养质量和满足企事业单位的人才需求。

本着循序渐进、逐步完善的原则,先期试点班规模为每年1个行政班(30人左右)。以"卓越工程师教育培养计划"为依托,经过多年的探索和实践,解决了如下教学问题:

1.人才培养理念滞后于科技发展和社会发展需求

原有人才培养定位于"掌握学科知识体系的工程专业人才",偏重知识传授,家国情怀教育不足;侧重专业技能训练,创新能力培养不足;对学生个性化发展关注不够,未充分考虑学生的多元化培养。

2.课程体系对学生个性化成长的支撑不充分、不平衡

原课程体系机械地执行"土木工程专业指导委员会"的规定,反映科技发展的新知识、新技术不足,从公共课、基础课、专业基础课、专业课到专业选修课的层级式课程体系以及传统"填鸭式"教学方法,不能支撑学生的个性化发展。

3.学生实践创新能力全过程培养的系统性和贯通性不够

原实践教学多为各独立课程的课程设计和实习,未考虑学生解决从基本工程问题、中等工程问题到复杂工程问题的全过程培养,缺少设计性和创新性实验现场实习和实训训练。

4.高水平教学资源在学生实践创新能力培养中发挥不足

高水平平台、师资和项目对学生实践创新能力培养支撑不足,教师通过科教融合提升学生实践和创新能力的意识不够,方式不多。

二、人才培养模式改革

在国家层面上,本科卓越工程师的培养定位为具有较强实践能力和富于创新精神的工程师预备人才,但因学校的情况不尽相同,对于"985工程"或"211工程"院校来说,相当数量的毕业生要进一步深造攻读研究生(学术型硕士和专业型硕士)。对于不同类型的毕业生,其知识结构和能力的培养应有所侧重,因此,根据各自高校的定位和专业的特色,确定卓越工程师人才培养目标的定位是需要重点考虑的问题之一。在充分调研的基础上,考虑重庆大学土木工程专业的优势和特点,充分考虑研究型、应用型和管理型人才的差异化培养,拓宽学生发展口径,形成了"2.5+0.8+0.7"创新性卓越人才培养模式(图2.2)。

前"2.5"年,通过新生研讨课和通识人文课程,引领学生树立高远的人生目标和全面发展的成才观念,学生全覆盖地进行基本工程问题实践能力培养和创新思维训练;后续"0.8"年,针对学生的中等工程问题实践创新能力进行个性化培养,根据学生毕业后的去向(研究生或就业)因材施教,允许学生选择不同类型的选修课。读"学硕"的学生,可以选修"弹塑性力学"和"有限元分析"等研究生课程;读"专硕"的学生,主要选修结构分析和设计类课程;而毕业就业的学生,则可多选修施工和管理类课程;最后"0.7"年(25周),学生根据个人职业发展规划,自主选择毕业课题,进行不同要求的毕业设计(专硕和就业)或完成毕业论文(学硕或直博生),毕业设计采用校企联合培养,着力提升学生解决复杂工程问题的能力。该培养模式因材施教,可将卓越现场应用型、设计型和研究型人才培养统一起来,增加了学生毕业出口选择,体现了重庆大学土木工程专业人才培养的优势和特点。

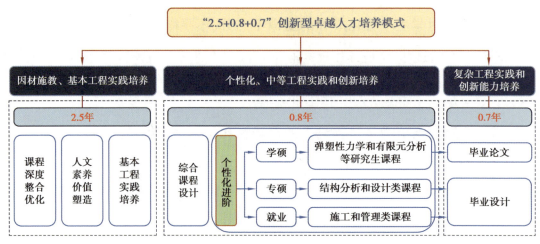

图 2.2 "2.5+0.8+0.7"的创新型卓越人才培养模式

三、课程整合和课程体系构建

通过厘清原来大类基础课、专业基础课、专业课及实践课等模块各相关课程的知识点,清除部分重复和陈旧的知识点,根据行业需求、最新工程实践与科研成果,以工程应用和工程创新为导向,进行相关课程整合。以课程整合为突破口,推动卓越计划的建设工作,课程体系建设示意如图 2.3 所示。

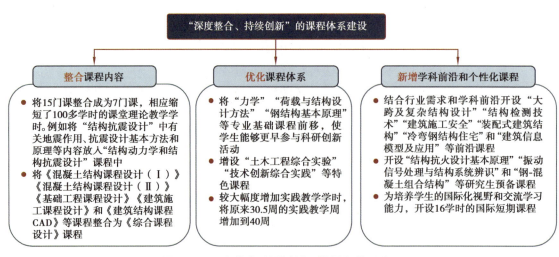

图 2.3 "深度整合、持续创新"的课程体系建设

(一)课程整合

1.《大学物理》《理论力学》《材料力学》《结构力学》和《结构分析中的有限元法》的凝练和整合,消除重复讲述内容

①"材料力学与结构力学(Ⅰ-1)"中关于静定杆系结构(梁)的内力分析部分重复较大,需明确各自侧重点。

②原"结构力学(Ⅰ-2)"中的压杆稳定内容由"材料力学"课程进行讲授,其他稳定问题分别由"混凝土"和"钢结构课程"进行讲授;"结构动力学"部分和"结构抗震设计"课程整合为"结构动力学和结构抗震设计";而"矩阵位移法"课程内容和"结构分析中的有限元"课程整合为"杆系结构有限元"课程。部分力学类课程内容放到第四学年的前12周作为选修课进行讲授,因材施教。在教学过程中,加强培养学生解决实际工程中力学问题的能力。

2."房屋结构设计""多高层房屋结构设计""建筑钢结构"和"结构抗震设计"的整合和内容更新

将"结构抗震设计"中有关地震作用部分放入"结构动力学和结构抗震设计"中,而将结构抗震内容与"房屋结构设计""多高层房屋结构设计""建筑钢结构"等课程整合。"房屋结构设计"课程和"多高层房屋结构设计"课程整合为"混凝土与砌体结构(含抗震)"课程,弱化完全面向手算的简化方法,辅之以构件或结构的受力和抗震性能,并补充实际工程中常用计算方法等教学内容。

弱化传统的混凝土预制单层厂房教学,将吊车荷载计算等内容纳入钢结构单层厂房进行教学。

在"高层结构设计"部分,增加一些"钢管混凝土结构"和"钢骨混凝土结构"等教学内容,本部分教学可联合校外专家进行。

3."房屋建筑学""画法几何""工程制图与计算机绘图"和"建筑结构CAD"课程的整合和凝练

现行教学计划是将"房屋建筑学"和"工程制图与计算机绘图"("建筑制图")两门课分不同学期开设。学生在一年级学习"建筑制图"课程时,教师需要给他们讲解一些"房屋建筑学"的基础知识,以便理解识读和绘制建筑施工图,而在二年级学习"房屋建筑学"课程时,又要反过来复习建筑制图的知识,于是导致两门课交叉重复相同内容,学时增多,浪费资源。整合两门课程的知识内容,将传统的两门课程合并开课,改革传统的教学方法,可培养学生发现问题与解决问题的创新能力。通过上述课程的整合,可减少40学时的课堂教学学时。

长期以来,"画法几何"课程采用传统的投影法培养学生的空间想象能力及空间思维分析能力,无论是教与学都是传统的方式,通过在使用投影法培养空间想象能力及空间思维分析能力的同时就植入CAD基本知识,从而培养学生掌握先进的制图技术。该部分改革内容已在2015级试点班进行了试点。

4.新开课程

结合行业需求，增设四门选修课"大跨及复杂结构设计""结构检测技术""建筑施工安全"和"建筑信息模型及应用"。

5.改革实践环节

将各种课程设计、实习适当集中，将原来独立、分散的"混凝土结构课程设计（1）""混凝土结构课程设计（2）""基础工程课程设计""建筑施工课程设计"和"建筑结构CAD"的部分内容整合为"综合课程设计"一门课程。从工程建设的全过程出发，打破条块分割，根据实际需求形成若干综合课程设计小组。综合课程设计的选题，内容涉及上部结构和基础工程设计、施工平面布置和施工组织设计、工程识图和制图，以及基础专业软件的熟练运用，通过全方位的系统训练，既能培养学生的动手能力和解决实践工程问题的能力，又能使学生深刻领会到团队协作精神的重要性。综合课程设计，由校内、校外导师共同指导。

6.统筹课程内容

通过对部分课程重复和陈旧知识点的梳理整合，缩短了约100个学时的课堂理论教学学时，使增加实践教学环节的学时变为可能，并大幅度增加了毕业设计时间（原12周，现大于20周）。校企联合综合课程设计以实际工程为背景，实行"双导师制"，即校内、校外导师共同指导。

(二) 课程体系优化

根据课程整合情况，修订相应的培养方案和教学计划，理顺课程关系，实现课程体系的整体优化。

①将"材料力学"和"结构力学"课程提前1学期，使得学生能够更早参与科研创新活动。

②将"荷载与结构设计方法"提前到第4学期，便于后续专业课的讲解。

③本专业大部分核心知识点讲授均调整到前三学年完成。

④遵循学生对工程由简单到复杂的认知规律，打造螺旋上升式的工程实践创新能力培养范式。

按照从基本工程问题到复杂工程问题的认知规律，从单门课程设计、实习和实验，到融合多门课程的综合课程设计、现场生产实习和综合实验课程，最后到创新性解决复杂工程问题的毕业设计和毕业论文，形成了螺旋式上升式的工程实践创新能力培养范式。从大一第2学期开始，结合"建筑制图"课程，首先将建筑图发给学生，培养学生的识图能力，然后在大三第6学期开学时布置设计任务，学生带着任务学习主要专业课，目标更明确，主动性更强，最后在第6学期最后8周集中完成综合课程设计。"综合课程设计"课程的改革实践可使学生学习主动性和系统解决复杂工程问题的能力都有所增强，完成后续"校企联合培养毕业设计"的质量更高，很多学生在毕业设计开始不久就能较独立地完成实际工程的计算和设计任务，解决复杂工程的能力得到企业专家的高度肯定。

四、校企联合指导毕业设计模式探索与实践

　　"毕业设计"是大学本科教育最后的一个重要综合教学环节。在学生已完成专业课程学习与综合课程设计训练的基础上,采用"产、学、研"相结合的模式,让学生直接进入企业或科研机构,从实际工程项目中选择并拟定设计题目,通过校内、校外联合培养的方式,确定各阶段的工作任务并监督检查其完成情况;学生在完成各阶段性工作任务的基础上,进行总结与思考、认识与体会、创新与拓展,最终进行毕业答辩。整个过程充分遵循卓越人才的培养原则与培养特征。

　　土木工程专业针对卓越人才培养的"校企联合毕业设计"已培养了4届毕业生,取得了良好的综合效果。下面从"校企联合毕业设计"如何体现创新实践的多样化、实施方案的流程化、过程管理的标准化、设计成果的定量化等几个方面进行分析和总结。

(一) 校企联合毕业设计实施思路与方案

1.现状问题与分析

　　目前同类院校对毕业设计环节均强调与工程实践的结合,但因课时、社会条件、培养方案与计划等因素的影响,此方面的教改成效并不显著,较多地流于形式而不深入,具体体现在:

　　①各专业的培养方案未能与企业所需密切结合,学生所学与实际需求联系度不够,学用分离。

　　②学生的动手能力和实践能力相对较差,毕业后不能快速入手工作,尚待企业"过渡培养"。

　　③传统的毕业设计培养方案、选题及模式相对固化,工程能力和创新能力不能得到充分锻炼与发挥,于人才培养不利,与我国从工程教育大国向工程教育强国迈进的目标存在差距。

2.创新思路与实施方案

　　重庆大学土木工程专业通过对卓越工程师大学教育培育计划的全面梳理,在充分调研以及与企业沟通和交流的基础上,总结、创新并探索出了一套合理有效、确实可行的"校企联合毕业设计"实施方案,其创新思路与实施方案具有以下特点:

　　①结合工程实际并在企业或科研机构进行的毕业设计中,保证了选题的多样性和针对性。学生在导师的指导下完成设计选题和开题报告工作,经毕业设计联合指导小组(校内及企业导师共同组成)审定后,开展毕业设计工作。其目的不仅是保障毕业设计选题方向的正确性、实施的可行性、内容的充实性,更重要的是将应用专业理论知识的能力培养与企业生产的实践过程有机地结合起来,达到学用融合的目的,同时亦形成可监督审查及最终考评的量化依据。

　　②学生在进行毕业设计的过程中,具体内容和工作计划可根据实际情况适时动态调整,

从而最大限度地体现实际工程实施过程中的"需求导向"原则，避免传统毕业设计模式固化、内容僵化和成果老化的弊端。动态调整需提前申请并经导师审核同意，以契合毕业设计总体计划及开题报告的要求，保证毕业设计的质量与进度。

③强调学生在某些具体工程实践环节上的深入研究及创新突破。在系统全面地完成一项实际工程项目的设计工作基础上，结合选题进行诸如专题论证、方案比对分析、设计优化、细部设计、工程实验等内容的深度分析，并提出创新性建议。此项工作对学生创新能力和研究潜力的培养具有重要意义，并将作为毕业设计内容的突出部分计入总成绩。

④毕业设计的成绩评定需基于工程教育实践的全过程开展。评价依据含图纸、计算书、工程现场记录或报告、实习日记、小结与总结等；评价成员包括校、企双方的指导教师及毕业设计答辩组；评价方式既包括对书面设计成果的审查，也包括遵守企业文化与管理制度、参加企业培训与设计服务等诸方面的情况考评，以及学生现场答辩情况等的综合评价。在考核评定环节强调过程与结果相结合的理念，是产学研相结合的创新型卓越工程师联合毕业设计终极培养目标的具体体现。

以实际工程项目为核心的校企联合毕业设计整体实施方案如图2.4所示。

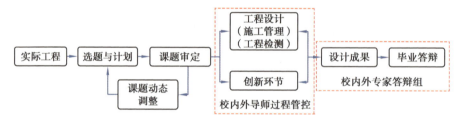

（a）整体流程

（b）联合培养基地讨论与学习

（c）毕业设计开题答辩

（d）学生成果

（e）毕业设计答辩

图2.4　校企联合毕业设计整体实施方案

(二)校企联合毕业设计实施步骤与过程管控

1."卓越工程师联合培养基地"建设

建立联合培养基地是实施产学研相结合的卓越工程师联合毕业设计的基本保障。按照毕业设计的分类规划,重庆大学土木工程专业卓越工程师培育计划建立了以下3类支撑平台(图2.5)。

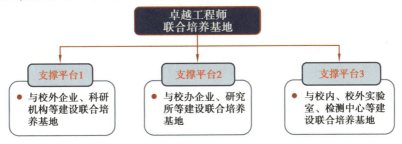

图2.5 联合培养基地建设框架图

基于联合培养、共同受益的原则,经考察筛选合格后(含软、硬件需求与企业导师资格审查),与企业签订战略合作协议,共建联合培养平台,以保障学生完成毕业设计的相关条件,并形成持续有效的合作模式,通过不断总结与提升,将卓越培养计划落到实处。

联合培养基地不仅要解决学生毕业设计生产实践的需求,同时应急企业所需,解决企业的生产问题并享用人才培养的价值利益,互惠互利,让企业愿意并主动投入此项工作中。

重庆大学土木工程专业现已与重庆市主要的甲级建筑勘察设计院、检测鉴定单位、一级施工企业签订了合作协议,创建了联合培养基地。学生在实习过程中直接介入并完成了部分工作任务,为企业创造了价值;同时,企业可提前了解学生情况,享用用人优先计划。联合培养基地建设取得了良好的社会效应。

2.毕业设计分类与任务下达

结合行业发展及企业需求、学生职业规划与后续培养目标,将土木工程学院卓越工程师班的毕业设计分为3类,即工程设计类、施工管理类和工程检测类。

①工程设计类:以面向设计单位、房地产开发企业(设计部)、大型施工企业(技术部)等为培养目标对象,有针对性地制订培养计划,下达任务要求。

②施工管理类:以面向施工单位、监理单位、房地产开发企业(工程技术部)等为培养目标对象,有针对性地制订培养计划,下达任务要求。

③工程检测类:以面向检测机构、科研单位和相关职能管理部门等为培养目标对象,有针对性地制订培养计划,下达任务要求。

3.实施步骤与过程管控

创新型卓越工程师联合毕业设计实施步骤流程如图2.6所示。

下面以工程设计类为例,对其具体实施步骤、过程管控内容及校内和企业指导教师责任分工进行说明。

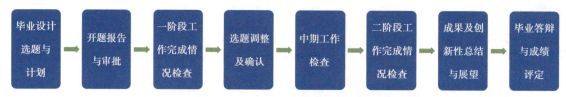

图 2.6 创新型卓越工程师联合毕业设计实施步骤流程图

①选题与计划(企业导师):熟悉某一正在设计的工程项目基本情况与要求,确定毕业设计选题。审查内容(校内导师):选题阶段工作报告,根据设计任务书要求提交开题报告与工作计划。

②结构方案与分析(校内导师及企业导师):在企业导师指导下,做好结构选型、方案布置与比较、参数取值等工作,逐步熟练常用结构分析软件的操作,独立完成设计对象的结构分析计算工作;熟悉国家相关规范与规程;同步学习与其他设计工种的配合及协调,掌握解决复杂工程问题的工作方法;校内导师对学生的方案确定及分析过程中采用的具体方法给予指导。

审查内容(校内导师):结构分析阶段工作报告(具体内容含计算书、分析报告等);针对具体情况确定是否对学生毕业设计选题进行适当调整并进行选题确认;对毕业设计一阶段工作完成情况进行检查。

③图纸绘制阶段(企业导师):逐步熟悉制图规范与方法,掌握所在企业的制图标准和图纸质量管控要求,从局部大样到项目整体,完成设计对象的全套(或有代表性)结构施工图绘制工作。

审查内容(校内导师):工程项目(即设计选题)相对应的全套(或有代表性)结构施工图;对毕业设计中期工作完成情况进行检查。

④现场设计服务工作(企业导师):参加图纸技术交底,整理交底纪要并做好回复;参加阶段性验收和综合验收工作(如基础、钢筋、主体结构验收等)。

审查内容(校内导师):检查工作记录,提交的工作日记及必要附件。

⑤结构细部设计与创新性研究工作(校内导师及企业导师):通过对例如梁板体系、基础形式、挡墙支护等特殊部位的结构对比分析与深化设计,加强对结构构件设计的能力训练;通过对例如结构在地震作用下的弹塑性动力反应分析,提出结构的抗震性能指标与优化设计意见。在以上深入研究与对比分析的基础上,提出具有一定创新性的设计建议与思考总结。

审查内容(校内导师):提交的结构细部设计计算书和施工图(含大样图);提交的结构抗震性能分析报告(含计算书);创新性研究工作思考与小结;对毕业设计二阶段工作完成情况进行检查。

⑥其他辅助性工作(企业导师):熟悉设计工作相关问题处理流程;能沟通协调解决问题;对设计变更的原因、解决方法及成本等进行分析、总结和评价;做好资料的收集与整理工作。

审查内容(校内导师):检查工作记录,提交的工作日记及必要附件。

⑦毕业设计成果汇总(学生):整理资料,按设计任务书要求完成毕业设计报告;对毕业设计的创新点进行总结,对后续工作予以展望。

审查内容(校内导师及企业导师):结合阶段性工作检查情况、与开题报告和工作计划的契合性、设计服务及辅助性工作完成情况等,对毕业设计成果进行交叉评阅及评定。

⑧进行毕业答辩并完成综合成绩评定。

审查内容(校内导师及企业导师):学生向校内及企业导师联合组成的答辩组汇报毕业设计内容,答辩组针对其毕业设计课题及完成情况进行提问,学生对所提问题予以现场答复;答辩组根据答辩情况及各阶段审查内容评定结果加权评分,最终得到该生的毕业设计综合成绩。

整个毕业设计总历时 20 个教学周,校内及企业指导教师按责任分工对其进行分段审查与考评。以工程设计类为代表的创新型卓越人才校企联合毕业设计,其实施步骤体现了一个完整的工程项目设计流程和工作量化要求;强调在实践环节上的深度融合,以及在工程创新能力培养方面实现创新与突破。

(三)校企联合毕业设计的创新特点与思考

迄今为止,产学研相结合的创新型联合毕业设计培养模式已在重庆大学土木工程卓越工程师班实施了 4 届(2018 届、2019 届、2020 届和 2021 届),学生完成毕业设计课题的合理性与工程参与度、设计的工作量与设计成果、答辩过程及最终评定成绩、企业及用人单位情况反馈等方面均有明显的提升,其创新特点主要体现在:

①行业、企业深度参与全过程培养。长达 20 周的工程设计或工程实践参与,利用联合培养基地的资源优势,实现了校企双方的互利共赢。

②充分结合学校与企业的资源特征,加强学生在学校应掌握的理论基础知识培养和综合能力训练,合理制订教学大纲,让学生在企业按照行业标准完成工程人才培养计划,实现了卓越工程师培养目标与企业需求的有机接轨。

③实现了加强学生工程能力培养的目的。以实际工程为毕业设计课题,在导师指导下独立思考、自己动手、操作软件、完成设计,这种与工程项目直接并轨的培养模式是对工程能力提升的最佳训练途径。学生毕业后即能快速进入工作状态,可大大缩短企业的"过渡培养"时间。

④突出了创新能力的培养目标。从选题计划与开题报告开始,强调学生不仅要完成一个完整的实际工程项目设计,同时强调其通过对比研究、细部设计、深化与优化分析,或对实践过程中发现的具体问题进行创新性思考,提升其发现问题、分析问题与解决问题的能力与途径。从企业反馈的情况得知,这些依托工程实践过程,突出创新思维与协同创新的培养模式,不仅大大激发了学生的潜力,也给企业带来了全新的启发与突破,甚至产生了良好的效益。

⑤针对性、计划性与可操作性强。对毕业设计成果的考核量化与创新性要求,结合各阶段工作结果的审查,有效保障了毕业设计的质量。

五、构建学生创新能力培养支撑体系

新增实验教学项目 12 个,更新、增加仪器设备 65 台(套)。丰富和改进了虚拟仿真信息化实验室及 BIM 教学云平台开设的实践教学内容,完善了"土木工程施工""建筑信息模型与应用"和"建设项目管理"等多门课程的虚拟仿真实验教学内容,共实现实验上机教学 6 476

机时,云平台教学6 674机时。"土力学"课程实行理论教师结合SPOC平台直接指导学生实验的方式,效果良好。

　　结合土木工程卓越班的毕业设计,学院与重庆市设计院、中机中联工程有限公司、重庆大学建筑设计研究院、中建三局成都公司、重庆建工集团住建公司和重庆重大检测中心等6家企业建立了校企联合培养的实践基地(图2.7),对到实践基地的学生配备校外导师和校内导师双导师,4个年级的卓越班学生已在实习基地完成了4个月的毕业设计,学生解决实际复杂工程的能力得到了很好锻炼。

（a）毕业设计开题报告会　　　　　（b）校企联合培养基地(重庆市设计院)

（c）校企联合培养基地（中机中联）　　（d）校企联合毕业设计座谈及导师聘任

图2.7　校企联合培养基地

　　学院制订多种针对学生和指导教师的激励措施,积极鼓励教师指导学生的科技创新活动。为鼓励学生参加学科竞赛,土木工程学院成立了"爱结构"全国大学生结构设计竞赛指导小组,对学生参与竞赛进行全过程指导,较为突出的是2016级卓越工程师班郭曌坤、邓儒杰、张辉3名同学在2018年第十二届全国大学生结构设计竞赛中,获得唯一特等奖(图2.8)。

图2.8　第十二届全国大学生结构设计竞赛

六、主要成果和土木工程专业卓越计划 2.0 的一些思考

(一)主要成果

1.人才培养成效显著

2014—2017 级卓越工程试点班的学生已毕业,多数学生目标远大,努力追求"卓越",4 个年级共毕业 115 名学生,其中 78 名学生继续深造读研;卓越班多数同学除成绩优秀外,动手能力强,创新意识浓烈,交流沟通能力和团队合作能力出色。

卓越班的多元化人才培养模式、课程整合和课程体系改革的大部分成果已纳入"2018 版土木工程专业培养方案",卓越工程师的培养也从试点班拓展到全体学生,累计受益学生 1 000余人。成果实践期内共指导学生创新创业训练计划 150 余项,学生荣获省部级以上学科竞赛奖励 100 余项。如郭曌坤、邓儒杰、张辉等同学在 2018 年第十二届全国大学生结构设计竞赛中斩获全国唯一特等奖;张子豪、刘浪等同学开发的"基于柱坐标的环保型 3D 打印机"以第一名的成绩获得 2017 年全国高等学校土木工程专业本科生优秀创新实践成果奖特等奖;钟海怡同学在学业导师指导下,参与发表多篇高水平论文,获得香港理工大学、墨尔本大学等国际知名高校的读研邀请……优秀学生数不胜数。在对毕业生的跟踪访谈中,多数用人单位谈到,土木工程专业毕业生三观正、能力强、发展潜力巨大。

2.教学改革效果显著

通过卓越计划的实施,全面推动了土木工程专业的教学改革。"以提升实践能力和创新能力为核心的土木工程卓越人才培养体系探索"成果获重庆大学 2021 年教学成果一等奖。依托卓越工程师计划,重庆大学土木工程专业同时获批首批国家一流本科专业,获批国家级虚拟仿真实验教学项目 1 项,"土建大类概论与研讨"和"高等土力学"入选 2021 年教育部课程思政示范课程,"结构力学""地学景观文化"等 6 门课程荣获国家一流课程。团队成员获批 40 余项国家及省部级教改项目。"十三五"期间,获批住房和城乡建设部规划教材 10 部,《岩石力学》《土木工程施工》等 4 部教材获首届"重庆市高等教育重点建设教材"称号,重庆大学土木工程学院获首批"全国教材建设先进集体"荣誉称号。本成果在《中国高等教育》《高等工程教育研究》等刊物发表了教改论文 100 余篇,出版教材 50 余部,完成为教育部提供专业人才培养的专家建议 3 篇,教学改革效果显著。

3.教育成果社会影响大

在教育部高等学校土木类专业教学指导委员会会议、中国西部高校土木工程学院(系)院长(主任)工作研讨会等各类会议上,土木工程卓越计划相关负责人被邀请做重点交流介绍,

课程整合和校企联合毕业设计等措施得到同行专家的高度认可。成果在土木工程院系调研交流会上宣传推广，获得了北京工业大学等十余所高校的好评，并通过学习交流在这些高校中获得应用，产生了良好效果。周绪红院士应邀在同济大学、湖南大学、哈尔滨工业大学、四川大学、北京航空航天大学等多所大学举办专题讲座，作为中国土木工程领域的科技和教育领军人物，他提出的基于新时代"回归工程本位"的土木工程卓越工程师人才培养理念受到了师生的广泛好评和赞誉，先后被哈尔滨工业大学新闻网、湖南大学新闻网、四川大学新闻网、澎湃新闻网和毛豆网等多家媒体报道和宣传，产生了积极的社会影响。

(二) 土木工程专业卓越计划 2.0 的一些思考

围绕"新工科建设"，打造面向新经济、新业态发展需要的"国家级一流"土木工程专业，全面提升人才培养质量。

①确立"以学生为中心"的多元化、复合型人才培养定位和目标，从 2021 级起试行"大土木培养"，不再细分专业方向；试行"卓越"选修课的本硕学分互认，推动本硕博一体化培养。

②面向新经济、新业态发展，改革传统"专业方向"，适当增设交叉学科及新技术模块内容，建立多方向、多学科交叉融合的课程体系，满足多元化、个性化人才培养需要，促进学生创新思维的形成。

③改革传统课程设置方式，并行增设"卓越实践课程""卓越校企联合培养课程"和"全英文课程"，建立卓越"荣誉毕业生"评价体系。

④通过"全英文课程"(替代专业外语课程)、国际访学交流项目和联合培养等多种途径，拓展国际化教育渠道，提升办学的国际化水平。

⑤依托学科建设成果，打造高水平教学团队；鼓励教师，特别是知名教授打造若干有影响的线上和线下"金课"。

⑥根据 OBE 教育理念和"新工科"要求，完善专业培养方案，全面实施毕业要求和课程目标达成情况评价，切实保证土木工程专业的人才培养质量。

(本章执笔人：重庆大学土木工程学院　王志军)

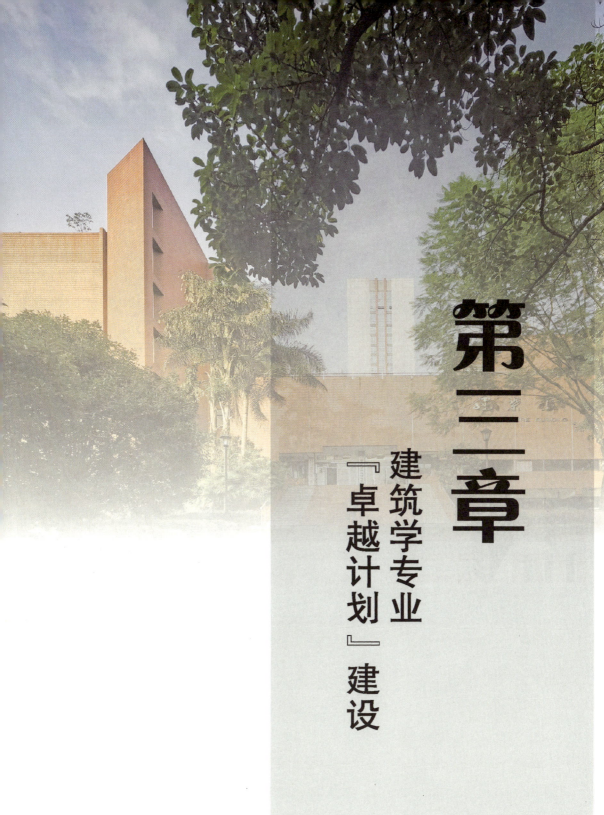

第三章

建筑学专业「卓越计划」建设

建卒之路　永无止境

一、建设过程概述

(一) 建筑学专业发展概述

重庆大学建筑学专业由黄家骅、陈伯齐、夏昌世、龙庆忠等学者创办于 1935 年,1952 年全国院系调整为重庆建筑工程学院建筑系;此后,在叶仲玑、辜其一、唐璞、黄忠恕、陈启高、李再琛、万钟英等著名学者带领下,建筑学专业教育薪火相传,砥砺前行,培养专业人才 1 万余名,成为国内高水平建筑学人才培养的著名院校之一;1978 年恢复研究生招生,1981 年获硕士学位授予权,1986 年获全国首个建筑技术方向博士学位授予权,2000 年三校合并后更名为重庆大学建筑城规学院;2001 年获建筑学博士学位授予权;2011 年获一级学科博士授权点、重庆市重点学科。

1994 年建筑学专业首次以优秀成绩通过专业教育评估,分别于 2000 年、2006 年、2013 年、2020 年连续 4 次以优秀成绩通过专业教育评估。自 1977 年恢复高考以来,本学科已培养中国工程院院士 1 人、全国勘察设计大师 2 人、国家高层次人才 2 人、省级勘察设计大师和学术带头人 30 余人,入选"当代中国百名建筑师" 10 人,入选中国建筑学会青年建筑师奖 20 余人。

重庆大学建筑学专业现有教师 90 余人,其中国家级教学名师 1 人,国家级教学团队 1 个,重庆市教学团队 2 个,市级研究生导师团队 2 个,市级研究生实践基地 2 个;拥有重庆市巴渝学者特聘教授 2 人,学术技术带头人 2 人及后备人选 3 人,工程勘察设计大师 2 人,海外高层次引进人才 2 人;入选"当代中国百名建筑师" 2 人,获中国建筑学会建筑教育奖 4 人、青年建筑师奖 3 人。

(二)"卓越计划"主要建设内容概述

1.卓越计划

贯彻落实《国家中长期教育改革和发展规划纲要(2010—2020年)》的精神,树立全面发展和多样化的人才观念。改革和创新工程教育人才培养模式,创立高校与行业企业联合培养人才的新机制,着力提高学生勇于探索的创新精神和善于解决问题的实践能力。

主要目标:面向工业界、面向世界、面向未来,培养造就一大批创新能力强、适应经济社会发展需要的高质量各类型工程技术人才,为建设创新型国家、实现工业化和现代化奠定坚实的人力资源优势,增强我国的核心竞争力和综合国力。

实施期限:2010—2020年,卓越计划对高等教育面向社会需求培养人才,调整人才培养结构,提高人才培养质量,推动教育教学改革,增强毕业生就业能力具有十分重要的示范和引导作用。

实施层次:包括工科的本科生、硕士研究生、博士研究生3个层次,培养现场工程师、设计开发工程师和研究型工程师等多种类型的工程师后备人才。

三个特点:一是行业企业深度参与培养过程,二是学校按通用标准和行业标准培养工程人才,三是强化培养学生的工程能力和创新能力。

五个措施:一是创立高校与行业企业联合培养人才的新机制。企业由单纯的用人单位变为联合培养单位,高校和企业共同设计培养目标,制订培养方案,共同实施培养过程。二是以强化工程能力与创新能力为重点改革人才培养模式。在企业设立一批国家级"工程实践教育中心",学生在企业学习一年,"真刀真枪"做毕业设计。三是改革完善工程教师职务聘任、考核制度。高校对工程类学科专业教师的职务聘任与考核要以评价工程项目设计、专利、产学合作和技术服务为主,优先聘任有企业工作经历的教师,教师晋升时要有一定年限的企业工作经历。四是扩大工程教育的对外开放。国家留学基金优先支持师生开展国际交流和海外企业实习。五是教育界与工业界联合制订人才培养标准。教育部与中国工程院联合制订通用标准,与行业部门联合制订行业专业标准,高校按标准培养人才。参照国际通行标准,评价"卓越计划"的人才培养质量。

2.国家级工程实践教育中心

国家级工程实践教育中心是指高校依托企业建立的,为落实高校"卓越工程师教育培养计划"培养方案中的企业学习阶段的任务,由高校和企业密切合作开展工程人才培养的综合平台。

为贯彻落实《国家中长期教育改革和发展规划纲要(2010—2020年)》精神,建立高校、企业联合培养人才的新机制,进一步发挥企业在工程人才培养中的作用,加强和规范国家级工程实践教育中心的建设、运行和管理,提升学生的工程素养,培养学生的工程实践能力、工程设计能力和工程创新能力,培养造就一大批创新能力强、适应经济社会发展需要的高质量各类型工程技术人才,由教育部牵头认证国家级工程实践教育中心。

（三）建筑学专业教育评估体系建设与发展概述

1.建筑学专业教育评估

注册建筑师制度是我国工程建设领域最早建立的执业资格制度之一。从 1980 年代末开始，原建设部借鉴国外先进经验，着手建立注册建筑师制度。1995 年，《中华人民共和国注册建筑师条例》（国务院令第 184 号）及其实施细则（建设部令第 52 号，2008 年修订后以建设部令第 167 号重新发布）颁布实施，标志着我国的注册建筑师制度正式建立。

注册建筑师制度的市场准入包括"企业单位准入"和"个人准入"两种模式，这在发达的市场经济国家已有较长的历史和完善成熟规范的做法。在"个人准入"模式中，最为典型的就是"执业资格"制度，即对那些社会通用性强、关系国家安全、公共利益及群众生命财产安全的职业（岗位）实行准入和退出控制，要求从业人员具备相应的专业知识、职业能力，符合职业道德要求并承担相应的执业责任。

专业评估（accreditation）也称专业认证，是按照国际惯例、面向注册建筑师制度开展的专业教育字量认证评估工作。

在组织体系建设方面，1990 年，原建设部组建了第一届评估委员会，清华大学高亦兰教授任主任委员，原建设部建筑设计院石学海总建筑师、东南大学鲍家声教授任副主任委员。委员会由工程界和教育界专家组成，人数上大约各占一半，秘书处设在建设部。

在文件体系建设方面，1990 年颁布了评估委员会章程、评估标准以及评估程序和方法；此后，经过 1997 年、2003 年、2010 年、2018 年等历次修订，新增了"进校视察工作指南""教学质量督察员工作指南"等内容，评估文件日臻完善。现行评估文件是 2018 年修订版。

在评估试点工作方面，1991 年 2 至 11 月，在原建设部组织下，全国建筑学专业教育评估委员会对清华大学、东南大学、同济大学、天津大学等四校的建筑学本科教育进行了首次评估，1994 年又对重庆建筑工程学院（现重庆大学）华南理工大学、哈尔滨建筑工程学院（现哈尔滨工业大学）、西安冶金建筑学院（现西安建筑科技大学）等四校的建筑学本科教育进行了首次评估。当时，各校的学制有的为四年制，有的为五年制。首次评估确立了五年制本科学制作为建筑学专业教育评估和授予建筑学学士学位的必要条件。1995 年又进行了建筑学硕士学位的评估试点工作。

根据 1992 年 11 月 10 日国务院学位委员会第十一次会议通过的《建筑学专业学位设置方案》的有关规定，我国建筑学专业教育实行工学学位和建筑学专业学位（包括建筑学学士和建筑学硕士）并行的学位制度。通过专业评估的高校建筑学专业点，将由国务院学位委员会授权行使建筑学专业学位授予权，其他高校的建筑学专业点，仍继续行使工学学位授予权。按照《中华人民共和国注册建筑师条例》及其实施细则的规定，获得建筑学"专业学位"的毕业生，在经过一定年限（获"建筑学学士"者为毕业 3 年，获"建筑学硕士"者为毕业 2 年）的工程设计实践，即可获准参加国家一级注册建筑师考试；没有通过评估的高校建筑学专业毕业生（即获得"工学学士"和"工学硕士"），其职业实践年限比获得专业学位的毕业生相应延长 2 年。

2.堪培拉协议

2006 年和 2007 年，由联合国教科文组织-国际建筑师协会（UNESCO-UIA）发起，中国建筑学评估委员会（NBAA）、美国建筑学专业教育评估委员会（NAAB）、英国皇家建筑师学会（RIBA）、加拿大建筑学专业教育评估委员会（CACB）、澳大利亚皇家建筑师学会（RAIA）、英联邦建筑师协会（CAA）、韩国建筑学专业评估委员会（KAAB）、墨西哥建筑学教育评估委员会（COMAEA）等评估机构，分别在美国和加拿大召开了两次国际建筑教育圆桌会议。2008 年 4 月，上述机构在澳大利亚堪培拉共同签署了《建筑学专业教育评估认证实质性对等协议》（简称《堪培拉协议》）。该协议是国际上第一个关于建筑学专业教育评估认证的多边互认协议。主要内容是：

①签约各方相互承认对方建筑学专业教育评估认证体系具有实质对等性。

②签约各方相互认可对方所作出的建筑学专业教育评估认证结论。

③经签约成员评估认证的建筑学专业点，在专业教育质量等各主要方面具有可比性，达到签约各方相互认可的标准。

④经任一签约成员评估认证的建筑学专业学位或学历，其他签约成员均予承认。

随着该协议签约成员的增多，国际交流及相互派遣专家参加对方评估视察将成为评估委员会的重要工作内容之一。

（四）建筑学专业"卓越计划"建设概述

2010 年 9 月，重庆大学建筑学专业进行了第一批"卓越工程师教育培养计划"申报，同时结合申报工作开展了重庆大学与重庆市设计院共同建设"国家级工程实践教育中心"的前期工作；2011 年 9 月，重庆大学建筑学专业本科（080701）与建筑学硕士（0813）入选第二批国家卓越工程师教育培养计划高校学科专业名单（详见《教育部办公厅关于公布第二批卓越工程师教育培养计划高校学科专业名单的通知》（教高厅函〔2012〕7 号））。以此为平台，2011 年 11 月，建筑学专业入选教育部高等学校"专业综合改革试点"项目（2012 年 5 月—2015 年 5 月，项目经费 150 万元），"重庆大学—重庆市设计院工程实践教育中心"入选"国家级工程实践教育中心"（项目经费 200 万元），以上 2 个项目同时入选教育部"十二五"期间"高等学校本科教学质量与教学改革工程"2012 年建设项目，成为支撑建筑学专业"卓越工程师教育培养计划"的主要教学改革和实施平台。2013 年 9 月，重庆大学建筑学专业结合全国性专业实习实践基地建设，又与中建西南建筑设计院合作共建了"重庆市级工程实践教育中心"，形成了更加完整的专业实践教学基地群。

2015 年底"卓越工程师教育培养计划"建设到期以后，重庆大学继续对每个项目提供 5 万元/年的经费支持，并围绕拔尖创新人才培养目标先后构建了大类系列课程建设、拔尖创新人才培养计划、一流专业核心课程群建设、新工科研究与实践项目、学科交叉课程建设等多个专业课程改革平台；重庆大学建筑学专业在原有改革探索的基础上，结合 6 个重庆市重大、重点教学改革项目和学校新工科建设项目，不断推进和完善"卓越工程师教育培养计划"的相关成果，取得了持续的建设成效。至 2021 年，重庆大学建筑学专业本科生已有 4 届共 200 名学生获得"教育部卓越工程师教育培养计划"荣誉证书,占毕业学生总数的40.2%。

在教育部高等学校"专业综合改革试点"项目的基础上,重庆大学建筑学专业分别入选2014年重庆市本科高校"三特行动计划"特色专业建设项目(2015年)、2015年重庆市高等学校特色学科专业群建设项目——智慧绿色城镇人居环境保障体系专业群(2016年)、重庆市本科一流专业立项建设项目(2018年)和国家一流本科专业建设点(2019年),实现了建筑学专业建设的高水平持续发展。

在"重庆大学—重庆市设计院国家级工程实践教育中心"建设的基础上,重庆大学建筑城规实验教学中心于2015年底入选国家级实验教学示范中心(2016年),并先后建设了"重庆大学—重庆市设计院研究生联合培养基地"(2020年)和"重庆大学—中国建筑西南设计研究院有限公司研究生联合培养基地"(2021年),成为重庆大学建筑学专业探索校企合作办学新模式、推动完善本硕贯通人才培养机制、建设数字化线上教学课程和虚拟仿真实验教学项目的重要平台。

二、"卓越计划"主要建设内容

(一) 建设背景

在全球化、快速城市化发展背景下,建筑学专业已成为国内应用型专业中国际化、市场化、职业化程度最高、竞争最激烈的专业之一,面对挑战,建筑学教育必须以人才的培养为重点进行专业综合改革。

1.创新能力与创新思维能力的培养

改革核心是教学模式,改革要点是由"类型教学"向"研究教学"转变,突出精英教育特征。

2.海量知识背景下的知识更新能力培养

改革核心是教学方法,改革要点是由"授之以鱼"向"授之以渔"转变,强调自我学习能力培养。

3.专业教学与科研、社会实践的结合

改革核心是教学知识体系建构,改革要点由"单一知识"向"复合知识"转变,着重通识教育、综合实践能力的培养。

(二) 建设总目标

2011年新的建筑学一级学科建立,学科内容更加明确、丰富和拓展,为适应西部大开发和

建筑学科发展战略的调整，契合"卓越工程师教育培养计划"的实施，"立足中西部、辐射全国，培养在国内国际具有强竞争力的创新性、复合型、高水平的建筑学专业人才"，成为专业综合改革试点建设的总目标。

（三）建设具体目标

以"卓越工程师教育培养计划"为依托，建立适应建筑学学科变革的教学团队、教学模式、课程体系、实践教学及管理方式，全面提高学生的综合思维能力、社会洞察力、沟通协调能力和理性分析技能、实践设计技能，培养技能扎实、知识全面、人格健全的高级建筑学专业人才，以适应建筑理论与设计、建筑工程与技术、建筑教育与研究、建筑管理与决策等行业的社会职能，从而在全国同类专业综合改革中起到示范作用，在地域性特色专业人才培养体系方面具有全国性引领的意义。

1.建立"四位一体"的复合教学体系

通过研究性教学和教学资源整合，构建融贯"建筑学—城乡规划学—风景园林学—建筑技术科学"四位一体的学科构成复合体系，从而促进师资队伍建设。

2.开拓"地域主义—国际化"的双重视野

立足中国城市化特点、中西部地区城市建设和建筑科学的特殊性，创新教学方式和课程建设，促进建筑专业人才的地域知识结构和国际学术视野的同步提升。

3.具备"德才兼备"领军能力的人才培养

坚持"德才兼备"的人才培养战略目标，加强实践教学环节，完善教育管理机制，培养专业型人才在科研、管理、技术协调和社会统筹方面的学术领军能力。

（四）主要建设内容

通过专业改革与实践，在西南以及更广的范围内形成了自己的学科影响力和教育扩展面，在课程体系、教学内容、实践教学方法、学术队伍建设以及创新教学管理机制上，立足西南、紧扣国情，形成学科体系和专业特色。

1.建立相互融贯的创新教学体系

契合国家"卓越工程师培养计划"，创新"2+2+1"本科专业培养模式（表3.1）。在本科初步阶段强化学生宽阔的专业视野与坚实的基础知识培养，在本科高级阶段强化学生创新思维能力与知识综合运用能力的培养。采用开放式教学方式，具体包括3个方面：

一是打破目前以教师授课为主的单一的教学方式，增加讲座和研讨课作为对知识内容的扩展和补充，形成"授课+讲座+讨论"的教学方式。

二是打破由专业界限带来的封闭教学资源体系，形成"专业教师+相关专家"的教学资源体系,吸纳其他专业教授、设计单位专家和职业建筑师参与授课、讲座、讨论等教学环节,突出建筑学专业教学的多元性和实践性。

表 3.1 "2+2+1"本科专业培养模式

学年	阶段教学目标	课程设置特点
基础阶段 (一、二年级)	1.以"宽口径、厚基础"为教学目标,奠定学生专业学习的坚实平台。 2.基础课和部分选修课并置,在强化基础教学同时,提供多样性的基础性知识和文化素质课程的拓展选择,满足不同的学习需求。	着重对专业知识的初步认知与体验训练,通过强化"建筑概论""城市规划概论"等基础认知课程的内容与高水平师资配置,提高不同专业方向学生的学科视野,实现不同学科方向教学资源的共享。
拓展阶段 (三、四年级)	1.培养学生逐步形成"认知"的自主性和个人的专业知识认知体系。 2.深化专业知识领域,满足学生个性化发展需求;既为学习兴趣分野也为不同专业方向转型提供多元选择性与基础知识体系。 3.部分体现由"认知型"向"研究型"的教育思维转换,引导学生在方法、手段、自我判断等方面形成创新意识,加强学生专业交流能力的培养。	以主干专业设计课程为核心,形成不同专业知识方向的多种选择(如"历史理论""建筑技术""城市设计"等设计方向); 通过阶段教学评图制度,强调专业知识学习的过程性与逻辑性。 多元化、多层次的课程体系设置,提高学生学习研究方向的可选择性。
综合阶段 (五年级)	1.提供开放性教学平台,形成以"研究型"教学为主、以学生创新意识培养为核心的多元课程体系。 2.加强对外教学与交流,拓展学生学习视野。	以设计工作室 Studio 教学模式为核心,结合学科发展热点,逐步提高设计课程的交叉性与综合性,建立融合职业素质教育的专业实践课程体系。

三是与国内外大学建立科研教学合作关系,整合各方教育资源,采用联合教学,探索教学合作交流的新模式。

"一轴两翼三平台"的教学体系架构如图 3.1 所示。

2.建设 5 个专业核心课程群

依托 5 个二级学科,建设以山地建筑设计及其理论、建筑历史理论与历史文化遗产保护、建筑技术理论与工程技术方法、山地城市设计及其理论、山地建筑空间环境艺术为主干的 5 个专业核心课程群。以大类课程体系为核心,以各学科知识内容相互渗透和融合为目标,结合通识教育平台,逐步形成以基础通识课程、主干专业核心课程与拓展创新课程(图 3.2);逐步推进研讨型课程建设和混合教学模式,由不同专业背景教师组成混合教学小组,提高学生的综合协调能力;融合多领域知识,逐步将教学主题由物质形态拓展到社会科学、人文环境领域,提高教学课程的多样性和研究性,培养学生具备知识全面、综合素质高的专业能力。

3.建设以二级学科为主干的 5 个教学团队

以二级学科的学术带头人为核心形成 5 个教学团队,对主干专业核心课程群进行构建和维护。进一步完善人才引进机制,完善中青年教师出国进修和能力提升机制。采取培养和引进相结合的方式造就高层次人才,包括专业领域专家、高层次学术骨干、实验室高层次管理和技术人才等方面。到建设期末,教授人数达到 13 人,教学队伍中博士学位比例超过 40%,形成一支结构合理,专业方向齐全,学科交叉融合的教学团队。

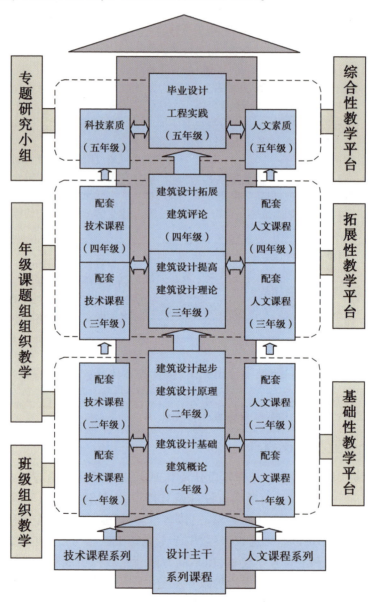

图 3.1 "一轴两翼三平台"的教学体系架构

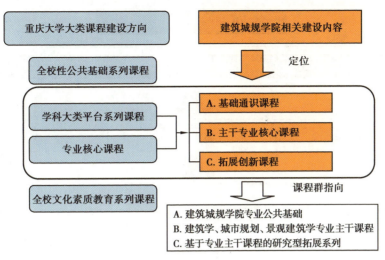

图 3.2 课程体系层级关系图

4.建立多层次实践教学环节

通过增设、调整实践与调研性课题,将教学计划中的实践环节根据年级特点、学习内容要求,组成与理论教学环节相扣的纵轴,贯穿于五年教学计划之中;在横向教学实践环节上强化其对主干专业课程的支撑性及与理论课程的互补性,强调学以致"用",培养学生的社会适应性和实际工作能力。依托"国家级工程实践教育中心"进一步完善实习实践基地建设,建立严格的实践成果认定标准与考评机制,采用校企联合培养方式和"双导师制"教学模式,使行业企业深度参与培养过程。

5.强化教学质量管理体系

加强教材建设,积极参与国家级重点教材的编写工作,同时积极编制适应山地建筑学需要的教材。以 5 个专业核心课程群为依托,建立 1~2 个国家级精品课程及 3~4 个省部级精品课程。建立和完善阶段目标教学质量管理体系,建立阶段目标教学责任制,全面实行课程教师负责制。继续完善双向选课制、阶段答辩与公开评图等教学质量管理制度,并形成规范,为全国同专业教学起到示范作用。

(五) 采用的主要方法

结合专业教学特色建构建筑学专业综合改革体系,采用调查分析—改革实践—反馈调整—再完善再实践的循环模式,开展研究(图 3.3)。

①通过访谈、问卷调查、资料收集、国内外专业教学体系的对比,分析建筑学课程教学体系现状、特点及方向。

②围绕提高学生的创新能力出发,着眼于参与世界的深层对话,通过各种教材建设、教学内容和手段的改革,研究如何体现西南山地地域特色的学科本源,找准建筑学教育教学改革立足点。

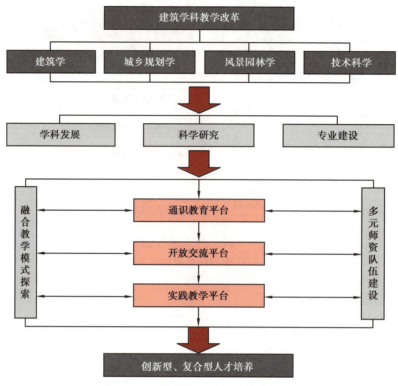

图 3.3　建筑学专业综合改革示意图

③对应性地提出改革关键点和具体措施,通过增设、调整实践与调研性课题,强化实践基地建设、创新实践环节教学等,探索开放性、多层次、立体化的教学方法,建设具有地域特色的多学科融合的现代教学模式。

④通过归纳、总结、反馈、提高,进一步完善和充实教学内容,从而建立新型的"山地建筑学"专业学科体系,使本专业成为国际山地建筑学专业教育研究中心和人才培养的重要基地。

(六) 具体建设措施

以提高学生专业综合素质和创新实践能力为目标,制订适宜的教学改革措施,具体如下所述。

1.特色人才培养与教学方式建设

强调特色的学科融合教育:基于综合人才培养目标,建立建筑学、城市规划、风景园林学相融贯的课程体系,实现教学资源的优化与共享,培养学生整体思维、协同合作、解决复杂问题的能力。

改类型教学为阶段目标教学:围绕新的一级建筑学学科体系建设,设置阶段目标年级教学组,阶段目标责任教师制;以主干专业课程建设为核心,建构多层次的系列课程组合模块(图 3.4)。

以学生体验为核心的教学:采用启发式和研讨式的教学方法,学生根据教学大纲要求,参与教学方案的实施,并结合学科发展设置灵活多样的学术活动。

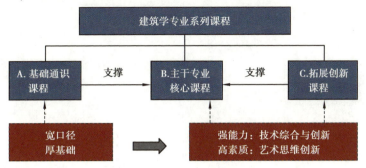

图 3.4 建筑学专业系列课程

双向互动的参与性教学:专业设计课题网上实时呈现,建立以课题组与学生双向选择为主要特征的 Studio 教学模块、选课机制、多边实时讨论等互动教学系统。

混合教学与导师团队责任制:由不同专业背景教师组成混合教学小组,提高教学课程的多样性和研究性;改 35 人大班为 12 人小组制,强调教师独立责任制,逐步实现 1∶10 的师生比小班上课目标。

独立指导与公开评图机制:系和研究团队集体负责专业设计课程的选题和设计指导教师的安排,指导教师负责指导具体的设计小组,每组学生一般为 10~12 人;专业设计课程采用答辩机制,专业设计答辩由指导教师与企业兼职教师共同参与,为了保证不同设计组之间成绩认定的公平性,通过年级公开评图的方式平衡各组成绩。

2.创新实践教学与师资队伍建设

强调专业实践的教学模式:以"卓越工程师教育培养计划"专业性人才培养为平台,依靠"国家级工程实践教育中心"建设,采用"双导师"制教学模式,增加实践教学环节,提高学生自我学习、全面表达、独立工作的能力。

开放创新的多层次教学:通过与专业工程特点相结合的人文通识教育课程学习,厚实与拓展学生思维层面;设置联合教学、国际化双学位教育、教师互访与进修交流等,建立长期、持续、深度合作交流机制,提高学生国际视野与创新能力。

研究化教学型团队建设:完善以知名教授为带头人的教师团队建设;结合研究型教学模式探索,鼓励教师积极发表教学改革研究成果的论文和书著;建立激励机制,通过国际化教学交流,提高教师教育教学和学术研究能力。

建构"双师型"师资队伍:建构学校教师—企业工程师共同组成的"双师型"教师队伍(图 3.5),工程型教师直接担任设计课教学和评图,促进师资队伍的实践教学能力提高。

3.科学管理机制建设

专职轮回督察督导制:聘用专业督导教师,每天轮回全面督察教学计划执行、教学方法、教学质量水平、教风学风,向学院提出咨询报告,学院动态调整决策。

教学管理值班检查制:教学值班巡查制、集体听课抽查制:院长值班教学巡查,现场解决教改过程中的问题并书面值班交接,保证工作延续性;院长组织系主任、骨干教师定期听取专

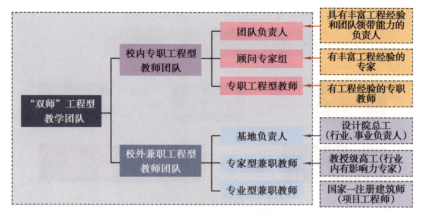

图 3.5 "双师型"师资队伍构成

业理论课,检查教学计划的执行和教学质量效果、教学秩序等。

教育教学并行的管理机制:教育和教学双线并行建设,通过专业教师兼职班导师等方式,构建教育教学引导体系与评价管理体系并重的教育管理机制。

(七)具体政策措施

1.基本建设原则

针对"卓越工程师教育培养计划"实施,制订"卓越计划"基本建设原则,具体如下所述。

紧扣培养目标的原则:注重卓越工程师计划的终极目标是培养创新型、实践型人才,强调培养过程中的专业特色、创新思维和实践能力的训练。

强调实践成效的原则:实践环节应结合学生具体情况,制订不同的学习重点、培养方式;注重实践项目的参与可行性与培养对象实践能力的契合度,保证实践环节学习的有效性。

注重即时反馈的原则:注重企业培养过程中的有效反馈,根据实际情况建立教师巡查制度,与企业的定期交流制度,学生评分制度等,并在实践结束时以文档方式及时反馈于教学管理中。

开放性与适应性原则:弹性可变的"卓越计划"建设方案,根据建筑行业发展动态调,每年审核及调整培养方案,以适应行业创新标准和要求。

2.相关政策措施

按照卓越计划的建设原则,在学生实践管理、人才培养机制、校企合作协议、经费使用保障等方面推行一系列规范化管理条例,具体如下所述。

学生实践管理:制订重庆大学建筑城规学院学生企业实践情况调查表、重庆大学建筑城规学院实践性教学实习鉴定表,通过企业对学生在企业实习实践的反馈,了解学生业务能力、综合素质及表现情况,以便改进教育、教学方法,培养出更加符合社会需要的合格人才。

人才培养机制:一是专门制订了"专业导师制",加强卓越学生的专门化培养;二是制订《关于与国外(境外)联合教学的暂行办法》,对推动国际化人才培养的制度性和持续性建设起到了保障作用。

校企合作协议:在原有的《校企合作协议书》《学生实习基地建设》等文件的基础上,调整并完善《重庆大学建筑城规学院专业实践联系函》《本科生实习基地(工程实践教育中心)建设合作协议书签订标准(试行)》《重庆大学建筑城规学院——××建筑设计研究院共建硕士研究生专业实践基地协议书》。

经费使用保障:"卓越计划"项目经费来源于两个部分,一是"专业综合改革",二是"国家级工程实践教育中心"。根据卓越计划建设内容,从教学改革、实践基地条件建设、学生实习实践和企业相关经费4个方面制订了项目经费使用计划(表3.2)。

表3.2 实验实践教学共享资源平台建设

实验实践教学资源来源	基础类实践(认识性实验)	综合类实践(应用性实验)	创新类实践(拓展性实验)
学校	艺术表达系列通识教育选修课程	—	学科交叉型实验课程
建筑学部	建筑学部通识课程	BIM体系实验教学框架	跨专业联合毕业设计课程
设计企业	设计认知、参观观摩	职业建筑师业务概论	企业基地实习实践
	—	大型数字化设备应用	BIM体系的工程实践运用
开发企业	建造实验课程夏令营	专业实践指导教师队伍	设计竞赛
国内外高校	—	信息化共享平台	远程网络视频课程

三、主要成果

自2012年建筑学专业入选卓越工程师计划以来,经过10年建设,形成了兼具地域性与开放性的建筑专业优势和办学特色;相继建设国家级精品资源共享课程1门(2013年)、市级精品资源共享课程1门(2013年)、"十二五"规划教材4部,2021年入选住房和城乡建设部"十四五"规划教材14部;完成省部级教改项目30余项,其中重大、重点项目10余项;近年来,先后获得国家级教学成果二等奖1项(2014年)、市级教学成果一等奖2项(2013年、2017年)、重庆大学校级教学成果一等奖5项(2013年、2017年、2021年);拥有国家级教学名师1人、国家级教学团队1个、国家级实验教学示范中心1个(2016年)、国家级/省部级工程实践教育中心2个。建筑学专业先后入选重庆市级一流本科建设项目(2018年)和国家级一流本科建设点(2019年)。建筑学专业分别在2013年、2020年的第4次、第5次全国建筑学专业教育评估(本科、硕士研究生)中获优秀成绩通过;4名教师获得中国建筑学会建筑教育奖,3名教师获得宝钢优秀教师奖,1名教师入选重庆市教学育人楷模。

近年来,本专业教师先后在国内重要教学大会上作主题发言20余人次,主办全国和地区性教学研讨会9次;积极牵头建立西南地区高校建筑学科教学联盟,推动西部高校建筑学专业建设与发展。"2+2+1"阶段教学体系、建筑学部多专业联合毕业设计等教学成果均在国内形成了广泛影响。先后与境外 10 余所著名建筑院校建立了长期教学交流机制,每年有 30 余名学生获得美国哈佛、英国 UCL 等世界名校的入学深造资格,凸显了重庆大学建筑学教育的国际化与开放性。

(一) 构建了以学生为中心、以阶段能力培养为核心的课程体系

在全球化的竞争背景下,专业综合能力与创新能力培养成为衡量专业教育质量的核心要素。本项目针对建筑学科五年制专业教育特点,构建了以阶段培养目标为核心的"2+2+1"开放性教学体系与课程体系,改变了在学生在学习过程中普遍存在的知识单一、专业视野狭窄、多样性不足等被动状态,解决了基础知识强化和创新能力培养这两个高水平专业人才培养的关键问题,教学体系与课程体系如图 3.6 所示。

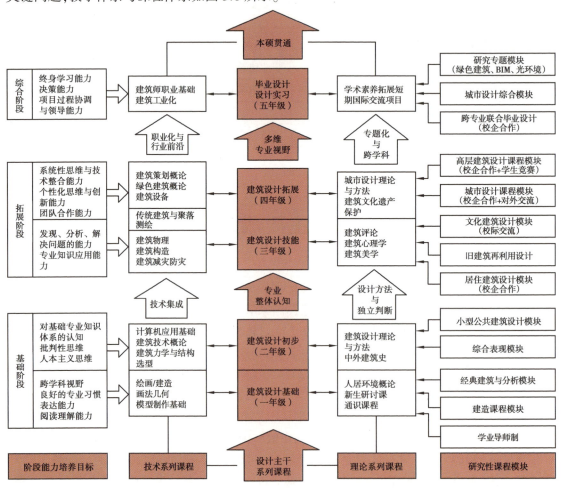

图 3.6　建筑学专业"2+2+1"开放性教学体系与课程体系

(二) 初步构建了"4+1+2"本硕贯通的高水平人才培养机制

　　我国建筑学科长期存在本硕人才培养定位不清晰、专业学位重置、教学内容重复等问题，难以满足高水平、复合型专业人才的培养要求。本成果将学制贯通作为提升专业教育竞争力的切入点，以整合本硕教学资源为目标，构建了与"2+2+1"本科教学体系协调同步的"4+1+2"本硕贯通人才培养机制，在保持现有人才培养基本框架的前提下，突出了研究性课程平台对学生能力与素质培养的支撑作用，为构建多层次的人才培养通道奠定了基础，具体如图3.7所示。

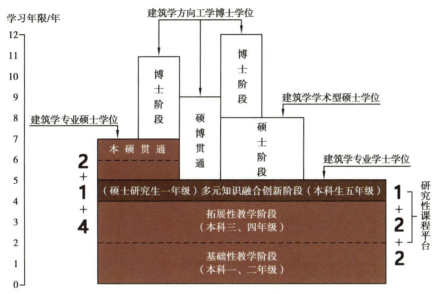

图3.7　建筑学专业"4+1+2"本硕贯通培养模式

(三) 构建了开放性、跨学科、跨专业、国际化的专业设计实践课程

　　我国高校特别是西部院校专业教育，长期存在与行业发展需求脱节、对外开放不足等问题。本成果一方面通过高水平校企合作平台和企业导师队伍建设，强化实践教学对学生专业素质养成的支撑作用；另一方面积极拓展国内外合作办学途径，初步构建了与西部"两边一少"地区的合作教学联盟，实现了国际教学交流的多元化和常态化，为西部城镇化发展的专业人才培养与对外开放提供了有力支撑。

　　与欧美、大洋洲、亚洲10余所著名院校建立了长期的专业教学交流机制，20余名教师到国外高校做访问学者，师生共计参与境外教学合作项目200余人次，接收境外留学生与交换生60余人。在本成果的推动下，我院出国留学深造学生数量由初期的零星个体扩展到每年30余名，并多次获得美国哈佛、哥伦比亚大学、宾夕法尼亚大学，英国UCL、谢菲尔德，荷兰代尔夫特等世界名校的入学资格，凸显了国际化教学对学生成长的促进作用。

　　建筑学专业教学交流境内外合作院校见表3.3。

表 3.3 建筑学专业教学交流境内外合作院校一览表

序号	合作教学项目	国内参与院校	备注
1	全国高校建筑学专业八校联合毕业设计	清华大学、东南大学、同济大学、天津大学、重庆大学、浙江大学、北京建筑大学、中央美术学院;2015 年以后,先后邀请沈阳建筑大学、昆明理工大学、深圳大学、西南交通大学、华侨大学、四川美术学院等院校参与	2007 年开始实施;2015 年后改为"8+1"模式,即每年在原有八校基础上,邀请 1 个地方院校参加
2	全国高校建筑学、城乡规划、风景园林三专业四校联合毕业设计	重庆大学、西安建筑科技大学、哈尔滨工业大学、华南理工大学	2012 年开始实施,最初为重庆大学、西安建筑科技大学两校三专业联合毕业设计,2014 年拓展到四校
3	建筑学专业人才联合培养	重庆大学、石河子大学	2012—2014 年期间实施,为支持新疆石河子大学的建筑学专业建设,重庆大学每年接受 1 个班(20 名学生),负责二至四年级的专业培养
4	建筑学专业人才联合培养,三年级文化建筑设计课程联合教学	重庆大学、西藏大学	2010 年至 2013 年,为支持西藏大学的建筑学专业建设,重庆大学建筑城规学院先后派出 7 名教师赴藏大参与专业教学,后又开展了设计课程的联合教学
5	三年级文化建筑设计课程联合教学	重庆大学、昆明理工大学	2015 年开始实施,每校每年 5~6 名教师、30 余名学生参加
6	四年级建筑学、风景园林两专业城市设计课程国际联合教学	重庆大学、山东建筑大学、澳大利亚昆士兰科技大学	2017 年 7 月至 8 月首次举办,每校 2~3 名教师、16 名学生参加

建筑学专业境内外教学交流项目见表3.4。

表 3.4 建筑学专业境内外教学交流项目一览表

序号	参与学校	课程主题	参与专业学生	备注
1	日本早稻田大学、清华大学、重庆大学(2~3 名教师)	灾后重建规划与城市设计、历史城镇规划	建筑学、城乡规划、风景园林(9~10 人)	2013 年首次,每年 4 月至 7 月;固定;2015 年香港大学、中科院大学加入
2	日本北海道大学、重庆大学(3 名教师)	城市设计	建筑学、城乡规划、风景园林(9~10 人)	2014 年首次,每年 10 月至次年 3 月;固定

续表

序号	参与学校	课程主题	参与专业学生	备注
3	德国杜塞尔多夫大学、重庆大学(2名教师)	城市设计	建筑学、城乡规划、风景园林(10人)	2013年首次,每年10月至次年3月;固定
4	海峡两岸学术交流(1名教师)	城市设计、建筑设计	建筑学、城乡规划、风景园林(6人)	2011年首次,每年9月(大陆)、12月(台湾)固定
5	MIT Summmer Camp(8名教师)	城市发展规划、房地产研究	建筑学、城乡规划、风景园林、房地产管理(62人)	2016年首次,每年6月,固定
6	美国佛罗里达大学、重庆大学(4名教师)	城市设计、建筑设计	建筑学、城乡规划、风景园林(12人)	2011年、2012年,非固定
7	美国爱达荷大学、重庆大学(1名教师)	城市设计、建筑设计	建筑学、城乡规划、风景园林(研10人)	2012年,非固定
8	中国香港中文大学、重庆大学(6名教师)	历史街区与历史建筑保护	建筑历史方向研究生(研12人)	2013年11月临时参与
9	中国香港大学、重庆大学(2名教师)	高层建筑设计	建筑学四年级学生(12人)	2013年9月临时参与
10	美国明尼苏达大学、重庆大学(4名教师)	城市设计、建筑设计	建筑学、城乡规划、风景园林(研18人)	2013年,非固定
11	法国拉维莱特建筑学院、重庆大学(4名教师)	城市设计、风景园林	建筑学、城乡规划、风景园林(12人)	2013年临时参与
12	日本东京工业大学、同济大学、东南大学、华南理工大学、重庆大学(2名教师)	城市设计、建筑设计	建筑学、城乡规划、风景园林(6—7人)	2015年10月至2016年2月;临时参与
13	罗马大学、佛罗伦萨大学、米兰理工大学、东南大学、天津大学、重庆大学(3名教师)	城市设计、旧城更新	建筑学、城乡规划、风景园林(8人)	2016年首次,每年9月,固定
14	澳大利亚昆士兰科技大学、重庆大学、山东建筑大学(7名教师)	城市设计、旧城更新	建筑学(8人)、风景园林(8人)	2017年7月至8月;首次参加,固定

2014—2019 年度建筑学专业国际深造情况见表 3.5。

表 3.5　2014—2019 年度建筑学专业国际深造情况

年份	北美	欧洲	其他
2019 届 (34 人)	李一杨(哈佛大学) 高逸雯、刘冰鉴、尚叶青(宾夕法尼亚大学) 伍洲(哥伦比亚大学) 王炜文、张艺馨(北卡罗来纳大学教堂山分校) 张政远、汪钰乔(密歇根大学安娜堡分校) 刘世昂(圣路易斯华盛顿大学) 肖盈(华盛顿大学西雅图分校) 胡雪妮(加拿大多伦多大学)	王逍、张曼韵、翟德威、董绩祥、王欣迪(伦敦大学学院) 胡曦钰(英国爱丁堡大学) 张亦瑶、谢宜辰(英国谢菲尔德大学) 耿晨(英国曼彻斯特大学) 马宇驰、何昕雨(英国纽卡斯尔大学) 戎奕扬(英国卡迪夫大学) 何子懿(芬兰阿尔托大学) 刘雨佳(荷兰代尔夫特理工大学) 邓新意、马欣怡(米兰理工大学) 高秀干(米兰新美术学院) 朱浚涵、王夕璐(法国埃塞克商学院)	冉思齐(昆士兰大学) 洪杨(早稻田大学) 陈佳佳(香港大学)
2018 届 (21 人)	陈飞樾(麻省理工学院) 李怡霏(普瑞特艺术学院) 卓子(弗吉尼亚大学) 杨伊(加利福尼亚大学洛杉矶分校) 陈鸣宇、周星(密歇根大学) 张华晨(罗德岛设计学院)	郭屹、赵伊黎(伦敦大学学院) 潘天(英国谢菲尔德大学) 赵正阳、吉恒纬、薛子杨、张乔嘉(荷兰代尔夫特理工大学)	刘梦露、赵方圆、薛永豪(香港大学) 王逸聪(香港中文大学) 石芊(新加坡国立大学) 许钦(墨尔本皇家理工大学) 李奕丹(北海道大学)
2017 届 (34 人)	李雯婷(哈佛大学) 邢嘉溢(康奈尔大学) 李轩昂(宾夕法尼亚大学) 王莘、游晋(加州大学伯克利分校) 魏鑫月、李梦如、何金辉、张涵(密歇根大学) 肖惠丹(伊利诺伊大学香槟分校) 吴大泽(明尼苏达大学) 卫嘉音(南加州建筑学院) 姚尧(内布拉斯加大学林肯分校) 王怡君(加利福尼亚大学洛杉矶分校) 葛兆亮(圣路易斯华盛顿大学)	王嗣翔、刘振华、朱英瑛(伦敦大学学院) 纪明妍(英国卡迪夫大学) 刘晓曦、朱天华、曹江宁(英国谢菲尔德大学) 胡启耀、张逸承、凌雯倩、马添阅、朱骋(荷兰代尔夫特理工大学) 张瑾(荷兰乌得勒支大学) 刘天然(比利时鲁汶大学) 安妮(法国高等艺术应用设计学院)	吴淳优(香港大学) 林晓婕、张晶茗(悉尼大学) 张一丁(新南威尔士大学) 蒋敏(东京大学、博士)

年份	北美	欧洲	其他
2016届 (35人)	蒋思予(哈佛大学) 张汇慧、郭子玉(康奈尔大学) 庞妍、全真、黄新月(哥伦比亚大学) 韩轩豪、杨南迪(宾夕法尼亚大学) 吴礼维(密歇根大学) 袁也(伊利诺伊大学香槟分校) 伍玥(华盛顿大学圣路易斯分校) 冯楚雄(罗德岛设计学院) 李明洋(得克萨斯奥斯丁分校) 谷灵熙(加州大学洛杉矶分校)	曾斯航、赵紫为、吴圣晗、陆洲、余炽、周垣、陈思宇、李芝蓓、张菡芮、刘典、张及佳(伦敦大学学院) 沈焜(英国谢菲尔德大学) 庄世儒、赵佳佳、张潇竹(荷兰代尔夫特理工大学) 杜丰泽(德国杜伊斯堡-艾森大学)	张脉函、张光宁(香港大学) 陈雨薇(墨尔本大学) 曹婧(新南威尔士大学) 乔丹(奥克兰大学)
2015届 (23人)	李益、王雨嘉(哈佛大学) 宋然(哥伦比亚大学) 叶润洲、冯泰(宾夕法尼亚大学) 王坤(南加州建筑学院) 王涓入(罗德岛设计学院) 周家旭(美国纽约大学) 朱丹(美国加州大学)	严加隽(伦敦大学学院) 于思、许源、叶柳欣、岳灵霜、蒋雅同(英国爱丁堡大学) 李梦捷(英国谢菲尔德大学) 李梦郁(荷兰代尔夫特理工大学) 盛柏涛(法国斯特拉斯堡国立建筑学院)	李玖蓁、庄子凯(香港大学) 兰丁(东京大学) 赵家希(悉尼大学) 屠荆清(国立台湾大学)
2014届 (30人)	李睿超(哈佛大学) 陈遥(哥伦比亚大学) 张勤恒、陈悦、李漪伶、王皓羽(宾夕法尼亚大学) 杨百合(密歇根大学) 胡昕(明尼苏达大学) 蔡睿华、任欣然(德克萨斯奥斯丁分校) 温奇晟(华盛顿大学)	金鑫(英国诺丁汉大学、博士) 王辰翰、彭帅、尹鲲(伦敦大学学院) 寇宗捷、孟显哲、李光雨、谢睿(英国谢菲尔德大学) 傅冬雪(英国卡迪夫大学) 李一佳、杨文驰、李弈诗琴(荷兰代尔夫特理工大学) 朴鑫鑫(荷兰埃因霍芬理工大学) 杨梦娅、张子炀(西班牙巴塞罗那大学)	翁文婷、李晓迪、罗胜之(香港大学) 葛云羽中(香港中文大学) 张文冠(昆士兰大学)

(四)构建了国内覆盖最广的实习实践基地和高水平的"双师型"教学团队

构建了60余所分布全国的实习基地(表3.6),以及由全国勘察设计大师领衔的高水平企业导师团队。近几年来,"重庆大学建造季"、建筑科普基地等开放平台先后吸引四川、青海、安徽、浙江、重庆等地300余名重点中学学生参与;"7平方米极限居住""楼纳国际建造节""无止桥"等学生项目受到人民日报、光明日报、南方周末、人民网等国内主流媒体的持续关注,成为探索创新性专业教学的典型范例。2017年以《建卒》这一国内最具影响力的学生学术刊物为平台,成功举办首届全国建筑院校本科生论坛,进一步提高了我院本科教学声誉;高考招生分数屡创新高,毕业生供需比超过 1:15,从不同侧面体现出本成果对高水平专业人才培养的支撑作用。

表 3.6 重庆大学建筑学专业教学全国性实习基地一览表

序号	实习实践基地		适用专业名称	基地性质
	名称	地点		
1	中国建筑设计研究院有限公司	北京	建筑学、城乡规划、风景园林	建筑设计综合实践教学基地
2	北京市建筑设计研究院有限公司	北京	建筑学、城乡规划、风景园林	建筑设计综合实践教学基地
3	中国城市规划设计研究院	北京	建筑学、城乡规划、风景园林	建筑设计综合实践教学基地
4	清华大学建筑设计院	北京	建筑学、风景园林	建筑设计实践教学基地
5	中国建筑科学研究院设计研究院有限公司	北京	建筑学	建筑设计实践教学基地
6	北京易兰建筑规划设计有限公司	北京	建筑学、城乡规划、风景园林	建筑设计综合实践教学基地
7	中国核电工程有限公司	北京	建筑学、城乡规划、风景园林	建筑设计综合实践教学基地
8	天津愿景城市开发与设计策划有限公司	天津	建筑学、城乡规划	建筑设计综合实践教学基地
9	河北九易庄宸科技股份有限公司	石家庄	建筑学、城乡规划、风景园林	建筑设计综合实践教学基地
10	华东建筑设计研究院	上海	建筑学、城乡规划、风景园林	建筑设计综合实践教学基地
11	上海建筑设计研究院有限公司	上海	建筑学	建筑设计实践教学基地
12	上海联创建筑设计有限公司	上海	建筑学、城乡规划、风景园林	建筑设计综合实践教学基地
13	上海霍普建筑设计事务所有限公司	上海	建筑学	建筑设计实践教学基地
14	上海都设建筑设计有限公司	上海	建筑学	建筑设计实践教学基地
15	上海日清建筑设计有限公司	上海	建筑学	建筑设计实践教学基地
16	上海原构设计咨询有限公司	上海	建筑学、城乡规划、风景园林	建筑设计综合实践教学基地
17	浙江省建筑设计研究院	杭州	建筑学	建筑设计实践教学基地

序号	实习实践基地		适用专业名称	基地性质
	名称	地点		
18	浙江大学建筑设计研究院	杭州	建筑学	建筑设计实践教学基地
19	浙江中联筑境建筑设计有限公司	杭州	建筑学	建筑设计实践教学基地
20	浙江绿城建筑设计有限公司	杭州	建筑学、城乡规划、风景园林	建筑设计综合实践教学基地
21	苏州设计院研究股份有限公司	苏州	建筑学、城乡规划、风景园林	建筑设计综合实践教学基地
22	启迪设计集团股份有限公司（原苏州设计院研究股份有限公司）	苏州	建筑学、城乡规划、风景园林	建筑设计综合实践教学基地
23	中南建筑设计院	武汉	建筑学、城乡规划、风景园林	建筑设计综合实践教学基地
24	湖南省建筑设计院	长沙	建筑学、城乡规划、风景园林	建筑设计综合实践教学基地
25	广东省城乡规划设计研究院	广州	建筑学、城乡规划、风景园林	建筑设计综合实践教学基地
26	深圳市建筑设计研究总院有限公司	深圳	建筑学、城乡规划、风景园林	建筑设计综合实践教学基地
27	深圳华森建筑与工程设计顾问有限公司	深圳	建筑学、城乡规划、风景园林	建筑设计综合实践教学基地
28	中国城市规划设计研究院深圳分院	深圳	建筑学、城乡规划、风景园林	建筑设计综合实践教学基地
29	柏涛建筑设计（深圳）有限公司	深圳	建筑学、城乡规划、风景园林	建筑设计综合实践教学基地
30	深圳市欧博工程设计顾问有限公司	深圳	建筑学、城乡规划、风景园林	建筑设计综合实践教学基地
31	深圳立方设计顾问有限公司	深圳	建筑学、城乡规划、风景园林	建筑设计综合实践教学基地
32	珠海市规划设计研究院	珠海	建筑学、城乡规划、风景园林	建筑设计综合实践教学基地
33	云南省设计院集团	昆明	建筑学、城乡规划、风景园林	建筑设计综合实践教学基地
34	昆明市建筑设计研究院	昆明	建筑学	建筑设计实践教学基地

续表

序号	实习实践基地		适用专业名称	基地性质
	名称	地点		
35	贵阳建筑勘察设计有限公司	贵阳	建筑学	建筑设计综合实践教学基地
36	中国建筑西南设计研究院有限公司	成都	建筑学、城乡规划、风景园林	建筑设计综合实践教学基地
37	成都市建筑设计研究院	成都	建筑学、风景园林	建筑设计综合实践教学基地
38	悉地国际设计顾问（深圳）有限公司	成都	建筑学	建筑设计实践教学基地
39	成都惟尚建筑设计有限公司	成都	建筑学、城乡规划、风景园林	建筑设计综合实践教学基地
40	四川国恒建筑设计有限公司	成都	建筑学、城乡规划、风景园林	建筑设计综合实践教学基地
41	重庆市设计院有限公式	重庆	建筑学、城乡规划、风景园林	建筑设计综合实践教学基地
42	重庆大学建筑规划设计研究总院有限公司	重庆	建筑学、城乡规划、风景园林	建筑设计综合实践教学基地
43	中煤科工集团重庆设计研究院有限公司（第四设计院）	重庆	建筑学、城乡规划、风景园林	建筑设计综合实践教学基地
44	中机中联工程有限公司（原机械工业第三设计研究院）	重庆	建筑学、城乡规划、风景园林	建筑设计综合实践教学基地
45	重庆市建筑工程设计院有限责任公司	重庆	建筑学	建筑设计实践教学基地
46	重庆市建筑工程设计院有限责任公司	重庆	建筑学、城乡规划、风景园林	建筑设计综合实践教学基地
47	重庆长厦安基建筑设计有限公司	重庆	建筑学、城乡规划、风景园林	建筑设计综合实践教学基地
48	重庆卓创国际工程设计有限公司	重庆	建筑学、城乡规划、风景园林	建筑设计综合实践教学基地
49	重庆和美建筑规划设计有限公司	重庆	建筑学、城乡规划	建筑设计综合实践教学基地
50	重庆金科建筑设计研究院有限公司	重庆	建筑学	建筑设计实践教学基地
51	中国建筑西北设计研究院有限公司	西安	建筑学、城乡规划、风景园林	建筑设计综合实践教学基地

四、存在的主要问题

（一）专业教学与基础教育环节的师资队伍建设有隐忧

1.教师队伍建设科研化、论文化趋势不利于实践应用型人才培养

目前国内高校在教师引进、聘用和考评过程中采用的学术成果量化政策,不利于以实践问题为核心的建筑学专业教师队伍的建设与发展,这也是我国工程教育普遍存在的问题,这种现象在综合性高校中尤其突出;一支离实际需求越来越远、无法解决实际问题、缺少工程经验甚至工程背景,只专注发表所谓高水平论文的专业教师队伍,怎么可能支撑起一个以"创新能力培养"为目标的教学体系?

2.实验室等环节的师资队伍短缺、后继无人等现象将进一步加剧

现有的高校人才引进机制,由于对教师的学历背景、研究成果有严格要求,将对建筑学专业的基础教学和实验教学产生巨大影响;基础教学实验室实验员以及美术、画法几何等基础课程的任课教师的短缺现象将日益突出。

3.校企合作平台与开放平台建设需提高质量

目前国内高校专业教育的知识更新速度已远远滞后于行业转型发展的前沿需求和技术迭代的速度,导致现有的专业教育只能被动地面向现在乃至过去的产业需求,无法主动适应乃至引领未来的发展需求。为此,需要按照"新工科"的人才培养目标,依托校企合作平台构建多方参与的教学团队,将行业的前沿发展动态和人才需求及时纳入教学环节。同时,进一步拓展国际化教学合作的广度与深度,利用三学期制,构建与国外教学体系相适应的联合教学模式,逐步提高现有联合教学的深度和广度。通过联合教学平台及时了解国际教育发展趋势,提升研究性设计课程的前沿性,同时将新理论、新方法引入专业教学过程中,不断拓展学生的国际视野和综合专业素养。但在目前我国高校的专业教学体系中,对校外企业导师的聘用、资格认定、教学成果认定、报酬支付等方面均缺少一个完善的管理机制,加之企业导师流动性较大,日常设计业务繁忙等原因,导致企业导师参与专业教学过程的时效性与稳定性不足;另一方面,国有企业严格的财务管理制度和决策模式,使校企合作办学、针对重大行业课题构建联合教学实践课题等教学设想难以实现。

（二）本硕贯通模式与推免研究生等优秀人才培养政策不匹配

国际上对建筑学的职业教育认定主要有"3+1+2""4+2"两种模式,各国对各阶段的教学

目标各有不同。而目前国内高校建筑学专业本科普遍采用"3+2"教学培养模式，若完成研究生课程，需要8年时间，在本科生与研究生阶段有2个并置的专业学位而不是二选一，导致许多教学内容重复，这是对学生时间的极大浪费，也不符合专业人才培养的现实需求。我国建筑学专业教育长期存在的学制过长、专业学位重复等不合理现象，将使我国学生在激烈的国际竞争中处于非常不利的地位。因此，建构多出口的学制体系，为学生发展提供多种可能，是提升我国建筑学专业教育竞争力的必然选择。从远期发展来看，"4+2"模式更有利于我国高校的建筑学教育由教学型向研究型转轨，也有利于增强我国建筑学专业教育在国际化教育背景下的竞争力。

但目前高校的推免研究生政策，基本上是以不同专业在校学生的总数为基数，按照一定的比例进行名额分配，并没有真正体现优势特色专业在人才培养方面的整体成果；如建筑学专业每年有50名学生获得"教育部卓越工程师教育培养计划"荣誉证书，但真正获得推免资格的仅有24人左右，无法全面实施"4+2"本硕贯通模式。

（三）西部地区的建筑学专业人才培养无法满足国家的战略发展需求

西部地区占我国幅员面积的2/3，城镇化率低于全国平均水平，随着西部大开发战略、一带一路倡议等的推进，西部城市与建筑发展空间巨大，对建筑学专业人才的需求量也呈现快速增长的趋势；但在全国通过建筑学专业评估的74所院校中（截至2021年10月），西部院校仅15所，占比仅20%，其中西藏、青海、广西等省自治区至今仍没有通过建筑学专业评估的院校，西部地区现有的建筑学专业人才培养平台建设及产出显然远远无法满足国家的战略发展需求。因此，建议从国家层面在师资队伍建设、专业教师培训与进修、基础教学设施完善等方面对西部院校建筑学专业人才培养形成更有效的激励机制和一定的倾斜政策，同时加大东部建筑院校对西部院校的帮扶力度。在教指委层面，建议每年针对西部院校的专业教学需求开设教师教学培训班，鼓励东部院校与西部院校开展联合教学、联合培养等多种形式的教学合作交流。

（本章执笔人：重庆大学建筑城规学院　卢峰、黄海静）

第四章

给排水科学与工程专业

「卓越计划」建设

上善若水，润泽无声

一、专业建设简介

重庆大学给排水科学与工程专业始建于1955年,是全国最早创办本专业的"老八校"之一。经过多年的建设与发展,本专业是教育部公布的重庆大学一流学科"土木工程"一级学科所属的本科专业,是国家级优势特色专业(2007年),国家卓越工程师培养计划专业(2012年),重庆市本科高校"三特行动计划"特色专业(2013年),重庆市"三特行动计划"特色学科专业群(2014年),英国皇家特许水务与环境管理学会(CIWEM)的国际认证专业(2015年),国家一流专业(2020年)。

本专业拥有"教育部全国给排水科学与工程专业综合改革试点""国家级实验教学示范中心""重庆大学—凌志环保股份有限公司国家级工程实践教育中心""重庆大学-重庆水务集团公司全国示范性工程专业学位研究生联合培养基地"等国家级质量工程项目;现有重庆市精品课程"流体力学"、校精品课程"给排水管道系统""水质工程学""计算机辅助设计"等;主编国家级规划教材《流体力学(第二版)》《高层建筑给水排水工程(第3版)》和普通高等教育土建学科专业"十二五""十三五"规划教材等18余部;拥有国家百千万人才、中国水业人物、中青年科技创新领军人才等代表的优秀师资队伍,为重庆市高等学校市级教学团队和重庆市高校创新团队。在校学生获得全国挑战杯特等奖、一等奖、美国大学生数学建模竞赛国际一等奖等国际国家级奖项,学生参加建筑学部组织的多专业联合毕业设计。

自"卓越计划"实施以来,经过多年的建设,已逐步形成了理论联系实际、人才培养与市场需要相结合的应用型人才培养模式,基本形成了一支结构合理、专业理论扎实、具备应用技能的人才培养师资队伍,培养的学生遍及全国。本专业已经累计为国家培养"卓越计划"本科毕业生200余名,社会声誉高,为国家和地方社会经济发展做出了重要贡献。

二、专业体制机制建设

(一) 注重人才培养模式的改革与创新

1.人才培养目标的制订

在贯彻党和国家的教育方针的背景下，重庆大学本着坚持社会主义办学方向，遵循高等教育发展规律，以造就"行业精英、国家栋梁"为使命，培养具有优良的思想品格、深厚的人文素养、扎实的基础理论和专业知识、强烈的创新意识、宽广的国际视野与浓郁的本土情怀，适应和引领未来的高素质创新型人才为学校人才培养的总目标。

重庆大学给排水科学与工程专业在学校"建设中国特色世界一流大学"办学方向和办学定位的框架下，面对新的历史机遇和挑战，将继往开来，奋发图强，努力将本专业建设成为"国内一流、世界知名"的国际化研究型工程专业。以此结合本专业的发展方向所研究制订的人才培养目标是：培养具备扎实的自然科学基础和人文科学知识，掌握给排水科学与工程学科专业理论知识，具有良好的社会和职业道德、创新意识和实践能力，有效的表达与交流能力，具有一定的国际视野，独立工作、团队合作和终身学习能力，适应社会需求及驾驭未来的高素质工程创新人才。服务于水资源保护与利用、城镇给水排水、建筑给水排水与消防、工业水处理、城市水系统等领域，以及城镇建设相关的智慧水务、水安全、水生态和水环境等方面。

2.人才培养方案的改革和修订

（1）培养方案修订制度

按照学校关于修订本科人才培养方案的原则，本专业修订了城市建设与环境工程学院《给排水科学与工程专业本科培养方案修订制度》，并依据教育部《普通高等学校本科专业类教学质量国家标准》《高等学校给排水科学与工程本科指导性专业规范》《全国高等学校给排水科学与工程专业评估认证标准》，对专业培养目标、课程方案等进行了系统修订。具体的组织实施过程如下：

①培养目标与培养方案的修订以学院为责任主体，由教学副院长、教学委员会、专业负责人等组成的专门工作小组，全面组织和负责完成修订培养方案（培养目标）任务。

②聘请用人单位、企业与行业专家一同参与培养方案修订的讨论工作。

③教学系组织一线教师、在校学生对培养目标、课程体系、实践环节等核心内容进行充分研讨。

④调研国内一流兄弟院校的相关情况，充分考虑学校总体培养定位与学科特色及国家、

地方经济建设对人才的需要,结合培养目标合理性评价的结果,包括教师和学生、往届毕业生及用人单位等在培养目标合理性评价过程中提出的意见建议等,确保培养目标与社会需求密切结合,满足就业市场需求。

⑤修订的培养方案初稿需向本专业全体老师及行业专家征求意见,由教学系组织修改完善后,经学院提交学校教务处审定。

⑥学校教务处依据学校相关规定对学院提交的培养方案进行审核,培养方案审批通过后,将培养方案落实到每一门课程的教学大纲、教材、教师等,提交全部课程的教学大纲,安排后续教学环节。

(2)最近一次人才培养方案的修订成果

根据《给排水科学与工程专业本科培养方案修订制度》,本专业2018版培养方案(已于2018年9月在2018级开始执行)的修订于2016年暑期开始酝酿,在2018年7月完成修订并报送学校批准实施。结合工程教育评估认证要求,充分考虑合理性评价的结果,强调创新和实践能力、社会和职业道德、适应社会需求和国际视野等,从知识体系、能力素质、专业领域、人才培养定位等方面,根据培养方案修订机制与工作流程,修订培养目标、课程体系及课程(图4.1)。

图4.1　2018级课程体系及培养方案修订集中讨论现场

培养目标合理性的会议评价结果与建议见表4.1。

表 4.1　培养目标合理性的会议评价结果与建议表

版本	内容	合理性评价结果的作用
2014 版	本专业培养具备给排水科学与工程领域的基础理论与知识以及研发与设计能力，能在水的开采、加工、输送、应用以及污废水的收集、处理、再生回用或排放这一可持续发展的社会循环中，从事水工程与科学以及水资源与环境保护的规划、设计、技术咨询、建设与管理、教学及研究、产品开发等方面工作，能驾驭未来的高素质高级工程技术、研究开发及运营管理人才。	◆ 注重学生创新能力与团队协作沟通能力培养，以更好地确保培养目标中解决复杂工程问题能力的达成。 ◆ 拓宽学生的专业视野，高起点人才培养，更好地促进培养目标的达成。
2018 版	重庆大学给排水科学与工程专业培养具备扎实的自然科学基础和人文科学知识，掌握给排水科学与工程学科专业理论知识（知识体系），具有良好的社会和职业道德（职业素养）、创新意识和实践能力，有效的表达与交流能力，具有一定的国际视野，独立工作、团队合作和终身学习能力（能力），适应社会需求及驾驭未来的高素质工程创新人才（人才定位）。服务于水资源保护与利用、城镇给水排水、建筑给水排水与消防、工业水处理、城市水系统等领域，以及城镇建设相关的智慧水务、水安全、水生态和水环境等方面（专业领域）。	◆ 建议紧扣生态文明建设的核心内容，基于现代复杂性社会水工业问题的解决。 ◆ 强调国际化视野与综合素质的培养达成。

2018 版培养方案具体分解为下列目标：

①具备数学、自然科学等基础理论知识和给排水科学与工程专业知识，具备系统解决给排水科学与工程领域复杂工程问题的能力。

②具有在给排水科学与工程相关领域从事规划设计、工程建设、运营管理和技术开发的能力，具有较强的工程实践和组织管理能力。

③具备应用现代技术和工程工具解决实际问题的能力，能够担当复杂工程项目的技术或管理骨干、专业负责人或项目负责人。

④在工作中表现出高尚的职业素质和道德水准，高度的社会责任感和生态环保意识；具有较强的团队合作精神、良好的沟通表达能力。

⑤能够主动拓展和更新知识，具有终身学习能力，能够适应和胜任社会及行业发展的需求。

修订后的培养目标很好体现了社会需求、专业领域、职业特征与定位，以及相应的职业能力。新的人才培养方案更注重应用型人才的培养，更注重学生实践和动手能力的锻炼和训练，在知识体系方面，强调知识领域的系统性、知识单元和知识点的全面性；在实践体系方面，强调实践领域和知识领域的衔接和支撑，实践单元和环节与应用和实践能力培养要求相对应。

（二）注重专业教学改革并成效显著

1.教学内容与课程体系建设

依照人才培养目标为导向，本专业主要学习给排水科学与工程的基础理论、专业知识与技能,学生得到工程设计、工程建设实施和经营管理的基本训练,具有从事设计、施工和经营管理的职业能力。

本专业课程体系设置系基于成果导向教育的反向设计原则,在充分分析给排水科学与工程专业人才的内、外部需求的基础上,确定人才培养目标和毕业要求,从而制订课程体系。专业课程体系能支持毕业要求的达成,课程体系中有企业专家参与,符合专业规范和评估(认证)的通用和补充标准。自实施"卓越工程师教育培养计划"以来,已逐步建立具有本专业特色的一体化的课程体系。

本专业遵从"因材施教、分类培养"的原则,构建与国际接轨的多元化人才培养体系。其中卓越计划培养方案由"通识教育基础""学科大类基础""专业课程""专业方向/模块""实践性环节"构成,同时设置3门贯穿学生整个学习内容的专业方向研讨型课程,51周实践环节,其中校外企业和基地实践37周,特别加强了企业实践环节。在培养方案中,根据本专业领域的新问题和新需求,设置了相关的选修课程,以体现专业的最新培养需要。

以此本专业制订的教学计划:实行前2年学生主要进行公共基础课程和学科大类系列课程学习,第二、三年进行专业基础课学习,第三、四年进行专业课程学习,最后一学期进行毕业实习和毕业设计(论文)。课程设置如图4.2所示,课程体系及必修课(含主要限选课)先后修关系如图4.3所示。

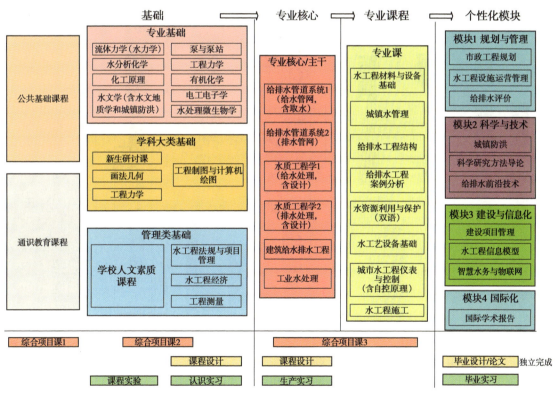

图4.2 课程设置

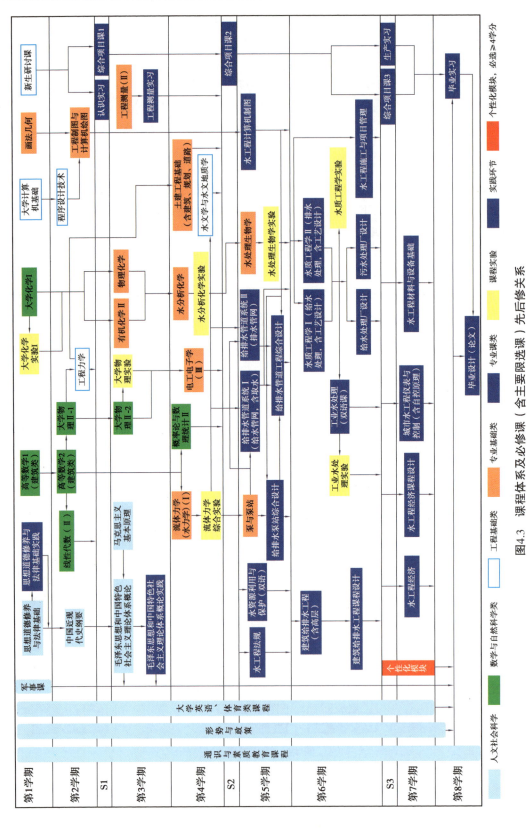

图4.3 课程体系及主要限选课(含主要限选课)先后修关系

2.教学方法与手段改革

(1)加强师资队伍建设

围绕专业建设目标,制订切实可行的师资队伍建设规划,以专业带头人为核心,培育和构建学术梯队;以学术带头人为重点,带动学术团队骨干教师的培养和成长;通过在职学位进修、出国进修和访问、科研经费支持、重点项目申报、人才引进及激励政策等措施,创造条件促使师资队伍学历、职称、年龄结构得到很大改善,师资队伍的整体实力显著提升。

主要采取"建立高层次人才发展专项基金;有计划地加强高层次人才队伍的遴选和培养;采取特殊措施,加强海外和校外高层次拔尖人才的引进;持续实施青年骨干教师培养计划;实施创新团队分层次建设计划;建立高层次人才队伍建设工作责任制和激励机制,对重点发展的高层次人才给予特殊支持"等措施,支持教师本身的专业发展,从而有效支持教师队伍建设。

学校、学院和系各管理层次为教师提供了良好的教学科研环境和丰富的教学科研资源,积极鼓励、支持、组织教师申报和承担国家级、省级、部级、国际上以及地方和企业在内的横向、纵向科研项目和产学研开发课题。本专业所有教师均参加科学研究工作,近三年教师承担和完成了包括国家自然科学基金、国家科技支撑计划、国家科技重大专项以及地方和企业在内的课题300余项,其中纵向课题63项,发表SCI论文290余篇,其中SCI一、二区论文77篇,获授权专利46项,其中发明专利38项。近几年来,专业教师获得了多项学术科研奖励,取得了多项荣誉称号和社会兼职。

在学校与学院的支持与推动下,本专业教师队伍已形成结构优化,素质优良,梯队合理,有足够的教学能力、专业水平、工程经验、沟通能力、职业发展能力。本专业团队是重庆市高等学校市级教学团队(2008年),重庆大学优秀教学团队(2017年),重庆市高校创新团队(2017年)。引育结合,构建了国内一流的双师型教师队伍,对本专业的"一流专业"建设提供了强有力的师资队伍保障(表4.2—表4.4)。

表4.2　师资队伍总体情况表

项目	2014年	2020年	增长人数/人	增长率/%
总人数	32	38	6	19
教授	11	17	6	54
副教授	12	16	4	33
注册工程师	11	13	2	18
国家级人才称号	3	5	2	67
中国水业人物	1	4(含终身成就1人)	3	300

表4.3　教师主要荣誉情况表

➤ 国家"百千万人才工程"人员	1名
➤ 国家有突出贡献的中青年专家	1名

续表

➢ 享受国务院政府特殊津贴专家	1 名
➢ 国家万人计划科技创新领军人才	1 名
➢ 科技部中青年科技创新领军人才	1 名
➢ 中国水业人物教学科研贡献奖	3 名
➢ 中国水业人物终身成就奖	1 名
➢ 重庆市设计大师	1 名
➢ 重庆市优秀人才	1 名
➢ 重庆市青年优秀教师	1 名
➢ 霍英东教育基金会高等院校青年教师奖	1 名
➢ 重庆市学术学科带头人	3 名

表 4.4　教师主要社会兼职情况表

➢ 全国高校给水排水工程专业评估委员会主任	1 名
➢ 全国高校土木工程专业教学指导委员会委员	1 名
➢ 全国高校给水排水工程专业教学指导分委员会副主任	1 名
➢ 国际水协(IWA)会士	1 名
➢ 国际水协(IWA)专家委员会委员	1 名
➢ 中国水协常务理事	1 名
➢ 世界环境组织(WEF)成员	2 名
➢ "水体污染控制与治理"国家科技重大专项主题专家组成员	2 名
➢ 中国环境科学学会水环境分会常务理事	2 名
➢ 中国土木工程学会水工业分会常务理事	1 名
➢ 中国土木工程学会水工业分会理事	1 名
➢ 中国土木工程学会水工业分会排水委员会副主任委员	1 名
➢ 中国化工学会工业水处理专业委员会常务委员	1 名
➢ 中国化学会应用化学专业委员会委员	1 名
➢ 中国土木学会水工业分会建筑给水排水委员会常务委员	1 名
➢ 住房和城乡建设部可持续发展与资源环境专家委员会委员	1 名
➢ 住房和城乡建设部城镇水务专家组成员	1 名
➢ 住房和城乡建设部绿色建筑评价标识专家组成员	1 名

　　为加强工科专业教师工程实践能力，教学系要求中青年教师需要参加累计 1 年工程实践作为职称评定的基本要求。实施卓越计划专业的给排水科学与工程所在水科学与工程系共有 38 位教师，专业课教师中 80% 以上都有 1 年以上的工程实践经验，其中具有注册设备工程

师(给水排水)资质的有 13 名。

卓越计划师资力量分两个层次进行配置,专业实践环节主讲教师由校企双方各自选派组成,每个基地不少于 6 名,其中具备高级职称的主讲教师不少于 3 人,其余主讲教师应由具有博士学位的讲师和中级以上职称的工程师组成;实践教学一线指导人员由企业选派,不少于15 名,且均应具有工程师及以上职称。

具体措施如下:

①实践基地的指导教师队伍,由高校教师和企事业单位的专业技术人员、管理人员共同组成。实践基地应采取有效措施,调动指导教师的积极性,不断提高指导教师队伍的整体水平。

②建立校内专任教师与企业兼职教师相结合的高水平教师队伍。校内专任教师遴选在科学研究、工程设计领域具有一定造诣的优秀教师;企业兼职教师实施聘任制,聘请高水平的专家、工程师为学生授课,指导学生工程训练等。

③支持教师参与"卓越工程师培养计划"和"工程实践教育中心"建设。学院每年将安排2~3 名教师到中心工作一段时间,参与学生的企业培养和工程实践活动。学校教务处、学院和专业教研室安排教师与企业工程实践教育中心进行工作协调和衔接。

④学院和企业共同在工程教育中心(基地)认定一批具有大专以上学历、工程师以上职称的经验丰富且责任心强的工程师担任企业指导老师,并为每个派往中心的学生配备指导老师。

⑤指导教师所在单位对指导教师进行考核,重点考核教师的工程实践能力以及对学生指导的效果。

(2)制订专职教师的选拔标准

为了更好地实施卓越计划,本专业任职教师除了本身科研教学能力之外,更加要求教师本身拥有工程实践能力的经验,93.75%以上从事本专业教学(含实验教学)工作的教师,均有3 个月以上的企业或工程实践(包括到与企业合作项目、实习指导、现场试验测试和现场科研等)经历,完全满足培养标准中规定的要求,专任教师工程背景情况见表4.5。

表 4.5 专任教师工程背景情况表

序号	姓名	国家注册公用设备工程师	重庆市建委备案设计人员 (重庆大学建筑设计研究院)	美国注册工程师
1	蒋绍阶	√		
2	郑怀礼		√	
3	张 勤	√	√	
4	崔福义	√	√	
5	张 智	√	√	
6	龙天渝		√	
7	卿晓霞		√	
8	周 健	√	√	
9	胡学斌		√	

续表

序号	姓名	国家注册公用设备工程师	重庆市建委备案设计人员 (重庆大学建筑设计研究院)	美国注册 工程师
10	何 强	√	√	
11	王 圃	√	√	
12	时文歆		√	
13	方 芳		√	
14	阳 春	√		
15	赵志伟		√	
16	翟 俊		√	
17	柴宏祥	√		
18	向文英		√	
19	曾晓岚		√	
20	姜文超		√	
21	刘鸿霞		√	
22	向 平		√	
23	刘智萍		√	
24	邵知宇		√	√
25	梁建军		√	
26	付国楷	√		
27	赵 彬		√	
28	古 励		√	
29	艾海男		√	
30	赵 纯		√	
31	姚娟娟	√		
32	皇甫小留	√		
33	田伟博		√	
34	谢 安		√	
35	林 艳	√	√	

(3)打造企业兼职教师队伍

本专业教师数量能满足教学需要,结构合理,但作为工科专业,为进一步强化学生的工程教育,丰富学生的实践训练,本专业还聘请了13名企业或行业专家担任兼职教师,承担或参与本科教学工作,包括课堂教学、认识实习、毕业实习、毕业设计等环节,近3年均有企业兼职教师参加毕业设计指导、实习指导和课堂教学等。

参加卓越计划各企业的兼职教师按照企业的规定实施责权利的要求。企业对企业兼职老师进行工作考核。

企业指导教师一般均由工程师以上职称的技术人员、设计人员、管理人员担任主讲或实践小组负责教师;技术工人以及一般管理人员负责具体指导学生的操作实践以及学习、生活等方面的管理。

企业兼职教师

本专业还聘请了13名企业或行业专家担任兼职教师,承担或参与本科教学工作,包括认识实习、毕业实习、毕业设计等环节,近3年均有企业兼职教师参加毕业设计指导、实习指导和课堂教学等。

图 4.4 企业兼职教师现场教学情况

表 4.6 企业兼职教师状况

序号	姓名	工作单位	职称与职务	兼职时间	承担的教学工作	近三年实际工作量		
						2015—2016学年	2016—2017学年	2017—2018学年
1	程吉建	重庆市市政设计研究院	副总工/正高	6年	毕业设计、工程设计专题报告	1周	1周	1周
2	王峰青	重庆水务控股(集团)有限公司	高工/总工	6年	毕业实习指导、生产实习指导	1周	1周	1周
3	汪文丽	凌志环保	总工/高工	4年	实践基地建设、生产实习	2周	2周	
4	凌建军	凌志环保	总经理/正高	4年	实践基地建设、生产实习	2周	2周	
5	程鹏飞	凌志环保	院长/高工	4年	实践基地建设、生产实习	2周	2周	
6	颜强	重庆大学建筑设计研究院	高工	6年	毕业设计指导、毕业实习指导	1周	1周	1周

续表

序号	姓名	工作单位	职称与职务	兼职时间	承担的教学工作	近三年实际工作量		
						2015—2016学年	2016—2017学年	2017—2018学年
7	雷一楠	中国市政西南设计研究院	高工	3年	毕业设计指导	1周	1周	
8	董业伟	中国市政西南设计研究院	高工	3年	毕业设计指导	1周	1周	1周
9	徐涛	攀枝花自来水公司	高工	3年	实践基地建设、生产实习	4周	4周	4周
10	黄鹏	中国市政西南设计研究院(重庆分院)	总工/正高	3年	毕业设计指导、毕业实习指导、案例分析课教学	2周	2周	
11	汤玮	重庆市设计院	高工	3年	毕业设计指导	1周	1周	
12	梁成开	重庆市设计院	高工	1年	毕业设计指导、案例分析课教学			1周
13	李在钟	林同棪(重庆)国际工程技术有限公司	高工	1年	毕业设计指导			1周

注:兼职教师是指有正式聘任承担教学计划内教学任务的行业或企业专家,不包括不定期来做对学生没有明确考核的讲座的专家。

(4)提升教师教学质量的措施

目前,本专业已形成了一支老、中、青结合,以中青年教师为主体的师资队伍,45岁以下青年教师占教师总数的44.74%,他们已成为本专业教学科研的主力军,具有高学历、整体素质好、富有朝气、创新意识强等特点。对于青年教师的培养,学院建立了教师教学能力和专业水平提升的制度和措施,制订了一系列有关规定和办法,如《城环学院关于本科教学行课管理的规定》《城环学院主讲教师资格审批制度》《城环学院教师教学能力及工程实践能力提升实施办法(试行)》等,从而保证了本专业教学质量的不断提升。

为提高中青年教师的政治素质和业务水平,学校各级要建立和逐步完善培训制度,分年度、按计划、有目的地开展中青年教师培训工作,特别是对基础课和公共课中青年教师的培训工作。中青年教师的培训情况要记入继续教育业务档案,并作为晋升职称的参考。年轻教师上岗要从助课开始,经历助课试讲等各个环节后才能正式授课。学校要加强对中青年骨干教师的培养,如学院每周一次的教研室教学研讨会,定期举行青年教师教学能力比赛。

图 4.5　定期举行青年教师教学能力比赛

图 4.6　学院每周一次的教研室教学研讨会

(三)特色实践教学,校企合作建设

1.总体情况

为了更好地实施给排水科学与工程专业"卓越工程师培养计划",培养学生的创新与实践能力,拓展产学研合作,达成培养目标,学院加大了实习实践教育基地的建设力度,以及教学系重点进行国家级大学生校外实践教育基地建设单位——重庆大学-江苏凌志环保股份有限公司工程实践教育中心(国家级)的建设。在重庆大学-江苏凌志环保股份有限公司工程实践教育中心(国家级)的基础上,建设更多的工程实践教育中心(基地)。目前本专业卓越计划实习基地共有 19 个,基本能保证学生实习实践培养的需求(表 4.7)。

表 4.7　近年卓越计划基地签约情况一览表

序号	基地名称	依托单位	基地性质	地址	备注
1	重庆大学—江苏凌志环保股份有限公司工程实践教育中心(国家级)	凌志环保股份有限公司	民营高新科技企业	江苏宜兴	已签约完成建设方案

续表

序号	基地名称	依托单位	基地性质	地址	备注
2	重庆大学—成都市自来水有限责任公司工程实践教育中心	成都自来水有限责任公司	国有大型企业	四川成都	已签约
3	重庆大学—四川攀枝花水务(集团)工程实践教育中心(省部级)	四川省攀枝花市水务(集团)有限公司	国有大型企业	四川攀枝花	已签约
4	重庆大学—四川玉树科技(集团)工程实践教育中心	四川省南充玉树科技有限公司	民营高新科技企业	四川南充	已签约
5	重庆大学—四川三台自来水工程实践教育基地	四川省三台县自来水公司	国有企业	四川三台	已签约
6	重庆大学—新达水泵工程实践教育基地	四川新达泵业有限责任公司	国有企业	四川达州	已签约
7	重庆大学—中南市政设计研究总院有限公司工程实践教育中心	中南市政设计研究总院有限公司	国有企业	湖北武汉	已签约
8	重庆大学—西南市政设计研究总院有限公司工程实践教育中心	西南市政设计研究总院有限公司	国有企业	四川成都	已签约
9	重庆大学—西南建筑设计研究总院有限公司工程实践教育中心	西南建筑设计研究总院有限公司	国有企业	四川成都	已签约
10	重庆大学—四川省建筑设计院有限公司工程实践教育中心	四川省建筑设计院有限公司	国有企业	四川成都	已签约
11	重庆大学—云南省怡成设计有限公司工程实践教育中心	云南省怡成设计有限公司	民营企业	云南昆明	已签约
12	重庆大学建筑规划设计研究总院	重庆大学建筑规划设计研究总院	国有企业	重庆	已签约
13	重庆市设计院	重庆市设计院	国有企业	重庆	部分分院已签约
14	机械工业第三设计研究院	机械工业第三设计研究院	国有企业	重庆	部分分院已签约
15	中煤集团重庆设计研究院	中煤集团重庆设计研究院	国有企业	重庆	部分分院已签约
16	重庆市政设计研究院	重庆市政设计研究院	国有企业	重庆	部分分院已签约
17	林同棪国际工程咨询(中国)有限公司	林同棪国际工程咨询(中国)有限公司	民营企业	重庆	已签约
18	沙坪坝、井口水厂等 井口、西永污水厂等	重庆水务集团	国有大型企业	重庆	各厂已签约学生长期实践
19	重庆市科苑大酒店	重庆大学后勤集团	国有企业	重庆	已签约

2.实施情况

重庆大学给排水科学与工程专业环境工程专业实施卓越工程师计划。给排水科学与工程专业从2011年级学生开始,在约120名学生中,选拔试行培养约30名本科层次的卓越工程师,分布在"城市给排水工程"以及"建水与消防工程"的工程设计领域。

本专业第一阶段(跟班操作实践—生产实习)选拔约60名本科层次的学生在企业基地实践。本专业第二阶段(独立实践—毕业实习、毕业设计)选拔不超过30名本科层次的学生在学校或企业基地实践。

学生选拔方式如下所述。

本专业第一阶段(工程认识实践—认识实习)选拔约60名本科层次的学生在企业基地实践。

本专业第二阶段(跟班操作实践—生产实习)选拔约60名本科层次的学生在企业基地实践。

本专业第三阶段(独立实践—毕业实习、毕业设计)选拔不超过30名本科层次的学生在学校或企业基地实践。

通过重庆大学—江苏凌志环保股份有限公司国家级工程实践教育中心的建设,探索实施校企联合培养模式。根据基地企业的特点,开设一些具有基地企业特色的校企共建课程,以便参加"卓越工程师培养计划"的学生在基地实践期间修学。

表4.8 校企共建课程情况统计表

序号	课程名称	每年受益学生人数	授课形式		备注
			双方共同授课	聘请企业人员授课	
1	固体废物处理与处置	120	√		国家基地
2	合建式高脱氮氧化沟	150		√	国家基地
3	污水处理方法及典型处理工艺	130		√	国家基地
4	生物倍增技术	120		√	国家基地
5	污水的厌氧生物处理	150	√		国家基地
6	污水好氧生物处理工艺	130	√		国家基地
7	污水处理工程实例	150		√	国家基地
8	方案设计及其相关设计注意点	140		√	国家基地
9	自来水厂运营管理	60		√	成都、三台自来水基地
10	工业污水厂运营管理	30		√	攀枝花水务基地
11	水泵构造与应用	10		√	新达水泵基地
12	二次供水设备原理及应用	15		√	玉树科技基地

以共建国家工程实践教育中心(重庆大学—江苏凌志环保股份有限公司国家级工程实践教育中心基地)为龙头,为了卓越计划需要,发展重庆市工程实践教育中心(重庆大学—四川

攀枝花水务（集团）重庆市级工程实践教育中心），带动和强化已有和新建的教学实习基地和科研教学实习基地建设。完善实践教学体系，不断更新实践教学内容，努力提高资源利用率。

加强校企合作的分类实践教学基地建设。以重庆大学与凌志环保股份有限公司共建国家级工程实践教育中心为核心，联合其他校外研究院、设计院和运营单位及企业，共建适应于学生分类（研发、工程、运营）培养的学校、学院级的研究实践基地、工程实践基地和管理实践基地。

图 4.7　学生在基地实践学习

3.实施成效

利用国拨经费、企业自筹经费，经过近 3 年建设及维护实现了建设方案的基本要求，重庆大学与凌志环保股份有限公司共建国家级工程实践教育中心形成了接纳能力达到 120/年本科学生的规模，基地含有专业认识实践场地、工艺运行实践场地、设备研发与生产场地、实际工程建设及操作场地，食宿场地、文体娱乐场地等。

重庆大学与凌志环保股份有限公司共建国家级工程实践教育中心在近 5 年的建设及运行过程中，共接纳 500 余人次，包括重庆大学给排水科学与工程专业及环境科学与工程专业学生以及其他高等院校相关专业的学生，完成了生产实习、毕业实习等环节的实践教学工作。

通过"双师"制度，让学生在各个基地进行实践，最大限度地提高了学生的实际操作能力，并有效地将学校所学理论知识与实际工程运行结合起来，使学生在设计、环保设备制造、二次供水设备制造、污水处理厂施工及运行、给水厂运行等各方面具备了更为深入的认识和理解，也为他们回到学校后的学习起到了良好的引领作用。让学生充分受到了工程实践与科学研究的综合性训练，真正做到了产学研三者的有效结合，收到了多赢的效果，培养出了真正对社会有益的工程师。

一方面，在提高学生实践能力的同时，学校指导教师也更深刻地认识了本行业的发展趋势，同时让教师在今后更能有的放矢地开展理论教学工作。另一方面，通过高效力量的注入，给企业带来了理论技术与创新的科学驱动力，为企业的科技力量提升提供了强有力的支撑。

三、专业建设的成果和特色

(一)办学特色

1.创新型人才培养体系

给排水科学与工程专业适应国家对给排水工程建设的重大战略需求,适应社会经济和行业发展的需求,更新专业教育观念,全面加强深化教育教学改革,全方位构建以素质教育和创新教育为核心的教学体系。提出"全方位、全覆盖、全过程"的教育理念,构建了"因材施教,多元融合"的创新能力型工程人才培养体系。

针对专业创新人才培养的迫切需求,本专业充分利用社会资源与校内资源,强化专业实验室、产学研合作基地以及学生创新基地建设等工作。建设了"两级四类"立体化创新实践平台,为本专业学生提供了充足的创新实践条件,特色人才培养体系如图4.8所示。

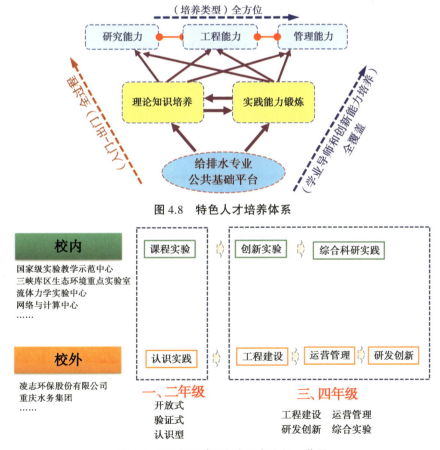

图4.8　特色人才培养体系

图4.9　"两级四类"实践平台实行一览图

2.国际化的接轨

学院以及教学系结合国家级专业综合改革试点——给排水科学与工程专业项目,以培养国际化工程人才为方向,将专业与国际接轨,走出国门,对外交流。2012年12月着手进行专业国际认证的前期准备工作。2014年5月以CIWEM副主席Rafid Alkhaddar教授为首的课程认证团对给排水科学与工程进行了专业认证预评估。预评估报告认为给排水科学与工程是"非常好的专业,有很多的好思路并且与业界有好的联系。在课程教学质量的思考有一个良好的水平并保持了它的标准"。

2015年3月,重庆大学给排水科学与工程专业成为中国大陆地区首个通过英国特许水务与环境管理学会(The Chartered Institution of Water and Environmental Management,CIWEM)专业认证的专业(图4.10)。

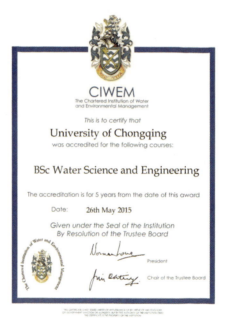

图4.10　英国皇家特许水务与环境管理学会(CIWEM)的国际认证专业

(二)学生成果及培养质量

1.开展学生科技竞赛活动,着力提升专业影响力与吸引力

学院一直十分注重学生科技竞赛等第二课堂活动,多样化、常态化、实战化的第二课堂创新实践教学机制全面提升了学生的创新能力。积极鼓励本专业学生参与学生学术基金、开放实验项目以及各类科技竞赛活动收到了良好效果,充分展示了本专业学生扎实的基本理论、过硬的基本技能及较强的创新意识、实践能力和团队精神,有效地提高了人才培养质量,树立了专业办学品牌,扩大了专业综合影响力(图4.11)。

近年本专业学生科研项目获奖情况见表4.9。

图 4.11　学生参加活动比赛及获奖

表 4.9　近年本专业大学生科研项目获奖情况一览表

序号	获奖项目	获奖人及排名	获奖时间	获得奖项	获奖等级	指导老师
1	第十五届"挑战杯"全国大学生课外学术科技作品竞赛重庆赛区	陈科桦/1 陈晨/2	2017-07	一等奖	省部级	古励
2	第十五届"挑战杯"全国大学生课外学术科技作品竞赛重庆赛区	李伟/1 丁俊文/2	2017-07	一等奖	省部级	郑怀礼
3	全国高校给排水科学与工程专业本科生科技创新优秀奖	陈科桦	2017-07	优秀奖	省部级	古励
4	第十届全国大学生节能减排社会实践与科技竞赛	陈科桦/1 陈宇/2	2017-08	三等奖	国家级	古励
5	第八届全国大学生节能减排社会实践与科技竞赛	胡琬秋/1 徐强/2	2015-08	二等奖	国家级	何强、古励
6	第十四届"挑战杯"全国大学生课外学术科技作品竞赛智慧城市专项赛	胡琬秋/1	2015-07	二等奖	国家级	古励
7	第九届中国青少年科技创新奖	王颖/1	2014-08		国家级	郑怀礼
8	第十三届"挑战杯"全国大学生课外学术科技作品竞赛全国竞赛	王颖/1	2013-12	特等奖	国家级	郑怀礼
9	第十三届"挑战杯"全国大学生课外学术科技作品竞赛重庆赛区竞赛	王颖/1	2013-12	特等奖	省部级	郑怀礼

2.深入了解毕业生反馈,切实达成专业培养目标

专业建设的成效关键是看学生的就业情况及社会满意度,可以说就业率和就业质量是衡量专业人才培养的核心指标。

学院与用人单位以及毕业生随时随地保持着密切联系,定期组织相关人员开展毕业生调查和联络工作,积累了大量素材和信息,并根据反馈信息,定期修订人才培养方案、优化教学内容,从而调整增加了符合现代企业科技水平和实用性较强的专业选修课。此外,还通过校友返校座谈等形式了解反馈信息,以改进教学工作。并以此建立了本专业毕业生跟踪反馈机制与社会评价机制,动态掌握用人单位和毕业生对本专业在人才培养方面的意见和建议,分析本专业培养目标的达成情况,为教学改革提供真实、可靠的反馈信息和参考依据,促进本专业教学质量和毕业生培养质量的进一步提高(表4.10、表4.11)。

表 4.10　毕业生跟踪反馈的运行方式

反馈渠道	覆盖面	频度	记录载体
应届毕业生座谈	20 人	1 次/年	座谈记录
毕业五年毕业生培养目标达成度问卷调查	有效问卷 51 份	1 次/年	调查问卷
校友回校座谈	—	不定期	座谈记录

表 4.11　毕业生社会评价运行方式

评价方式	形式	频度	记录载体
用人单位问卷调查	调查问卷	1 次/3 年	调查问卷
用人单位专题研讨会	座谈、研讨	1 次/3 年	座谈记录
第三方专业机构评估	调查问卷、统计分析	1 次/年	评估报告

3.社会声誉,引领示范

用人单位普遍反映本专业毕业生思想稳定、敬业勤奋、富有团队意识、上岗能力和转岗能力强。学院每年对毕业生的跟踪调查表明,社会对本专业学生在思想政治素质、身心素质、专业素质、综合能力等方面给予了充分肯定。本专业毕业生的明显优势是实践能力强、综合素质高和专业知识较扎实,在同类专业中具有较高水平和一定的知名度。

对专业建设成果的提升,促进了毕业生质量进一步提高,受到企业和社会的广泛欢迎和好评,成为学校热门的专业。从近三年毕业生的一次就业情况进行分析,本专业毕业生一次就业率均为100%;本专业的毕业生专业能力、团队合作以及社会责任感等方面受到用人单位称赞;从用人单位调查情况看,本专业毕业生在工作能力、专业知识和专业技能等方面有优势,能够成长为单位的骨干力量(图4.12)。

2020—2021 年中国大学本科教育专业排行榜——给排水科学与工程专业排名重庆大学给排水科学与工程专业位列第一,学科等级为 5★+。

根据2019年度麦可思"重庆大学社会需求与培养质量年度报告"，**教学满意度为98%**，本专业毕业生对母校的**满意度为100%**。

表Ⅱ　各专业主要指标　　Data by MyCOS

学院名称	专业名称	就业率（%）	月收入（元）	工作与专业相关度（%）	现状满意度（%）	离职率（%）	校友满意度（%）	教学满意度（%）
一	本校平均	94.8	6 952	73	67	16	96	92
材料科学与工程学院	材料成型及控制工程	95	6 759	55	63	—	92	87
材料科学与工程学院	材料科学与工程（材料加工工程方向）	88	6 471	60	64	—	94	97
材料科学与工程学院	材料科学与工程（材料科学方向）	90	7 538	—	70	—	100	96
材料科学与工程学院	材料科学与工程（建筑材料工程方向）	94	6 477	75	68	12	96	91
材料科学与工程学院	材料科学与工程（建筑装饰材料与工程方向）	89	7 881	79	59	—	100	90
材料科学与工程学院	冶金工程	95	5 634	—	52	7	97	94
城市建设与环境工程学院	给排水科学与工程	96	6 835	87	58	19	100	98
城市建设与环境工程学院	环境工程	93	5 475	—	75	—	96	96
城市建设与环境工程学院	建筑环境与能源应用工程	96	6 624	84	81	23	100	99
大数据与软件学院	软件工程	92	7 875	88	67	33	100	100
电气工程学院	电气工程及其自动化	97	7 655	92	70	6	95	95
法学院	法学（法学院）	94	6 537	79	76	16	100	100
公共管理学院	国际经济与贸易	88	6 207	—	68	—	96	96
公共管理学院	行政管理	94	6 969	78	71	15	98	93
公共管理学院	经济学	86		—			89	84
光电工程学院	测控技术与仪器	95	6 446	65	63	—	98	90
光电工程学院	电子科学与技术	100	8 125	—	91	—	97	93
光电工程学院	光电信息科学与工程	88	6 931	53	64	27	100	89
航空航天学院	工程力学	88	6 722	—	70	—	100	92

图 4.12　第三方评价

资料来源：2019 年度麦可思《重庆大学社会需求与培养质量年度报告》。

2020-2021年给排水科学与工程专业排名_中国大学本科教育专业排行榜

金平果排行榜　　评价要看专业的！！！

排名	学校名称	等级	学校数
1	重庆大学	5★+	174
2	哈尔滨工业大学	5★+	174
3	同济大学	5★	174
4	东南大学	5★	174
5	北京工业大学	5★	174
6	华中科技大学	5★	174
7	北京建筑大学	5★	174
8	湖南大学	5★	174
9	河海大学	5★	174
10	西安建筑科技大学	5★-	174
11	华南理工大学	5★-	174
12	兰州交通大学	5★-	174
13	武汉大学	5★-	174
14	青岛理工大学	5★-	174
15	沈阳建筑大学	5★-	174
16	华东交通大学	5★-	174
17	桂林理工大学	5★-	174
18	武汉理工大学	4★	174

图 4.13　2020—2021 年中国大学本科教育专业排行榜

资料来源：《2020—2021 年中国大学及学科专业评价报告》科学出版社，2020。

四、专业建设存在的问题与努力方向

学院及教学系通过实施卓越计划专业建设以来,在师资力量、教学资源、教学改革等方面有了明显提升,在人才培养、科学研究和辐射示范等方面形成了自己鲜明的特色和优势,取得了显著的成绩。但仍有不足,需要在今后的工作中加以改进提高。

(一) 存在问题

存在问题主要体现在企业毕业设计内容往往不能满足专指委及教学大纲要求,时间安排上,与企业的实际工程设计不匹配;企业指导老师均有自己的设计任务,兼顾学生的指导有一定难度,企业是讲求效益的,学生要跟上进度有一定难度;学生在企业实习期间,需要企业补充一部分经费,学校也需要筹措一部分经费,经费不足等问题仍然突出。

(二) 改进措施

国际接轨初见成效,但仍需要加大力度推进。强化教学内容改革、教学方法改革。

进一步加强实践基地建设,加强企业师资的选择与培养,提高实践环节的学生学习质量。

制订切实可行的激励政策(如推免研究生比例。毕业证上与其他学生相区别等),提高学生参与卓越计划的积极性,保证实施卓越计划从本科—专业学位研究生的一条龙的培养进程。

保障校内外指导教师权益,解决校内指导教师和实践基地校外指导教师的培养、评聘、待遇等问题。

学生的毕业设计采用:当实践基地企业的工程设计内容和时间不能满足要求时,采用校内老师提供题目,由校内外老师联合指导,以校内教师为主、校外教师为辅的指导模式。当实践基地企业的工程设计内容和时间能满足要求时,采用校外老师提供题目(实际工程),由校内外老师联合指导,以校外教师为主、校内教师为辅的指导模式。

(本章执笔人:重庆大学环境与生态学院　翟俊)

第五章

机械工程专业『卓越计划』建设

世界是制造出来的
铁打的机械，流水的产品。
生命不息，机械不止。

近几年来,重庆大学机械与运载工程学院为适应新一轮科技革命和产业变革的新趋势,紧紧围绕国家战略和区域发展需要,加快建设发展机械大类新工科,探索形成重大特色、具有较高水平的机械工程教育体系,实施卓越工程师教育培养计划 2.0 改革探索,在有关卓越工程师 2.0 计划方面建设了相关的体制机制、采取了一系列举措,获得了一定的成效,现将有关建设情况总结如下。

一、总体思路

重庆大学机械工程专业卓越 2.0 计划改革面向工业界、面向世界、面向未来,主动应对新一轮科技革命和产业变革挑战,服务制造强国等国家战略,以新工科建设为重要抓手,持续深化工程教育改革,全面建立"以学生为中心的教育理念、以 OBE 的教育取向、以持续改进的质量文化"等工程教育理念,推动专业教育全面面向"工程""工程师"和"工程界",加快培养适应和引领新一轮科技革命和产业变革的卓越工程科技人才,把重庆大学机械工程专业打造成西南地区乃至全国的工程创新中心和人才高地。

具体来讲,经过 5 年左右的努力,建设 1~2 个产业急需的新兴工科专业、建设 5~10 门体现产业和技术最新发展的新课程,培养一大批工程实践能力强的高水平专业教师队伍,新增 1~2 个工科专业点通过国际实质等效的专业认证。学生在创新创业能力培养方面取得较大进展,在解决复杂工程问题能力方面取得大的进展。

二、机制体制的建设

成立了由学院院长、教学副院长、本科教务办公室、专业系主任、学院其他部门包括党委、行政、学生办公室主要负责人及办公人员组成的组织管理机构,负责实施卓越工程师计划及新工科建设方面的工作(表5.1)。

表5.1 各级管理人员在卓越工程师计划实施过程中的职责

职务	主要职责
学院院长	院长负责学院卓越工程师计划全面工作
分管教学副院长	分管教学副院长在院长的领导下,贯彻执行国家卓越工程师计划、新工科方面的教育方针,组织拟订卓越工程师计划方面的规章制度、建设思路及规划,并负责新兴专业培养方案的制订与审核等
本科教务办公室	负责卓越工程师计划相关教学工作的日常管理及教学服务工作
系主任/专业负责人	负责组织制订本专业的卓越工程师发展规划、卓越工程师专业培养计划修订、课程设置、课程建设及教学改革等工作。协助分管教学副院长组织制订本专业的培养计划,特别是对传统专业提出升级改造的措施和建议,组织实施专业的校企合作培养
实验室中心主任	组织制订实验室有关卓越工程师建设规划,组织实施学生创新创业相关的活动
学院其他部门负责人及主要办公人员	协同在卓越工程师计划实施过程中涉及各行政部门的配套支持工作

三、重要举措

(一)深入开展新工科研究与实践

1.升级改造传统工科专业

对传统机械工程专业人才培养模式进行升级改造,依据现代机械工程师应具备的科学基础和宏观知识架构体系进行课程设置与教学改革。具体来讲,有以下措施:

1)按工程过程的基本规律构建课程体系

机械工程过程实践可划分为产品构思→设计→制造→使用→回收再利用5个阶段,因此机械工程课程体系以此为依据,按工程链顺序来设置相关课程及课程的先后顺序。按工程的系统性和综合性加强课程间的纵向联系及横向联系。

机械专业核心课程边界再设计如下所述。

按照现代产品全生命周期设计理念,从概念提出→市场调研→方案设计→详细设计→优化分析→可靠性评估→服役性能评估→循环再利用等环节,重新界定机械设计学、机械零件、机械有限元方法、机械精度设计等课程的课程边界,注重力学理论(与材料力学、理论力学的边界)以及优化设计、抗疲劳设计等现代设计方法的融合,实践环节则强调产品全生命周期设计理念。注重制造过程的基础理论,实践环节则注重从大工程观视域提出制造工艺方案,注重工程职业素养、环境可持续发展等在机械制造中的应用。

以统一的机电控制"大工程观"视域分析控制工程基础、机械电气与自动化、传感与测试、机电系统分析与设计、流体传动与控制等课程的核心内容和主要方法,注重各课程间的外在联系,厘清各课程与机电系统工程间的联系。

重庆大学机械工程专业将原有的三大类7~8门课程整合为"机械设计""制造技术"和"机电测控技术"3门核心课程,实现了多门课程的整合。课程边界更加明晰,有利于培养学生的整体性、系统性思维。

2)构建新型工程实践教学体系

(1)核心系列课程工程实践项目设计

根据核心课程体系与学生知识掌控能力,借助工程项目驱动,促进学生知识运用能力和关联力的构建。采用系列课程工程实践项目设计体系,构建了"工程学导论""机械创新实践""制造综合实践"和"机电测控综合实践"4个大的课程实践项目设计。除"工程学导论"外,其余3个课程工程实践项目力求与企业深度融合,课题尽量来源于企业需求,将企业课题与学生创新思想探索课题相结合。这4个课程实践项目从工程链视角出发,依据产品构思→设计→制造,并考虑运行、维护、再利用及回收处理等环节,从元器件购置及制作,到产品装配、调试及运行,实现真正生产意义上的工程项目设计。

上述每个课程实践项目设计都是以学期或学年为单位,从选题、分组到开题、中期报告、结题验收、产品运行、展览等环节,学生全部按照工程项目的实施进度、实施办法、项目管理及结题验收流程进行运作,将科学、技术、非技术、工程实践融为一体。通过这种工程设计,整合理论教学与实践教学,从而真正形成"大工程观"视域下的工程实践教学体系。

(2)升级改造电子实习、金工实习、生产实习和毕业设计等工程实践

如果将传统的电子实习、生产实习和毕业设计称为"工程实践1.0"的话,那么可以将新型的电子实习、金工实习、生产实习和毕业设计称为"工程实践2.0"。例如,因学生人数众多,传统的生产实习更多的是生产工艺的参观实习,学生的工程实践获得感不够深刻。新型的生产实习将原来的大规模参观划分为多个小组甚至到个人,按工程链流程规划学生的生产实习任务,由学生带着任务在企业中顶岗实习(具体岗位+产品开发设计制造)。

(3)构建创新实践平台

重庆大学机械工程专业以"机械基础及装备制造国家级虚拟仿真实验中心""机械基础国家级实验教学示范中心"和"机械工程一级重点学科和机械传动国家重点实验室"为基础,与长安汽车股份有限公司、重庆固高科技长江研究院等企业进行产学研深度合作,开展3D打印机设计制作、机器人科研训练、测控科研训练、智能制造科研训练、无人机科研训练、无碳小车科研训练,举办先进制图大赛、机械创新设计大赛、机器人大赛等多层次的学科竞赛,搭建跨学科创新实践产学研实训实习平台,为人才培养提供科研与教学实践开放基地。同时,结合前沿科学研究和重大工程实践,动态设置跨学科实践教学团队,增设跨学科专题训练、科研项目训练环节,注重培养学生机械创新设计能力和解决复杂工程问题能力,促进学生创新实践能力持续、递进提升。

2.建设新兴工科专业

加快机械工程大类的新工科建设，学院统筹考虑"新的工科专业、工科的新要求"，改造升级传统工科专业(主要针对机械设计制造及其自动化专业、机械电子工程专业、车辆工程专业)，发展新兴工科专业(智能制造专业、机器人工程专业)，主动布局未来战略必争领域人才培养(主要在于大数据、人工智能、自动控制及高档数控机床等领域人才培养)。

(1)跨学科联合共建机器人工程专业

由重庆大学机械与运载工程学院、自动化学院跨学科联合共建机器人工程专业，首批新生已于2019年正式招生入学。联合重庆固高长江研究院，成立了机器人创新创业人才培育中心，并与华数机器人、川崎机器人、库卡机器人、中信重工、平伟科技、安尼森智能科技等机器人科技企业开展了校企协同育人。制订了机器人工程专业人才培养方案，建立了多学科交叉的机器人工程专业课程体系与产学研融合的实践教学模式。

(2)申办智能制造专业

重庆大学机械工程学院长期以来注重将计算机技术、人工智能技术以及现代化管理技术与先进制造技术融合发展，在智能制造领域具有20多年的教学科研积累。在机械设计制造及其自动化、工业工程专业基础上，已向学校提交了申办智能制造专业的申请，学院也开展了有关多学科交叉的智能制造工程人才培养模式的研究与实践，积累了一定的经验，为新办智能制造专业奠定了坚实的基础。

3.深入实施新工科研究与实践项目

深入实施新工科教育教学研究与实践项目改革，先后完成国家级新工科研究与实践项目"多学科交叉融合的智能制造工程人才培养模式探索与实践"、重庆市高等教育改革项目"面向智能制造的新工科机械工程人才培养体系研究与实践""一流机械工程专业人才培养供给侧改革研究与实践""机械拔尖创新型人才培养实践体系的研究与实践""面向产出的机械工程一流专业建设持续改进机制研究与实践"和"面向三维CAD云时代的创新创业人才培养改革研究"等多项教育教学改革项目。通过研究，提供了一些理论依据和实践支持，以及一些方向性的改革，提出了一系列卓越工程师培养路径，更加注重产业需求导向(特别是"中国制造2025"带动的企业转型升级、自动化及智能化改造)，更加注重跨界交叉融合(与机械、电气、自动化、计算机、材料、通信等的学科交叉与融合)，更加注重建立工程教育的OBE理念及标准。

(二)牢固树立工程教育新理念

工程教育是我国高等教育的重要组成部分，在高等教育体系中"三分天下有其一"。工程教育在国家工业化的进程中，对门类齐全、独立完整的工业体系的形成与发展发挥着不可替代的作用。我国的工程教育于2016年加入《华盛顿协议》，为我国创新驱动发展提供了更加充分的人才和智力支撑，并将成为我国制造业转型升级由大到强的重要引擎。因此，机械工程卓越工程师的培养需全面树立工程教育的理念。

1.机械工程专业参加工程教育专业认证情况

机械设计及其自动化专业于 2012 年通过全国工程教育专业认证,认证有效期为 6 年;在此基础上,该专业于 2020 年再次通过专业认证,认证有效期为 6 年。在专业认证过程中,该专业全面建立了工程教育的理念,从机制、体制建立到人才培养目标制订、毕业要求、课程体系设置、课程大纲设计、课程目标及课程目标达成评价考核机制、毕业要求达成考核机制、教学质量持续改进机制等方面进行了全面建设,在专业中全面贯彻和执行 OBE 理念,培养具有解决复杂工程问题能力的工程师人才。

车辆工程专业也于 2021 年 9 月提交了专业认证申请,机械电子工程专业于 2022 年启动专业认证申请工作。

2.机械工程专业工程教育重要举措

通过培养目标制订、毕业要求达成评价分析、教学质量持续改进机制体制建设、课程体系评价与持续改进、课程目标达成评价机制体制建设等工作,全面落实工程教育"以学生为中心、以产出为导向、建立和完善教学质量的持续改进机制"的先进理念,面向全体学生,关注学习成效,持续提升工程人才培养水平。树立起创新型、综合化、全周期及"大工程观"的工程教育理念,优化人才培养全过程、各环节,培养学生对产品和系统的创新设计、建造、运行和服务能力。以工程教育专业认证为抓手,着力提升学生解决复杂工程问题的能力,加大课程整合力度,推广实施案例教学、项目式教学等研究性教学方法,注重综合性项目训练。强化学生工程伦理意识与职业道德,融入教学环节,注重文化熏陶,培养以造福人类和可持续发展为理念的现代工程师。

(三)学科交叉融合取得进展

推动学科交叉融合,推进跨院系、跨学科、跨专业、跨企业培养工程人才。依托重庆大学机械传动国家重点实验室、国家 2011 计划重庆自主品牌汽车协同创新中心、国家镁合金工程技术研究中心、国家工科机械基础教学基地等国家级教学科研平台,联合长安汽车股份有限公司、重庆固高长江研究院、中国四联集团等企业,围绕先进材料及其制备加工成型、智能制造技术及系统、传感与测控仪器、机器人与新能源汽车等 5 个建设方向组建校企合作跨学科教学团队。

机械工程人才跨界交叉创新实践能力培养体系如图 5.1 所示。以机械学科为主线,融入材料、动力、电气、自动化等学科,重构实验课程教学内容,开设研究创新型实验,具体来讲,建设了包括机械设计、机械制造、检测及控制在内的四模块系列创新实验,通过实验与理论相结合、虚实相结合、与科研结合、与工程结合、校企结合开展创新实验;围绕智能制造与增材制造、高档数控机床和机器人、航空航天装备、节能与新能源汽车组建跨学科跨行业的创新实践教学团队,开展跨学科创新项目训练和机械创新学科竞赛,突出跨界交叉、突出工程实践、突出课程内外融合,促进学生创新实践能力持续、渐进提升。

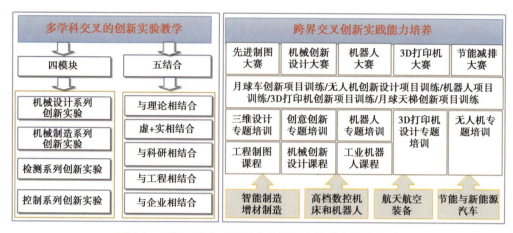

图 5.1　机械工程人才跨界交叉创新实践能力培养体系

（四）完善多主体跨界协同育人机制

1.推进产教融合、校企合作的机制创新，深化产学研合作办学、合作育人、合作就业、合作发展

通过校企联合制订"2+1+1"跨学科协同育人课程体系，如图 5.2 所示，一、二年级采用大类培养方案，三年级校企联合制订专业培养方案、整合专业主干课程，四年级选修企业课程、顶岗实习、根据企业需求进行毕业设计，以"校企导师组"模式实施团队指导，提升学生解决复杂工程问题能力，促进学生个性化发展。

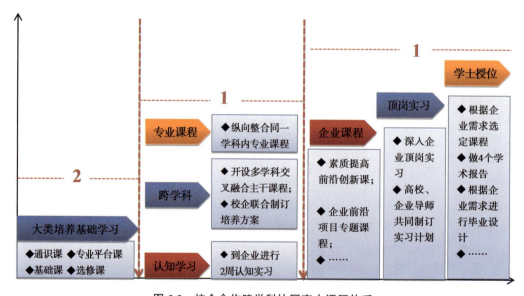

图 5.2　校企合作跨学科协同育人课程体系

2.拓展了工程实习实践资源

在现有近10家工程实践教育企业实践基地基础上,近两年新增了重庆青山工业有限责任公司、重庆长江轴承有限公司、重庆机床集团有限公司、重庆齿轮箱有限公司和重庆蓝黛集团公司等工程实践教育基地,拓展了实习实践资源。

重庆大学与重庆长安汽车股份有限公司联合建设了重庆长安汽车股份有限公司—重庆大学工程实践教育中心,已成为国家工程实践教育中心,近年来,重庆大学正与重庆青山工业有限责任公司、重庆望江工业有限公司联合共建工程实践中心,目前已取得一定进展。

此外,该专业还面向先进材料及其制备加工成型、智能制造技术及系统、智能传感与测控仪器、智能机器人与智能新能源汽车等方向,联合重庆长安汽车股份有限公司、重庆固高科技长江研究院有限公司、中国四联集团等企业,搭建对应跨学科创新实践产学研实训实习平台,为学生培养提供科研与教学实践开放基地。

3.继续实施长安"3+1"卓越工程师计划

继续实施长安"3+1"卓越工程师计划,学生于大三年级暑期开始进入长安汽车股份有限公司,整个大四到毕业期间一直在长安汽车股份有限公司顶岗实习,企业开设的课程与校内课程进行学分兑换,大四下学期,学生的毕业设计课题来源于企业,由校内导师和企业导师共同指导,学生完成毕业设计后回校完成毕业设计答辩。

4.继续开展重庆固高科技研究院的联合培养工作

成立了重庆大学—重庆固高科技研究院联合中心,与重庆固高科技研究院联合进行大四年级学生课程的学习,学生进入重庆固高研究院完成5门企业课程的教学,与学校的课程实现学分兑换,学生顶岗实习一年,并在完成企业工程项目基础上进行毕业设计课题确定,由企业导师为主,校内导师为辅,指导学生在完成工程实践项目的同时完成毕业设计,由学校导师团队和企业导师团队共同组成答辩组对学生的毕业设计成果进行答辩。

5.新增多家企业联合毕业设计培养工作

近三年新增广州硕泰智能装备有限公司、东风商用车有限公司、重庆青山机械厂联合毕业设计工作,学生大四年级下期进入企业,在企业顶岗实习,以实习中的企业攻关课题为毕业设计课题,由企业导师和学校导师组成的导师团队联合培养。

(五)机械拔尖创新型人才培养实践体系建设

1.构建以学生为中心的线上线下混合教学新模式

着眼于学生打好宽厚基础和培养思辨、学习及创新的能力,并注重终身学习和自我可持续发展能力的培养。通过机械基础系列课程教学模式研究,整合包括虚拟仿真实验教学中心资源、机械基础实验教学中心资源、机械原理精品课程资源、机械制图精品课程资源、机械基础实验精品课程资源、微课及 MOOC 资源、工程案例资源在内的各种资源,从学习过程到评价,构建线上与线下混合教学新模式。同时,以问题和工程项目为导向,采取"引导+互动+研讨+探究"模式,如图 5.3 所示。融"教、学、做"为一体,将线上线下、课内课外碎片化知识内化形成系统的知识,引导学生深度学习和有效学习,突破疑难,拓展能力,培养学生自主学习和自我管理能力,提升学生的学习获得感,培养创新精神。

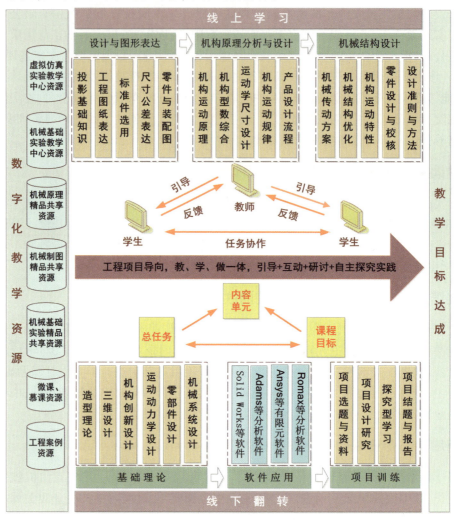

图 5.3 "引导+互动+研讨+探究"模式示意图

2.聚焦能力培养,课程内容与教学环节重构,提升学业挑战度

针对学生知识集成与应用能力不足的问题,以知识集成应用为主线,进行主干课程的课程设计再造和教学设计。将开放型工程项目训练纳入课程教学环节,引入车窗升降机构、汽车车门启闭机构、爬壁机器人机构、内燃机配气机构等工程项目。学生在项目训练实践中探索知识,研讨质疑,集成应用知识,促进机械创新能力养成。机械设计课程融合力学、有限元、优化设计、抗疲劳设计等现代设计方法,增加跨课程知识关联体系案例,实现多学科交叉融合

的课程教学内容重构。

　　机械基础课程群课程内容重构如图 5.4 所示,工程项目训练环节重构案例如图 5.5 所示。

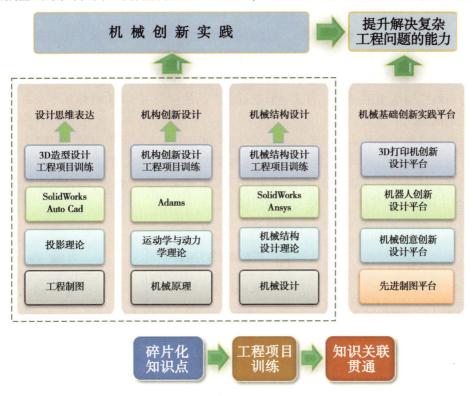

图 5.4　机械基础课程群课程内容重构

机械原理工程项目训练

——强化机构创新设计

◆ 抓具机构设计
◆ 外挂汽车车门启闭机构设计
◆ 汽车转向机构设计
◆ 内燃机配气机构设计
◆ 焊接机器人机构设计
◆ 爬壁机器人机构设计

题目来自生活或生产实际

课程学习与项目训练并行

课　堂:讲授+讨论+项目汇报
课　后:研究性学习+项目设计+撰写研究报告
项目组:市场调研、查阅文献、确定方案、设计分析
　　　　学生全程独立完成,动脑、受益
　　　　学生经历一个完整的机械产品机构设计过程
教　师:领跑和助跑

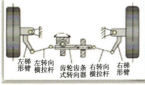

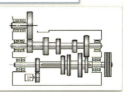

图 5.5　工程项目训练环节重构案例

3.重构机械基础实践教学内容,构建分层次创新实践能力训练体系

(1)优化整合,重构机械基础实验教学内容

根据机械工程人才能力培养规律,依托重庆大学机械工程学院机械基础国家级实验教学示范中心和机械基础与装备制造国家虚拟仿真实验教学中心,进行学科交叉融合的机械基础实验教学内容重构,将原有的 18 个实验优化整合为 11 个实验,实验内容从产品设计、分析、性能评价拓展到制造加工、控制、测试等形成机械产品的全要素,实验载体从零部件到相对复杂的现代机械系统。

针对机械基础实验教学模式单一,与工程技术和应用关联不足等问题,开展"大型齿轮箱结构设计与分析虚拟仿真实验"建设。以问题和工程项目为导向,通过线上学习、讲授、研讨、综合型工程项目训练等教学环节,将碎片化知识内化形成系统的知识,培养学生自主学习能力,满足新工科时代多样性、创新型人才培养需求。

层次递进的开放综合创新型实验项目群如图 5.6 所示。

图 5.6 层次递进的开放综合创新型实验项目群

(2)多层次的创新实践能力训练体系

依托两个国家级实验教学中心,突出持续能力训练、工程实践、课程内外融合,构建"对口课程+专题培训+探究性项目训练+学科竞赛+创新创业竞赛"多层次的创新实践能力训练体系,如图 5.7 所示,促进学生实践创新能力持续、递进提升。

成立制图协会、慧鱼协会、机械创新协会、3D 打印协会,举办协会→学院→学校→省区市→国家多层次的学科竞赛,实施学生自己组织、自我管理、以老带新运行管理机制,学院一年级学生 100%参加学科竞赛,科技创新能力得到切实提升。

通过系统的创新实践能力训练,学生经历了完整的机械产品设计制造过程,培养了解决复杂工程问题的能力。创新实践能力训练成果丰硕,指导学生在机械创新设计大赛、制度大赛、ICAN 等学科竞赛中获奖 28 项。

4.强化教师工程实践能力

按机械工程师实践能力标准去要求新进教师,近年来,先后有 18 名新进教师在企业顶岗挂职锻炼,有 70%以上的教师担任企业重要研发工作,或产学研合作承担企业合作项目开发。

学院把行业背景和实践经历作为教师考核和评价的重要内容之一,实现专业教师工程岗位实践全覆盖,全面教师提升工程意识、产业敏感度和教学组织能力。我院有 80% 的教师具有一年以上企业实际工程经验,从每年毕业设计课题来看,来源于工程实践或工程科研项目的课题占毕业设计总课题 80% 以上。

图 5.7　多层次的创新实践能力训练体系

四、主要成效

(一)创新能力提升显著

1.创新团队及获奖情况

连续 2 届共 1 200 多名机械、自动化、车辆等专业学生全面实施新工科模式培养,全方位提升学生创新能力。开展多学科交叉的创新创业人才培养,相继成立了方程式赛车、3D 打印、机器人、无人车等大学生创新创业团队。学生在全国大学生机械创新设计大赛、全国大学生方程式汽车大赛、全国大学生机器人大赛等各类学科竞赛中获国家及省部级奖 260 余项(图 5.8)。

2.学生毕业设计工程实践能力得到提升

近几年来,在本科生的毕业设计工程实践教育环节中,加强了校企合作,具体来讲,有以下几方面成效。

图 5.8　部分奖杯

①近三年来，先后在广东硕泰智能装备有限公司 12 人、湖北东风汽车有限公司 32 人、重庆固高科技研究院 50 多人、重庆青山机械有限公司 26 人和重庆长安汽车股份有限公司 11 人等累计 130 余人进行了毕业顶岗实习设计，学生的毕业设计题目全部来源于企业攻关项目。学生按员工要求进行顶岗实习设计，由企业工程师进行现场技术指导，由校内导师进行毕业设计的内容、要求及论文写作指导，学院派出校内指导老师与企业导师一起组成答辩组，赴企业对学生的毕业设计进行答辩，较大程度地提升了学生的工程实践能力。

②校企导师合作指导毕业设计，参加中国卓越工程师联盟"恒星杯"毕业设计大赛，在首届比赛中获银奖 1 项、铜奖 3 项，第二届比赛中获银奖 2 项、铜奖 4 项。连续两届获得"中国卓越工程师联盟"恒星杯"毕业设计大赛最优组织奖（图 5.9）。

图 5.9　部分参赛

（二）机器人工程新工科培养模式及成效显著

联合重庆固高科技研究院，成立了机器人创新创业人才培育中心，并与华数机器人、川崎机器人、库卡机器人、中信重工、平伟科技、安尼森智能科技等机器人科技企业开展了校企协同育人。特别是引入了香港科技大学的 Robocon 新型课程体系，采用实际工程项目促进课程落地的方法，构建出金字塔形层次人才培养目标；采用新型教材逐步开新课程。同时，将课程与企业科研任务项目紧密结合，快速提升动手能力和理论结合实际的能力；结合重庆产业项目，以项目结果为导向，由有创新创业丰富实战经验的专家作为学生在企业内的项目导师，实行双导师制，全程跟踪培训及考核学生，辅导学生完成毕业设计；组织学生进行工业旅游，举办机器人与智能制造应用创意大赛。

机器人工程新工科培养模式及成效先后两次被重庆电视台新闻联播报道，如图5.8所示。在前期坚实的基础上，由重庆大学机械工程学院、自动化学院跨学科联合共建机器人工程专业，并制订了机器人工程专业人才培养方案，建立了多学科交叉的机器人工程专业课程体系与产学研融合的实践教学模式，首批新生已于2019年正式招生入学。

图5.10　重庆电视台新闻联播报道机器人工程新工科培养模式及成效

（三）将传统机械工程专业转型升级成为新型工科专业

将传统机械工程专业转型升级成为新型工科专业，面向"大工程观"的教学体系设计，形成"构架清晰、基础扎实、理工融合、人文渗透"的"2+2"培养方案，构建"4+3"专业核心课程群，建设多学科交叉的 STEM Lab，强化开放性实践环节，加强与企业合作，每年引入企业题目50项以上。多渠道拓展学生国际视野，出国交流比例提升明显，与新加坡国立大学合作，引进全英文课程 16 门;与辛辛那提大学合作,引进 Co-oP 培养体系,实施全英文课程教学。正在建设机械设计制造及自动化专业全英文国际化实验班。

(四)支撑教学成果奖、教改项目研究

卓越计划建设的相关成果作为教学成果"机械专业人才创新能力跨界协同培养体系研究与实践"的重要内容之一,获国家级教学成果二等奖、重庆市教学成果一等奖以及重庆大学教学成果奖等奖项,起到了突出示范引领作用,并获得国家级、重庆市级教改项目支持,如图5.11所示,国家级新工科研究与实践项目结题证书如图5.12 所示。

图 5.11　获得的教学成果奖

图 5.12　国家级新工科研究与实践项目结题证书

承担的教学建设与改革项目见表5.2,发表的教改论文见表5.3。

表 5.2 承担的教学建设与改革项目

序号	项目负责人	项目名称	项目来源	项目级别	时间
1	曹华军	科教融合的机械工程原创型人才培养改革研究与实践	重庆市教委	省部级	2020
2	罗远新	面向新工科的学生交叉创新中心建设与实施	新工科研究与实践项目	教育部	2020
3	陈永洪	基于科教融合的机械原理课程数字化教学资源建设及应用	重庆大学	校级	2020
4	汤宝平	新工科背景下机器人工程专业人才培养改革探索与实践研究	重庆市教委	省部级	2019
5	鞠萍华	机械制造技术基础在线资源建设	重庆大学	校级	2019
6	江桂云	机械电气控制及自动化在线资源建设	重庆大学	校级	2019
7	江桂云	机械制造技术基础"三进课程"	重庆大学	校级	2019
8	江桂云	复杂零件数控加工与仿真	重庆大学	校级	2019
9	杜 静	大型齿轮箱结构设计与分析虚拟仿真实验	国家虚拟仿真实验教学一流课程	教育部	2018
10	汤宝平	面向先进制造的多学科交叉融合工程人才培养模式探索与实践	新工科研究与实践项目	教育部	2018
11	李聪波	一流机械工程专业人才培养供给侧改革研究与实践	重庆市教委	省部级	2018
12	杜 静	产学研合作协同育人的机械创新能力提升计划	教育部产学研项目	省部级	2018
13	杜 静	机械拔尖创新型人才培养实践	重庆市教委	省部级	2018
14	王 见	示范性虚拟仿真项目技术研究与实现	重庆市教委	省部级	2018
15	李聪波	面向智能制造的机械工程专业改造升级路径探索与实践	重庆大学	校级	2017
16	杜 静	机械基础及装备制造拔尖创新人才培养计划	重庆大学	校级	2017
17	刘 静	以创新能力培养为核心的机械基础课程群优质数字教育资源建设与应用	重庆大学	校级	2017
18	江桂云	机械电气控制及自动化"三进课程"	重庆大学	校级	2017

表5.3 发表的教改论文

序号	署名作者	论文名称	发表期刊	时间
1	江桂云、罗远新、李聪波	"大工程观"视域下一流机械工程人才培养研究与实践	中国大学教育	2020.2—3
2	李聪波、林利红、汤宝平、江桂云	新工科背景下机械制造技术基础课程建设探索	高等建筑教育	2020.2
3	江桂云	本科数控实践教学体系构建研究	教育教学论坛	2019,7
4	钟德明、金鑫、杜静	多学科交叉融合的先进制造新工科工程人才培养模式探索与实践研究	创新教育研究	2019,7(5)
5	金鑫、李良军、杜静	新工科背景下机械基础课程体系构建	机械设计	2018,S2
6	李良军、金鑫、朱正伟	融合创新范式下"中国制造2025"人才模型和课程规划	高等工程教育研究	2018,4
7	肖贵坚、李聪波、汤宝平	机械专业教学的信息化改造升级方法研究	第十三届机械类课程报告论坛论文集,无锡	2018
8	陈晓红、汤宝平、柏龙,等	新工科背景下的机器人技术课程实践教学改革研究	高等建筑教育	2020,2

(本章执笔人:重庆大学机械与运载工程学院　汤宝平、江桂云)

第六章

电气工程及其自动化专业「卓越计划」建设

2010 年 6 月教育部启动"卓越工程师教育培养计划"(简称"卓越计划")。"卓越计划"是贯彻落实《国家中长期教育改革和发展规划纲要(2010—2020 年)》和《国家中长期人才发展规划纲要(2010—2020 年)》的重大改革项目,也是促进我国由工程教育大国迈向工程教育强国的重大举措。重庆大学于 2011 年 10 月作为第二批高校获准进入该计划。

"卓越计划"实施的指导思想是以社会需求为导向,以实际工程为背景,以工程技术为主线,以提高学生的工程意识、工程素质和工程实践能力为目标。据此,重庆大学电气工程及其自动化专业稳步、扎实地推进"卓越计划"项目,专业按通用标准和行业标准培养工程人才、注重行业企业深度参与培养过程、不断强化培养学生的工程能力和创新能力。在项目执行中,制订完善"卓越计划"专业培养方案、完成课程体系建设与改革、积极开展教学方案和方法的研究和设计、建立了企业教学实践基地及企业实践环节考核评估体系等。

一、实施概况与整体成效

(一)实施概况

电气工程及其自动化专业"卓越计划"项目分两阶段实施,具体如下所述。

阶段 1:开展了"建筑电气"卓越计划试点班培养(2011 级、2012 级建筑电气专业)

2010 年 6 月教育部启动了"卓越工程师教育培养计划",与此同时,重庆大学电气工程学院申报战略性新兴产业相关专业"智能建筑工程"获准。以此为契机,学院选择电气工程原有"建筑电气"专业方向作为试点实施"卓越计划"项目。学院先后招收了 2011 级、2012 级两届"建筑电气"专业方向学生,每届学生为 60 人左右,同时学院组织专门的教师团队作为学业导师。

阶段 2:开展了电气工程及其自动化专业卓越计划试点班的培养工作(2014 级开始)

学院从 2014 年开始将"卓越工程师"教育(建筑电气方向)推广到"电气工程及其自动

化"一级学科方向上进行试点和实施，重新调整制订了"电气工程及其自动化专业卓越工程师"培养的推进方案和实施步骤。学院建立了卓越计划学生遴选机制和班级组建办法，分别从平行班中通过学生报名、面试筛选的方式成立了"电气工程及其自动化专业"卓越工程师班，每个年级的参加人数均为26~30人，并以虚拟班的形式运行。

（二）整体成效

专业的"卓越计划"经过10年的运行，构建了符合"卓越计划"培养要求、行之有效的培养方案与教学模式，取得下述成效。

①打造了一支工程经验丰富的多元化校外导师队伍。打造了由6个行业构成的13名校外兼职导师，支撑了实践课程教学、实习指导以及毕业设计指导（图6.1）。

图6.1 部分校外指导兼职教师聘书

②探索了分段分散实习的"双选"教学与管理模式。新建实习基地11个，涵盖电力、新能源、汽车电子、建筑电气等各行业，满足了学生实践动手能力和创新能力的培养需求，并建立了实习辅导制度。

卓越工程师计划部分实习单位名单见表6.1，卓越班实习照片如图6.2所示。

表6.1 卓越工程师计划部分实习单位名单

序号	实习单位名称	实习类型
1	贵州航天林泉电机有限公司	生产实习
2	重庆市质量计量检测研究院	生产实习
3	中国西电集团	生产实习
4	重庆市电力公司	生产实习
5	重庆星能电气有限公司	生产实习

序号	实习单位名称	实习类型
6	重庆长厦安基建筑设计有限公司	生产实习
7	重庆君微电子科技有限公司	生产实习
8	华东建筑设计院重庆西南中心	生产实习
9	重庆 ABB 变压器公司	生产实习
10	重庆新世纪电气有限公司	认识实习
11	重庆樱花能源科技有限公司	认识实习

图 6.2　卓越班实习照片

③形成了校内外联合毕业设计的指导模式与管理规范。卓越计划班要求全体学生的毕业设计需要在校内导师与校外导师的联合指导下完成,10 年运行下来形成了较为规范的联合毕业设计指导管理办法。

④建成了以"学生社团"为载体的校内创新实践教学模式。建立了伏特猫、Maker 俱乐部、拓乐等 6 个创新社团,强化创新实践教学。本专业通过近 10 年的卓越计划项目建设,开设专业实践课程 3 门、暑期实践课程 14 门、指导分散实习 200 余人次、毕业设计 350 余人次。新增实践基地 8 个,学生学科竞赛获奖 100 余人次(图 6.3)。

重庆大学电气工程及其自动化专业已成为具备稳定和持续地培养具有创新精神和国际化视野,较强的工程意识、工程素质和工程实践能力的电气工程"卓越工程师"培养基地。以 2017 级电气卓越实验班为例,全班保研人数 14 人,占比 50%,考研录取 9 人,升学率达到 82%。

拓乐社团　　　　　　　　　　　　伏特猫社团

Maker俱乐部　　教授领衔指导　　嘉年华社团

电动方程式赛车社团　　　　　　电工电子创新协会

图6.3　创新实践模块(学生社团)

二、组织管理

在2013年申请成功电气工程"卓越计划"项目基础上,成立了电气工程"卓越计划"项目建设工作组(图6.4)。工作组由学院分管教学、实验室建设、科研、学生等方面的负责人分别负责相关的各项工作,以保证项目实施过程中的高效和协调配合。工作组由6个小组组成,各小组成员在小组负责人的领导下开展工作,各小组负责人负责小组内成员和小组间的协调工作,推进"卓越计划"的项目实施。本项目工作组中的课程改革小组成员由具备良好工程实践背景和丰富教学经验的教师组成,项目组中的国外工程教育研究小组近年来通过进修以及和本单位辛辛那提国际联合培养班取得了相关经验。

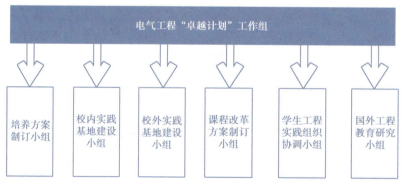

图6.4　电气工程"卓越计划"项目建设工作组

三、政策措施

为促进"卓越计划"项目的顺利实施,学院组织教学专家委员会及有丰富教学经验的教师,开展学生遴选、培养方案修订、课程设置、校企合作等问题的探讨研究。主要工作包括下述内容。

①出台了电气工程学院《"卓越计划"试点班组建细则及运行机制》文件,本着学生自愿的原则,通过专家面试的方式遴选出试点班学生。电气工程及其自动化专业"卓越计划"试点班按《电气工程及其自动化专业本科培养方案(卓越计划)》培养,以虚拟班模式运行,学生日常管理由其所在行政班负责。

②组建了电气工程及其自动化专业卓越计划试点项目导师团队,该团队从各系选派有企业实践经验的教师组成,每位导师对口指导不超过 3 名的卓越计划学生。负责联系企业和企业导师,共同指导学生的企业生产实习和企业毕业设计。

③分别制订了卓越计划学生企业导师和学校导师职责,明确了导师在学生生产实习、课程设计及毕业设计环节中,关于企业联系、内容安排、进度管理及成绩评定等方面的工作细节。

④制订了一系列卓越计划学生企业教学环节的管理规定和规范文件,确保企业教学环节规范化管理和运行,以及教学效果的有效性。如《电气工程及其自动化(卓越计划 2013)企业实习大纲》《卓越电气班校企导师日常管理日志》《卓越电气班学生实践环节企业和企业导师信息表》《卓越电气班学生企业教学实践安全责任书》《卓越电气班实践环节学校导师工作量计算办法》及《卓越电气班实践环节经费预算办法》。

⑤卓越计划学生培养方案经过多次修订,形成了完整的、满足教育部卓越计划培养目标的《电气工程及其自动化专业本科培养方案(卓越计划)》。

四、培养模式

(一)培养方案制订及完善

1.阶段 1:制订"建筑电气"试点班的"卓越计划"培养方案(2011 级、2012 级建筑电气专业)

根据"卓越计划"应具备的 3 个特点,即行业企业深度参与培养过程,学校按通用标准和行业标准培养工程人才,强化培养学生的工程能力和创新能力,选择电气工程原有"建筑电气"专业方向作为试点,制订了建筑电气"卓越计划"培养方案。

方案制订过程中进行如下工作:

(1)问卷调查

面向全国的大型建筑设计院(共18家企业)发放问卷调查表。征求对学生工程素质需求的意见和建议;各企业对我院往届毕业生能力素质的评价;各企业对接受学生企业实习的态度、可接纳学生的人数和时间周期;各企业提供企业导师的能力以及企业对校企联合培养模式的建议等。

(2)培养方案制订

在国家"卓越计划"相关细则尚未完善和本校尚未获准"卓越计划"建设项目的情况下,根据教育部"卓越计划"建设的基本要求和企业对本专业方向需要调查结果,制订了建筑电气"卓越计划"培养方案。该方案将建筑行业对电气工程的工程人才标准——注册电气工程师(供配电专业)的基本要求作为行业标准,根据"卓越计划"通用标准要求,以校企联合培养的方式,强化学生的工程能力和创新能力。

建筑电气"卓越计划"培养方案的制订得到了建筑行业各大企业,尤其是大型建筑设计研究院的大力支持和积极的意见建议反馈。这些企业对参与建筑电气"卓越计划"的学生也给予极大的关注和期望。

(3)师资队伍建设

组成了由7名具备高校教师和国家注册电气工程师双重身份教师为核心的建筑电气"卓越计划"专业教学团队。建筑电气教学团队成员均与建筑电气行业相关企业有深入的合作,具备丰富的工程实践背景和教学经验。

(4)试点班培养

按建筑电气"卓越计划"培养方案进行试点培养。通过暑期设计院工程实践,达到在不增加修业年限的基础上,增加企业实践时间的目的;毕业设计题目全部来源于工程实际项目;部分学生的毕业设计将由企业和学校导师联合指导;指导试点班毕业设计的学校导师绝大部分具备国家注册电气工程师执业资格。其中2011届试点班学生获得推免研究生资格的比例不得低于电气工程专业非试点班,同时因为其培养过程得到行业深度参与,在就业招聘中行业认可度较高,得到大型建筑设计企业的广泛欢迎。

2.阶段2:修订形成满足教育部卓越计划培养目标的《电气工程及其自动化专业本科培养方案(卓越计划)》(2014级卓越计划实验班)

在引进国外工程教育模式和在小专业方向(建筑电气)按"卓越计划"标准培养方面的积极尝试经验基础上,修订形成了重庆大学电气工程"卓越计划"专业培养方案。具体完成的工作包括下述内容。

(1)差异比较分析

进行深入全面的企业电气工程技术人才需求调研,结合重庆大学电气工程专业人才培养层次定位,比较现有电气工程本科培养方案和"卓越计划"培养通用标准即电气工程行业标准要求的共同点和差异,尤其是二者对工程素质要求的差异,在不改变本科四年学制的基础上,从培养目标、培养规格、核心课程、特色课程、学分要求和分布等方面,实现对"卓越计划"的培养方案修订。

（2）调整培养目标及培养规格

在培养目标和培养规格方面,以"卓越计划"通用标准和电气工程行业标准为制订依据。选择有代表性的企业参与制订专业培养方案,并在制订过程中与企业进行广泛深入的互动和交流,联合制订出符合企业要求的人才培养目标。目前项目建设单位与电力行业、建筑行业、电气设备制造行业等建立了广泛的联系,也是毕业生就业最多的行业。

（3）整合课程:培养方案中,贯彻企业深度融合、参与卓越计划学生培养过程的理念,针对电气工程的专业特征,设置了6门由企业资深专家授课的必修课程环节;课程设置则根据企业专家的特长,采用小课时方式,要求企业教师从企业实际项目中,提炼出教学内容,以案例方式,使学生从不同工程实践角度,了解当前的电气工程发展现状及实际工程问题的协调、处理方法。

（4）重新设计毕业学分要求和学分分布

在"卓越计划"学生毕业学分要求和学分分布中,实践环节比重有较大的提升。"卓越计划"试点班企业实践环节要求如下:认识实习时间为第4学期末暑假后5周及第5学期第1~2周（共7周）;生产实习时间为第6学期末暑假（共8周）;毕业设计时间为第8学期（共17周）。

（二）课程体系建设与改革

电气工程学院专门设立了课程改革小组,负责"卓越计划"课程和教学环节（含实践教学环节）整合、教学大纲制订,以及教学方案和方法的研究和设计。经整合的所有课程（教学环节）的教学大纲均由学校和企业双方完成。重点在如下方面开展工作。

1.毕业设计题目来源

参与"卓越计划"学生的毕业设计全部来自工程实际项目。参与"卓越计划"教学的教师有长期企业工程实践经验和合作关系,其合作项目或其中一部分可作为毕业设计题目。

毕业设计由学校和企业导师联合指导,题目来源于实际工程项目。毕业设计根据题目类别和要求,可以在校内或企业完成,也可以轮流在不同地点进行。毕业设计理论部分主要由学校老师指导完成,实作部分主要由企业导师指导完成。学校和企业导师间应有良好的沟通和协调。毕业设计考核评估由双方导师根据学生的毕业设计完成情况、质量、毕业设计期间与相关技术人员或者同学的合作表现、提交的毕业设计文件以及毕业答辩的情况综合评定。

2.课程主讲教师资格

"卓越计划"专业课教师均具备丰富的工程经验,与企业合作紧密,同时具有丰富的教学经验。学院积极组织有丰富教学经验的专业课教师到企业进修,以及在企业聘请满足教学水平要求的企业高级技术人员。

目前已有16门专业课程由具备5年以上企业工作经验的教师开设,可保证不同专业方向的学生均有机会接受6门该类课程学习的机会。

3.加强双语教学

在"卓越计划"教学计划中加强了双语教学课程,选送老师到美国辛辛那提大学或威斯康星大学等国外高校进修学习工程教育模式,同时完成英文教学培训;结合近年来学院对双语教学师资的培训成果组成英文或双语教学师资团队,实现对"卓越计划"学生开设更多课程英语或双语教学的目标。项目建设期间开设了11门双语(或英语)教学课程,其中专业基础课程有"电路原理""电子技术""信号与系统""电磁兼容及电磁环境保护",专业课程有"高电压技术""风力发电技术""供配电系统"等。

(三)教学内容改革

1.教学方案和方法的研究和设计

教学方案和方法的研究和设计同样贯彻企业参与的思想,通过灵活多样的教学方法和形式,更有效地达到了教学大纲的要求。在传统的讲授式和研讨式教学法基础上,拟重点在如下方面开展研究和尝试新的教学方法。

(1)增加研讨式教学课程

对专业基础课程和专业课程,鼓励教师在采用传统讲授法的课堂教学中,增加研讨式教学学时数。目前针对卓越计划实验班学生开设了5门研讨式教学课程,学生普遍反映良好。

(2)采用灵活多样的其他教学方法

鼓励具备较强工程背景的教师根据课程特点,研究和尝试在专业课程中更多地采用案例式和课题研究式教学法;依托校内实践基地,可更多地增加教师采用实验教学法的课时;聘请的企业导师则可以在案例式教学和指导式自学等教学方法上发挥优势。

(3)增加培养工程素养的课外讲座环节

聘请企业高级工程技术人员介绍国际和国家标准、规范与工程实践的关系,介绍工程案例,启发学生对工程技术标准重要性的认识,培养其工程意识和职业精神。

2.完成了重庆市教改项目《建筑电气与智能化专业"卓越工程师教育培养计划"的探索与实践》

该项目于2011年立项,2013年顺利通过验收。项目组成员以教育部"卓越工程师教育培养计划"为指南,梳理了现行培养计划和教学过程与卓越计划要求的不适应之处,从更新教学观念和手段上下功夫,进行了如下几个方面的具体研究,为本科层次卓越工程师教育探索出一套教学体系。

①以行业针对性和工程应用性为依据,研究制订了"建筑电气与智能化"本科生培养目标和培养计划(课程大纲)。

②根据"建筑电气与智能化"的专业特点及工程建设单位的工作特点,结合培养目标和培养计划,研究实习、实践基地的筛选方式及运行模式。

③研究通过理论教学和实践环节的有效衔接,培养学生职业道德素质和工程能力的方法。

五、师资队伍

通过产学研合作,加强了具有企业工作经历的优秀博士引进工作,通过鼓励他们承担重大横向项目,使该专业90%以上的教师具有工程背景,满足"卓越计划"专业教学需求。

①为适应卓越计划教学需要,学院成立了由7名具有5年以上企业工作经验和6名具有勘察设计注册电气工程师资格的教师组成的卓越计划专职教师队伍,这些教师开设的课程覆盖主要的专业课程。

②派出3名教师分别到国网重庆市电力公司电力科学研究院、贵州航天林泉电机有限公司、贵州航天天马机电科技有限公司进修,以强化教师的企业实践能力。同时新进专任教师5人,促进了教师队伍的年轻化。

③为高质量完成学生生产实习企业指导工作,在学院和学生校内导师的共同努力下,组建了由13个企业16名企业导师组成的企业导师团队,负责卓越班30名学生为期8周的生产实习任务。

④先后派出彭光金、杨浩、唐治德等教师到美国辛辛那提大学进修学习Co-op教学体系与课程教学方法,熟悉和掌握国际工程教育模式。

六、校企合作

(一) 建立了稳固的校内外实践基地,支撑"卓越计划"项目推进

①"重庆大学—重庆市电力公司工程实践教育基地"获准重庆市大学生校外实践教育基地。

②电气工程学院与动力工程学院联合,共同申报并获准国家"能源与动力电气虚拟仿真实验教学中心"。

③本专业联合TI、赛灵思、ABB等全球500强企业建立32个校外实践基地。近几年主要实习单位包括中国西电集团、上海ABB、国电南京自动化股份有限公司、重庆雅讯电源技术有限公司、中国长江电力股份有限公司、东方电机有限公司、许继集团有限公司、西南建筑设计研究院、重庆市电力公司电力科学研究院、重庆星能电气有限公司、重庆市质量计量检测研究院、重庆路之生科技有限责任公司等。

目前,重庆两江长兴电力能源公司、中国西电电气研究院有限公司已和学院建立了电气工程专业新工科实习基地。

(二)建立了企业实践环节考核评估体系

目前卓越计划班的认识实习是按照整体规划、统一实施的方法进行,企业按照校企双方的约定,统一安排学生在某一企业的实习计划。此外,企业培养阶段,学生在企业导师的指导下参与实际的企业项目。

企业实习考核评估由企业实践岗位申请、企业实践过程评估和企业实践报告几个部分组成。企业实践成绩也由这三部分构成,不能达到基本要求的学生自动退出"卓越计划"。

1.企业实践岗位申请

"卓越计划"培养单位根据企业提供的岗位向学生发布企业岗位需求情况,学生自行向企业提交简历进行申请,企业通过面试选拔学生,在企业提供了足够岗位的情况下,仍然无法获得企业实习岗位的学生自动退出"卓越计划"。

2.企业实践过程评估

由企业负责学生教学实践的部门或导师对学生的出勤情况、工作态度、工作业绩等方面进行考核,由企业和学校联合制订考核标准。

3.企业实践报告

企业实践结束后,由学生向学校递交企业实践报告。

七、其他

①本专业积极推进电气工程及其自动化专业的工程教育专业认证工作。顺利通过工程教育专业认证。

②本专业积极推进国际化工作。利用本专业建立的国际合作关系,鼓励学生参与国际交流,到海外高校或企业学习、实习。与美国辛辛那提大学、英国华威大学等建立交流项目、双学位项目;推行"出国留学一对一辅导"、多种出国留学资助奖学金(专业自设100万元),鼓励学生出国读名校。2013级卓越计划试点班1名同学受国家留基委资助到国外高校进行毕业设计,开启了卓越计划学生国际交流的新尝试。

八、后续工作计划与建议

(一)卓越计划实施目前面临的主要问题

(1)经费问题

卓越计划企业实践环节涉及持续的差旅和企业培养等一系列费用,每年为此支出逾50万元。目前通过企业提供资助存在较大困难,不能全方位实施,学校应该考虑制度化的卓越计划培养经费拨款,以便项目的推进和延续。

(2)教师评价问题

参与卓越计划教学的教师需要具备丰富的工程实践经验,并付出更多的时间和精力研究适合卓越计划教学目标的教学手段和方法,但是目前学校的教师评价机制和职称晋升机制并未考虑这种特点和差异性,不利于激发教师开展该项目教学研究的积极性。

(二)继续推进卓越计划实施的工作思路和计划措施

①研究和实行"卓越计划"学生退出机制。

②依托电气工程及其自动化全英文专业建设项目,进一步加强"卓越计划"的双语教学课程建设。

③继续加强企业实践教学基地建设。

④增加研讨式教学课程,采用灵活多变的其他教学方法。

(三)参与卓越计划实施工作评价的计划

本专业计划已完成多届电气工程及其自动化专业卓越计划试点班的学生培养工作,后续将收集毕业生和用人单位反馈意见,实施对"卓越计划"项目的评价工作。

(本章执笔人:重庆大学电气工程学院 杨帆)

第七章

能源与动力工程专业『卓越计划』建设

清洁能源，澎湃动力

一、总体概况

(一) 指导思想

①发扬重庆大学 90 余年来优良的办学传统,不断更新教育思想和观念,树立素质教育、终身教育、创新教育的观念,培养一大批创新能力强、适应我国经济社会发展需要的各类工程技术人才,为我国走新型工业化道路和建设创新型国家提供坚实的人才支撑和智力保证。

②根据工程专业特点,建立工程教育体系,充分调动校内、企业界、工程界和国内外各种资源,广泛利用校企合作、国际交流的平台,为工程人才培养构筑一个开放式的大系统,培养具有国际视野的创新型工程人才。

③发挥学科优势,注重多学科多方向的交叉、互补,强化实践性教学环节,以提高学生综合运用所学知识处理实际问题的能力。

(二) 培养目标

能源与动力工程专业"卓越工程师培养计划"的主要目标是培养创新、实践能力强、适应我国社会、经济快速发展需要的实用型工程技术人才,要求掌握能源与动力相关领域的基础理论和基本知识,经过能源动力工程师的基本训练并具有创新精神。

毕业生应获得以下几方面的知识和能力:

①具有扎实的自然科学基础,了解国内外能源与动力工程专业科学和技术的理论前沿、应用前景及发展动态。

②掌握本专业比较系统的工程热力学、流体力学、传热学、燃烧学、热工自动控制原理、计

算方法、锅炉原理、汽轮机原理、制冷与低温原理等方面的基本理论和基本知识。

③具有熟练正确的计算机应用和热工试验仪器仪表使用的基本能力，具有综合应用各种手段（包括外语工具）查询资料、获取信息的能力。

④掌握与能源与动力工程相关的生产管理方面的知识，了解能源方面的主要法规。

⑤具有进行能源与动力工程领域工程项目的设计、施工、调试、运行和管理等方面的能力。

⑥具有较强的调查研究与决策、组织与管理、交流沟通和团队协作的能力，具有独立获取知识、信息处理、终身学习和创新的基本能力。

⑦具有较好的人文科学素养、较强的社会责任感，具有良好的工程职业道德和良好的质量、环境、安全和服务意识。

⑧具有全球视野及可持续发展理念，具有锲而不舍、追求真理的科学精神。

二、建设经验

（一）体制机制

1.培养学制

培养对象：从学院每年招收的能源与动力工程专业本科学生中选拔。

培养规模：每年从新入校的本科生中选拔 30 人。

2.培养模式

建立以培养创新能力为核心的人才培养模式，改革课程内容、知识学习方式、考核方式和评价标准，加强实践教学及能力培养等关键环节。实施"全过程、递进式"的实践教学体系，建立稳定的企业实习基地，培养学生的动手能力、基本技能、表达能力和工程综合能力。

能源与动力工程专业本科阶段学生主要采取"3+1"应用型工程师培养模式，其中 3 年以在校理论学习为主，累计 1 年的实践教学环节主要依靠本专业教师和定点企业内的工程师联合指导和培养，使学生紧密结合工程实际，深入能源动力工程的设计、制造、调试、运行和管理等过程，完成在企业实训阶段的学习任务。本科阶段的学习结束后，通过考核的学生可取得学士学位。

3.组织管理

重庆大学能源与动力工程学院设立"能源与动力工程专业"卓越工程师教育培养项目组。

组长由学院院长担任;副组长由教学副院长、专业负责人担任,负责日常管理工作;成员包括专业教师和企业专家。项目组的职责是:组织实施培养全过程,包括培养方案、课程设置、学生管理、校内教学和校外教学。融入企业技术力量作为师资,利用企业的设备、环境和先进技术资料作为培养条件,确保学生在企业培养阶段的学习效果。

(二)重要举措

1.加强教师队伍建设

"卓越计划"实施成功的标志就是培养造就出一大批适应社会发展需要的卓越工程师后备人才,这个目标实现的必要条件是建设一支能够胜任这一使命的专业教师队伍。

（1）存在的主要问题

①教师的学科理论强,工程实践弱。目前我院能源与动力工程系的教师队伍老中青结合,以青年人居多,大多是近10年进校的高学历、高学位的青年教师,这些青年教师都是毕业不久的博士,他们的知识结构基本上是学术型,具有丰富的理论研究经验,但普遍缺乏工程实践背景和教学经验。

②教师重科研,轻教学。受目前教师考核评价体系和职称职务评聘侧重于理论科研能力的影响,专职教师队伍从思想上存在重科研、轻教学的意识,教师对教学的投入较少。

③教师队伍本身缺乏工程实践锻炼的机会。目前,能源与动力工程专业的青年教师参与工程实践能力锻炼的机会较少,主要为指导学生的认识实习及参与一些工程项目,但这些覆盖面不够,仅是部分教师参与。

（2）改进的主要措施

以全面提高师资队伍工程素质为中心,以优化结构为重点,重点加强"双师"素质教师队伍建设,努力建设一支数量足够、专兼结合、结构合理、素质优良、符合工程型人才培养目标要求的教师队伍。主要举措有:

①加强教学团队建设。按照"卓越计划"的要求,建立以经验丰富的优秀教师为主要负责人,以中青年专业课教师为主体的优秀教学团队,积极推进各个层面的教学改革,鼓励中青年教师创新教学方法、更新教学内容、编写教材。通过学习、实践,不断提升团队的教学实力。

②建立青年教师赴企业学习交流的长效机制。通过学院多方努力与沟通,学校与部分合作企业建立了选派中青年教师以企业博士后的形式参加企业生产、研发活动,同时有针对性地组织教师赴企业进行教学调研、交流、培训等制度。

③建立企业兼职教师队伍。从企业聘请具有丰富工程实践经验的工程技术人员和管理人员担任兼职教师,承担专业课程教学任务,或担任本科生的联合导师,承担培养学生、指导毕业设计等任务(图7.1、图7.2)。

图 7.1 青年教师赴企业学习

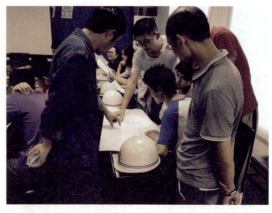

图 7.2 校外兼职专家给"卓越计划"学生上课

2.强化虚拟仿真在"卓越计划"培养过程的作用

重庆大学能源与动力电气虚拟仿真实验教学中心以始建于 1990 年的重庆大学仿真工程研究所为基础,2013 年经教育部批准,成为首批国家级虚拟仿真实验教学中心。中心 2020 年共开设 16 门仿真课程,44 项仿真实验项目,共有 830 名本科生到本中心进行仿真课程学习,授课总学时 5 700 学时,其中仿真实验 3 300 学时,仿真实习 2 400 学时。

中心以电力行业中"发电—输电—配电"为主线,按照"五模块(基础实验模块、专业实验模块、专业实践模块、工程伦理模块、创新实践模块)、四层次(基础层、专业层、创新层、综合层)、一主体(以自主开发为主体,科学研究与实践教学相结合)"的能源动力电气类仿真实验教学资源体系要求重新整合仿真教学资源,更新仿真教学内容。

中心建设的仿真教学体系,涵盖能源动力类专业教育的专业课程,如工程热力学、传热学、热工过程控制及原理、汽轮机原理、热力发电厂、泵与风机、制冷与低温原理等专业课程的虚拟仿真实验项目,建设完成了 200 MW 亚临界、300 MW 循环流化床、600 MW 及 1 000 MW 超超临界火电机组仿真培训装置,仿真的 DCS 控制系统包括 Foxboro I/O、MaxDNA、Ovation、新华、合利时等系统。

中心建设完成了分布式能源虚拟仿真实验教学系统。该系统采用仿真支撑平台 MSP 和热力系统建模工具 PowerBuilder,以实际存在的物理对象为独立的模块,针对多组分、汽相、液相介质建立其高精度的质量守恒、动量守恒和能量守恒模型,能够为大型复杂系统的连续过程仿真提供设计、调试、数据访问、运行管理等功能,以及根据计算机的硬件对仿真计算进行灵活配置,既可以充分利用多核计算机的计算资源,又可以兼容已有的单核计算机,所建立的模型能更好地反映机组在正常及非正常状态下的运行特性。

中心完成了网络动态学习交流及跨界协作平台建设。该平台是一个实验教学系统管理的云平台,其主要功能有:

①实现学生在线实验的自动化管理。

②实现学生实验报告及成绩的无纸化管理。

③形成教师课件资源库以及仿真课程网上实验教学自动化管理。

④形成中心综合仿真实验教学管理平台,提高中心日常运行管理能力。

本平台既可通过远程控制系统实现能源动力仿真实训控制系统的远程操作,还可实现仿真课件的远程实验,让学生在任何有网络的地方都可进行实训或实验,对于提高仿真中心实验教学的开发性和自主性有着重要作用。

到 2020 年工程伦理仿真器已经完成 4 个年级的课程教学,增加了绿色能源岛工程伦理仿真课程实验,该实验结合绿色能源岛中能源梯级利用的特点,培养学生在能源使用过程中的工程伦理意识,强化了实践工程中工程伦理的运用,增强了学生工程伦理意识。

绿色能源岛系统基本涵盖并综合了能源动力类专业的全部专业方向,在深度和广度方面有极大的延伸。这些变化对能源动力类专业学生培养提出了新的挑战,高校作为人才培养的高地,需要持续地对包括实验教学在内的实践条件和实践基础进行改革和完善,才能为能源行业的不断进步及产业的转型升级提供人才支撑。为适应能源动力类人才培养新挑战,学院以余热梯级利用为核心,紧密结合能源动力领域的前沿科学技术,建设了一种基于低品位能源梯级利用的实验教学平台,通过融合理论教学、实验教学和工程实践,为培养具有实践创新能力的工程型、应用型高素质本科生奠定了基础,并最终形成具有鲜明特色能源动力类专业的实验教学新体系和创新能力培养基地。

随着能源与动力电气虚拟仿真实验教学中心建设的不断推进,极大地丰富和提升了学院实践教学的手段,为推进"卓越计划"作出了很大贡献。

图 7.3　学生在虚拟仿真中心进行仿真实验

3.建立满足"卓越工程师教育培养计划"要求的能源与动力工程专业实践教学体系

能源与动力工程专业具有很强的工科实践背景,实践教学更贯穿于本科培养的各个层面。近年来能源与动力工程学院从课程设计、本科专业实验、认识实习和毕业设计 4 个环节入手,建立包括基础工程认知、基础能力训练、综合能力应用和创新能力培养与提升在内的全过程实践教学体系,使之构建起连贯、完整的有机体,形成探究式实践教学方法,实现对学生创新创业能力和实践能力的培养。

在现有本科教学指导委员会和本科实验实习中心的基础上,吸纳有关企业、科研院所、地方部门的专家等,对现有本科实践教学体系进行重构。以课程设计、本科专业实验、认识实习和毕业设计四大环节为切入点,建立从工程认知、基础能力训练、综合能力应用到创新创业能力培养的实践教学体系。动态优化实践教学环节课程设置,形成与社会需求和行业发展相对接的个性化、多元化的实践教学体系,以及以创新实践能力提升为评价依据的考核评价体系。

学院工程教育体系包括以下层次:

(1)工程认识

利用学校工程训练中心,在工程教育和训练课程中,初步锻炼工程专业学生的动手能力和操作能力。另外,通过企业参观和研讨,结合能源与动力工程专业知识,到企业参观、学习,与企业基层工人和管理人员交流,了解企业的运行、操作,了解企业基层管理运行模式。

(2)工程实践

在参与企业项目中了解工程实际问题。由企业和学校联合设计轮岗实习项目,利用寒暑假到企业实习,参与企业各部门的日常运行,分析企业生产过程及可能存在的问题,写出企业各部门运行现状及运行分析报告。

(3)工程设计,解决实际问题

学生需要在企业完成一个由企业导师与学校导师共同提出的具体工程项目,并经过项目设计的全过程。学习设计方法、设计步骤,完成项目,并向企业汇报任务完成情况,由企业评定成绩。

在整个工程实践阶段,由企业管理人员和校内指导教师共同负责,并由企业管理人员给出工作评价。

学院根据以下内容开展合作企业的选择工作:

(1)利用校内基地

利用各研究所及创新实验平台等,通过制订相应的政策,将人才培养纳入其正常的教学工作内容。

(2)改造现有的校外基地

改造目前已建立的一批校外实践基地,可以使其承担"卓越工程师"的培养任务。

(3)发展就业基地

挑选每年大量接收本院毕业生的大型企业,建立包括人才训练的全面合作关系。

(4)政府、工业园区

对于优秀的中小型企业,它们没有足够的力量单独承担培养人才的任务,可以统一与当地政府或工业园区建立合作关系。

共同组建校企联合培养体的企业,经过优选,目前企业名单如下:

①东方电气集团东方锅炉股份有限公司。

②华西能源股份有限公司。

③四川简阳空分集团。

④四川思米康公司。

⑤华能重庆珞璜电厂。

⑥重庆通用机械公司。

⑦美的(重庆)公司。

⑧格力(重庆)公司。

⑨贵州电力试验研究院。

⑩华电集团贵州公司。

⑪国建电投贵州金元集团。

⑫国家电投远达集团。

4.实施本科生科技创新实践活动(6211 项目)

本科教育是我国高等教育的主体和基础,在本科阶段培养拔尖创新人才,增强本科生的创新能力,不仅是国家发展战略、经济和社会发展的需求,也是大学生自我发展和增强就业竞争力的现实需要。重庆大学作为"双一流"建设高校,在推进"卓越计划"的过程中必须大力提升本科生的创新能力。

为推动本科生参与科技创新,学院出台了《能源与动力工程学院关于实施本科生科技创新实践活动(6211 项目)的管理细则》,该《细则》规定:

①本科生科技创新实践活动(6211 项目),由愿意担任指导的教师采取项目的形式,原则上配备 1 名博士研究生、2 名硕士研究生指导 2~4 名大一本科生进入实验室,为本科学生提供广阔的科研训练平台,激发学生的科研创新精神,培养学生科研意识和团队合作精神,为培养高素质创新型人才奠定良好的基础。

②项目实行由学院教务办公室管理,主要负责制订各类管理文件和相关制度、负责申报评审、中期检查、结题答辩、项目总结等工作,并承担落实专项经费、组织抽查、评审评优和总结交流等工作。

③项目由学院设立专项经费给予支持。每项 2 000 元。经费只能用于开展与项目有关的开支,包括专用材料费、测试费、论文版面费及专利申请费等。

(三) 特色做法

在推进"卓越计划"实施过程中建立了提高能动类专业学生综合素质的教育体系。

鉴于现代工程的创新性、复杂性、综合性特点,工程教育理论正是通过阐述和论证一系列工程实践活动的行动准则为教育实践制订理性的原则和方法,搭建起一系列工程实践训练的综合平台,以及在工程的设计、决策、实施和运行管理中会涉及社会的政治、法律、文化以及生态环境等,迫切需要培养一大批符合时代发展且具备较高综合素质的工程技术人才。现实中,如何将课堂上讲授的理论和实践融合起来,跨越理论和实践的鸿沟,增强师生与专业活动相关的伦理准则和道德判断能力,这对能动类专业教育提出了新的要求。在总结多年教改的基础上,建立了一个专业理论与工程实践相结合、双向建构的能动类专业学生综合素质培养体系(图7.4)。

1.改革课堂教学内容和方法,强化大学生理论联系实践的能力

建立理论教学与实践之间全方位的无缝连接,通过国际合作、校企合作提升教师现代工程教学水平和伦理素养,牢牢把握能源动力领域最新的技术及装备发展前沿。对外引入具有丰富实践经验的国内行业领军企业和海内外专家,对内整合教学系、实验室、学生培养及教务管理部门等资源,在课程教学内容设计,协同学习与案例教学法的运用以及学生数值模拟能力的步进式培养等 3 个方面改革创新,以课堂教学为载体,培养提升学生"分析能力、开放式设计能力、多学科应用能力、解决复杂工程问题能力",打通理论课程学习与实践之间的通道。

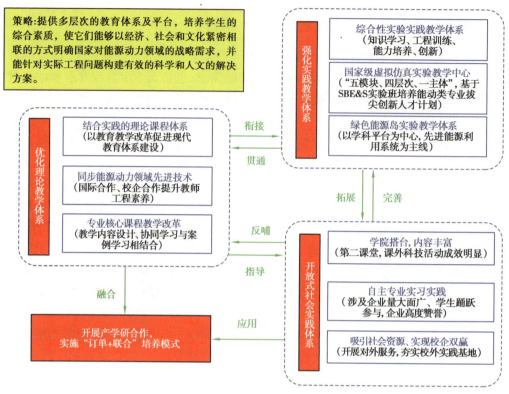

图7.4　能动类专业学生综合素质培养体系

2.搭建综合性实践平台,满足大学生专业实践教学的需要

实践教学是联系和强化理解理论知识的重要方式。建立有利于培养学生实践能力和创新能力的实验教学体系,建立综合性实践与实验教学体系,建设国家级能源与动力电气虚拟仿真实验教学中心,实施基于模拟与仿真的工程科学(SBE&S)的拔尖创新人才培养计划,构建国内领先的"绿色能源岛"实验实践教学系统,充分发挥信息技术及社会资源优势,满足学生实践需求。创新能力培养被愈发重视,实践教学体系更加健全,师生的主观能动性明显增强。

3.建构开放式社会实践体系,增强大学生工程伦理品质的培养

成功构建起"经典型、个性化、课内外"开放式大学生社会实践体系,开展结合专业教育的工程伦理实践,很好地顺应了大学生对实践多样化的需要,加快了大学生实践的"社会化"进程,培养了学生批判性思维(能力)和协同合作能力,将课堂中学到的专业技能在社会实践中成功应用,更好地使学生在未来的工程建设活动中领悟社会责任感,树立正确的价值观、利益观和强烈的伦理道德意识,将自觉担负起工程师所应有的道德、良心和责任。同时,深度实践了融渗式工程伦理教学法,通过将专业教育与工程伦理教学有机结合,有效地激发了学生对相关工程问题的道德敏感性,使其在职业操守、社会责任和可持续发展、社会认知、职业和环境的责任等方面有效提升自身素养。

4.共建校企"订单+联合"模式,实现理论与实践互动的特色实践

校企"订单+联合"培养模式是指充分利用高校密集的知识结构、借助企业领先的技术水平和先进的设备仪器,按照企业建设和发展对人才知识结构和能力结构的需要进行理论实践的融合教育,通过"订单"途径为企业培养和输送人才。根据国家能源人才需求,学院从2011年起与特大型企业中广核集团开展了"订单+联合"人才培养模式的深度实践,有效实现了理论与实践的互动,达到了学校、企业、学生三方共赢。

上述4个部分互相补充、相得益彰,构成了一个较全面、较深入的能够跨越理论与实践鸿沟的能动类专业学生综合素质培养体系。这些成果的取得,有效地促进了学生专业理论和实践贯通的融合,克服了能源动力专业人才培养中长期存在的重理论、轻实践的诟病,专业教师的工程素养全面提升,广大学生的综合素质显著提高,人才培养质量提升效果明显,示范引领作用正在逐渐显现。

三、重要成效

(一)学生成果

重庆大学能源与动力工程学院从2012级组建的卓越工程师班到今年毕业的2017级,共6个班184名同学。其中有111名同学被保送或考上清华大学、上海交通大学、西安交通大学、中国科学院等高校或研究院攻读研究生,占比60.3%。其余学生进入中广核核电运营有限公司、上海锅炉厂有限公司、东方电气集团东方锅炉股份有限公司、上海电气电站设备有限公司、上海汽轮机厂等大中型企业工作。

卓越工程师班学生共获得全国大学生节能减排社会实践与科技竞赛特等奖、挑战杯全国大学生课外学术科技作品竞赛一等奖等大学生竞赛奖31项(图7.5—图7.7)。

图7.5　学生在"第十一届全国大学生节能减排社会实践与科技竞赛"答辩现场

图 7.6 "第十一届全国大学生节能减排社会实践与科技竞赛"获奖

图 7.7 学生获奖证书

(二) 培养方案

能源与动力工程学院按照教育部与学校的最新要求,在 2014 级培养方案的基础之上经过广泛调研、集思广益、反复修改,并结合"卓越计划"的新要求,制订了 2018 级培养方案。

2018 级能源动力类大类培养方案,是按照重庆大学"通专结合、跨界协同,学研融合"的培养思路,并结合培养"具有优良的思想品格、深厚的人文素养、扎实的基础理论和专业知识、强烈的创新意识、宽广的国际视野与浓郁的本土情怀的行业精英和国家栋梁"的目标制订形成的。能源动力类大类培养方案按照"厚基础、精专业、重交叉、个性化"的原则建立课程体系;通过宽厚的通识基础教育,夯实理论功底、提升人文素养、促进思维发展;通过精练的专业教育,有针对性地培养学生的专业精神与专业素养,让学生得到良好的专业训练;通过跨学科教育,拓宽学生视野,激发创新思维;通过个性化教育,引导学生自主学习和深度学习,促进学生个性化和多样化的发展。

能源动力类大类培养面向能源与动力工程、新能源科学与技术、核工程与核技术专业 3 个专业,前 1.5 年按照能源动力大类培养,第四学期根据学生志愿和综合考核进行专业方向分流。

重庆大学能源与动力工程专业近年来通过建设结合实践的理论课程,同步跟踪能源动力领域先进技术,改革专业核心课程教学,优化了理论教学体系;通过增加综合性实验实践教学,充分发挥国家级虚拟仿真实验教学中心及绿色能源岛作用,强化了实践教学体系;通过课外科技活动,自主专业实习实践,产学研合作,构建了开放式的社会实践体系。

重庆大学能源与动力工程专业依托动力工程及工程热物理一级学科博士点,工程热物理国家二级重点学科,低品位能源利用技术及系统教育部重点实验室、能源与动力电气虚拟仿真实验教学中心等平台,以及与数十家企业合作建立的实习实践基地,构建起了满足国家和社会需求的能源动力大类专业教育体系,培养了一大批能源与动力领域高素质的创新型复合人才。

(三)特色课程

能源与动力工学学院大力加强课程建设,近年来,"燃烧学"获批建设国家一流课程;"工程热力学""流体力学""燃烧学"获批建设重庆市课程思政课程。2020 年,"工程热力学""能源动力转换原理及装置1(锅炉原理)""热工过程自控原理及系统""热力发电厂""燃烧学""传热学""流体力学"等课程首批开展学院金课建设。

通过鼓励申报国家重点课程,启动金课建设,既使学院课堂教学质量得到提高,也推进了"卓越计划"的建设。

(四)制度文件

动力工程学院根据教育部及重庆大学关于卓越工程师培养的相关规定及要求制订了《动力工程学院关于"卓越工程师教育培养计划"经费使用的相关规定》,明确要求学校下拨的经费要百分之百地用于卓越工程师培养,主要用于与卓越工程师培养相关的实验室建设,学生赴企业实习以及聘请企业专家来校授课。

学院制订了《动力工程学院"卓越工程师教育培养计划"试点班学生选拔实施细则》,明确了以学生自愿报名,学院组织参与卓越工程师培养的骨干教师进行面试,并参考学生一年级综合成绩进行选拔的遴选制度,以及卓越工程师试点班进行单独学籍管理的制度。

学院出台了《能源与动力工程学院关于实施本科生科技创新实践活动(6211 项目)的管理细则》,有力地推进了本科生参与科技创新,提升创新能力。

(五)引领示范

"卓越工程师教育培养计划"是教育部贯彻《国家中长期教育改革和发展规划纲要(2010—2020)》和《国家中长期人才规划发展纲要(2010—2020)》等的重大教育改革项目。卓越计划旨在促进我国由工程教育大国向工程教育强国转变,培养具有创新能力强、适应经济社会发展需要的高质量各类型工程技术人才,为国家工业化发展、创建创新型国家战略服务。

重庆大学能源与动力工程专业起源于 1937 年的重庆大学工学院动力科,1952 年全国院系调整成立重庆大学动力系,1981 年更名为热力工程系,1998 年更名为热能工程学院,2001 年更名为动力工程学院。1998 年按照教育部专业目录调整,将原有的工程热物理、电厂热能动力、热能工程、制冷及低温工程等 4 个本科专业合并为热能与动力工程本科专业,并于 2008 年成为国家级和重庆市级优势特色专业。2012 年根据教育部新的专业目录,热能与动力工程专业更名为能源与动力工程专业。

能源与动力工程专业 2011 年获教育部批准开始实施卓越工程师培养计划,2012 年开始组建卓越工程师班。通过加强教师队伍建设;强化虚拟仿真在"卓越计划"培养过程的作用;建立满足"卓越工程师教育培养计划"要求的能源与动力工程专业实践教学体系;实施本科生科技创新实践活动(6211 项目)等举措,建立了提高能动类专业学生综合素质的教育体系,"卓越计划"得到了很好推进,示范与引领作用日渐凸现。学生了解了国内外能源与动力工程专业科学和技术的理论前沿、应用前景及发展动态;计算机应用和实验仪器仪表使用能力得到提升;掌握了与能源与动力工程相关的生产管理方面的知识,了解了能源方面的主要法律法规;具有进行能源与动力工程领域工程项目的设计、施工、调试、运行和管理等方面的能力。学院能源与动力工程专业本科毕业生升学率从 2012 级的 36% 提高到 2017 级的 57%,学生培养质量得到明显提升。

(本章执笔人:重庆大学能源与动力工程学院　蒲舸)

第八章

材料科学与工程专业「卓越计划」建设

材料，让世界更美好

一、建设概况

重庆大学材料科学与工程专业"卓越计划"分为5个重要阶段:一是论证专业培养方案;二是课程整合;三是教学方法改革;四是企业学习阶段;五是接受专业认证。

本专业分专业方向办学,各专业方向课程设置区别显著。因此,卓越计划选择在材料工程应用相对突出的更偏重工程的建筑材料工程专业方向上独立实施,构建独立的人才培养方案,实施"宽进严出",只有在毕业前的综合考核中满足卓越计划人才培养规格的学生才能最终获得卓越计划荣誉证书。

截至目前,被授予卓越计划荣誉证书学生人数为101人,占该专业方向学生总数的31.3%。

(一) 建设基础

1.拥有材料学国家重点学科

在2022年6月更新的ESI数据中,该学科位列全球第67/1 118位,达到前0.599‰。

2.获批国家级特色专业

2010年,"材料科学与工程"专业被批准为第六批高等学校特色专业建设点(国家级"第一类特色专业建设点")。

3.通过国际工程教育专业认证

2019年,"材料科学与工程"专业通过了工程教育认证,标志着重庆大学"材料科学与工程"专业进入全球工程教育"第一方阵"。

4.获批国家一流专业

2019年，材料科学与工程专业被首批认定为国家级一流本科专业建设点。

5.拥有国家级实验教学示范中心

2009年，"工程材料实验教学中心"被批准为国家级实验教学示范中心建设单位（材料类首批）。该中心在2018年度全国896个国家级实验教学示范中心考核中获得A+级，全国排名第85位，在材料组中排名全国第5。

6.获得国家级、省部级教学成果奖

2014年，黄佳木教授参与的面向"因材施学"的大学生实践创新能力培养体系的探索与实践被评为国家级教学成果二等奖。

2000年，"构建面向二十一世纪的建设类材料专业人才培养体系"获重庆市高等教育教学成果一等奖。

2005年，"无机非金属材料专业实验课程体系整体优化的研究与实践"获重庆市高等教育教学成果二等奖。

2009年，"以学科建设促进本科教学发展，培养材料专业创新人才"获重庆市第三届高等教育教学成果二等奖。

2013年，"材料类本科创新型人才个性化培养模式的研究与实践"获第四届重庆市高等教育教学成果二等奖。

2017年，"构建科教融合的育人模式，培养材料类专业高素质人才"获得重庆市教学成果三等奖。

7.拥有国家级精品课程、国家级精品资源共享课、国家级线上一流课程

2010年，"土木工程材料（建筑材料）"课程被批准为2010年度国家精品课程建设项目。
2013年，"土木工程材料"课程被教育部批准为国家级精品资源共享课。
2016年，"土木工程材料"课程被批准为国家级线上一流课程。

8.建成市级人才培养模式创新实验区

2010年，材料专业被重庆市教育委员会批准为重庆市高等学校材料大类人才培养模式创新实验区。

9.拥有多个国家级、省部级科研与人才培养平台

拥有国家镁合金材料工程技术研究中心、重庆市高校新型建筑材料与工程重点实验室、重庆市高性能混凝土工程技术研究中心、重庆市低碳高性能水泥基材料国际联合研发中心等科研与人才培养平台。

10.承担完成重庆市重大教改项目

2012—2016年，由黄佳木教授主持，承担完成了重庆市重大教改项目"材料冶金本科生

综合素质与创新能力培养体系改革与实践"(项目编号:1201032)。

11.教学成果丰硕

近 10 年出版专著、教材、各类技术标准 20 余部,其中国家级规划教材 1 部。获批市级教学团队 1 个,校级教学团队 1 个,国家级精品课程 1 门,市级精品课程 1 门,市级一流课程 2 门,校级精品课程 2 门,优质课程 2 门。完成国家级、市级、校级教改项目 10 余项,获得国家级、市级、校级教学成果奖 5 项,发表教学研究与教学改革论文 20 余篇。

(二)专业特色

1.材料工程应用特征突出

材料科学与工程专业建筑材料工程方向为建设行业培养了从事建筑材料工程研究与应用技术人才,工程应用特征突出。培养的工程界杰出代表有:国家级杰出工程师刘加平院士、国家级建设功臣张宝兰、创业领军人物蔡永太、国家科技进步一等奖获得者梁军林、国家科技进步一等奖获得者、全国优秀建造师徐坤等。

一大批优秀校友在工程领域的重大贡献反映了本专业培养学生解决复杂工程问题的能力突出,大有工程用武之地,是培养卓越工程师的良好专业依托。

2.师资队伍工程经历丰富

本专业长期致力于加强师资队伍与行业、企业的联系交流,打造工程教师队伍。通过学校青年教师为期 1 年的工程素养培训计划,实现了青年工程能力的提高;通过教师参与企业各类工业技术顾问、咨询、指导、服务、联合研发等活动,使主流教师的工程能力始终处于行业前沿。

3.有承担实际工程任务的校内实践基地

从原四川省建设工程质量检测二站发展到今天的重庆重大建设工程质量检测有限公司,一批教师始终在承担建设工程质量检测任务的工作中不断提升自己的工程实验能力和经验,同时,也促进了所在实验室面向工程界不断更新发展,成为与实际工程零距离的校内实验实习实践基地。

4.关联行业、产业多,触发和承载复杂工程问题容量大、能力强、更新快

建筑材料是各类建筑工程和基础设施建设的物质基础,广泛涉及建材、建筑工程、房地产开发、道桥、铁路、水利、机场、港口、环保、能源、军事工程等诸多工程领域,仅以固体废弃物的建材资源化综合利用为例,就涉及工业领域的冶金、电力、化工、能源、环保等产业和农业领域的废弃物回收利用等。因此,该专业方向关联行业、产业多,触发和承载复杂工程问题容量大、能力强、更新快。

（三）建设定位

1.坚持"四个理念"

坚持"服务国家战略""对接产业行业""引领未来发展"的办学理念，坚持"以学生为中心"的教学理念。

2.坚持"三个面向"

面向业界：主动适应工业界的需求，为中国特色新型工业化发展服务，为国家经济社会可持续发展服务。

面向世界：主动走向世界，为工业界开拓国际市场提供源源不断的具有国际竞争能力的工程技术人才。

面向未来：培养具有战略眼光和前瞻意识，能够满足未来发展需要、适应和引领未来工程技术发展方向的工程师。

3.坚持创新驱动和内涵式高质量发展

建材行业既是传统行业，资源、能源消耗大，环境污染风险大，碳排放高，又是发展潜力大，应用前景广阔的行业，对创新要素的承载能力强、发展空间大，社会影响显著，内涵式高质量发展的触点很多，专业升级改造空间、卓越人才培养的容量都很大。

4.强化解决复杂工程问题能力和创新能力培养

本专业致力培养造就具有创新创业能力、行业产业动态适应能力、高素质的交叉复合型卓越工程科技人才，专业教育、人文教育、工程教育有机统一，在人才培养体系中融入工程过程体系，培养学生解决复杂工程问题的能力，追求标准化培养与个性化培养的协调发展，加大对接国家、行业企业和科技发展需求力度，努力面向业界、面向世界、面向未来。

（四）建设目标

1.人才培养目标

培养德、智、体、美、劳全面发展，具备坚实的自然科学基础、人文社会科学基础和材料科学与工程专业基础，较强的建材材料设计与工程实践能力、自我获取知识的能力、创新素质、创业精神、社会交往能力、组织管理能力和国际视野，能在建设领域从事开发研究、工艺设计、工程应用等方面的高素质复合型工程技术人才。

2.专业建设目标

建设一个教改成效显著、特色鲜明，国内一流的材料科学与工程专业建筑材料工程方向卓越工程师计划试点专业示范点，形成"高水平有特色本科人才培养体系"。

3.专业认证目标

不断促进人才培养体系的系统优化和人才培养水平的整体提升,接受并通过材料科学与工程专业建筑材料工程方向卓越工程师教育培养的新一轮工程教育专业认证。

二、建设经验

重庆大学材料科学与工程专业于2013年批准为卓越计划专业,通过近9年的建设发展,不断创新体制机制,深入开展教育教学改革,实施了一系列强化学生工程能力和创新能力的具体举措,初步形成了较有专业特色的卓越人才培养模式。

(一)体制机制创新

1.组织保障

在学校的集中统一领导和宏观指导下,本专业进一步细化组织架构和管理体系,建立具体工作分工表,全院40余名教师在组织实施、培养方案、教学管理、质量保障、学生遴选、校企合作、政策措施、项目策划、过程管理、课程建设优化、体系优化、培养模式创新、质量保障、就业指导、教学研究与教学改革、科研能力训练、基地建设、企业实习、班导师、国际化课程、试验班日常管理、财务管理等方面的工作任务中分工协作,同步推进,形成了强有力的组织保障。

材料科学与工程专业实施卓越计划的组织架构和管理体系如图8.1所示。

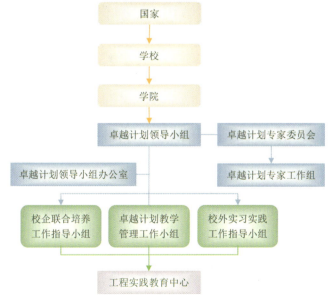

图8.1　材料科学与工程专业实施卓越计划的组织架构和管理体系图

2.制度保障

通过制订实验班组建方案和管理办法,做好卓越计划的源头控制。

制订学员选拔办法,按照卓越计划标准要求"宽进严出",严格考核,只有达到培养目标的学生才能被授予荣誉证书。

制订企业兼职教师承担教学任务的保障措施,以文件的形式明确对企业兼职教师的 11 条具体要求,同时提出了 7 条具体的教学保障措施。

一系列具体制度的建立与实施,形成了强有力的制度保障。

3.经费保障

"兵马未动,粮草先行"。学校、学院累计投入专项经费 100 余万元,用于建设卓越实验项目、编写卓越实验教材、组织企业学习等,强力支持卓越工程师教育培养计划。

4.质量保障体系

在实现组织保障、制度保障、经费保障的基础上,本专业进一步建立了完备的人才培养教育教学质量保障体系。

材料科学与工程专业卓越计划保障体系如图 8.2 所示。

图 8.2　材料科学与工程专业卓越计划保障体系

(二)主要举措

1.创立与行业企业联合培养人才的多维度机制

材料科学与工程专业以企业实习、教学实践基地为出发点,多渠道、多形式开展校企联合培养。一是组织学生到企业学习(如各类实习、毕业设计等),企业提供生产工艺、生产技术与设备等工程一线资源作为课堂教学资源使用,同时把社会对从业人员的职业道德、安全等素质要求引入课程和课堂教学;二是聘任企业专家担任兼职教师,独立承担或参与课程教学、课程设计、实习实践、毕业设计、毕业论文等教学工作或指导工作,举办企业、行业技术动态等专题讲座。通过校企联合培养,学生的职业素养、工程实践技能、工程创新能力、工程研究思维和工程综合能力等得到显著提升。聘请专业背景深厚、工作技能拔尖的知名专家、首席工程师或高层管理人员担任兼职教师,深度参与卓越工程师培养目标、规格、培养方案、课程体系与内容的制订与修订;开设相关课程并作为企业导师负责指导、评价学生工程素质与能力;负责校内外实验、工程实训、企业学习等方面的教学工作,指导学生专业技能、工程能力、工程素养的培养;定期为校内教师及学生开展企业管理、团队精神、职业生涯规划等方面的讲座、报告等。

2.强化企业实习、教学实践基地建设

签订联合培养协议,共建工程实践中心 13 个(表8.1)。

表 8.1 企业实习、教学实践基地统计表

基地名称	校外合作方	承担教学任务
重庆大学—重庆中航实业有限公司实践基地	重庆中航实业有限公司	专业认识实习
重庆大学—重庆科之杰新材料有限公司实践基地(重庆市级基地)	重庆科之杰新材料有限公司	各类实习实践
重庆大学—重庆单轨交通工程有限公司实践基地	重庆单轨交通工程有限公司	专业认识实习
重庆大学—重庆中建西部建设有限公司实践基地	重庆中建西部建设有限公司	各类实习实践
重庆大学—重庆富皇建筑工业化制品有限公司实践基地	重庆富皇建筑工业化制品有限公司	专业认识实习
重庆大学—广东红墙新材料股份有限公司实践基地	广东红墙新材料股份有限公司	各类实习实践
重庆三圣特种建材股份有限公司联合培养实践基地	重庆三圣特种建材股份有限公司	各类实习实践
重庆市建筑节能协会联合培养实践基地	重庆市建筑节能协会	各类实习实践
重庆欣材混凝土集团股份有限公司联合培养实践基地	重庆欣材混凝土集团股份有限公司	各类实习实践
重庆市九龙建设工程质量检测中心联合培养实践基地	重庆市九龙建设工程质量检测中心	各类实习实践
深圳翔丰华科技有限公司联合培养实践基地	深圳市翔丰华科技有限公司	毕业实习、毕业论文
重庆聚融建设(集团)学生工程实践教育中心	重庆聚融建设(集团)股份有限公司	毕业实习
拉瑞公司学生联合培养实践基地	拉法基瑞安(北京)技术服务有限公司	各类实习实践

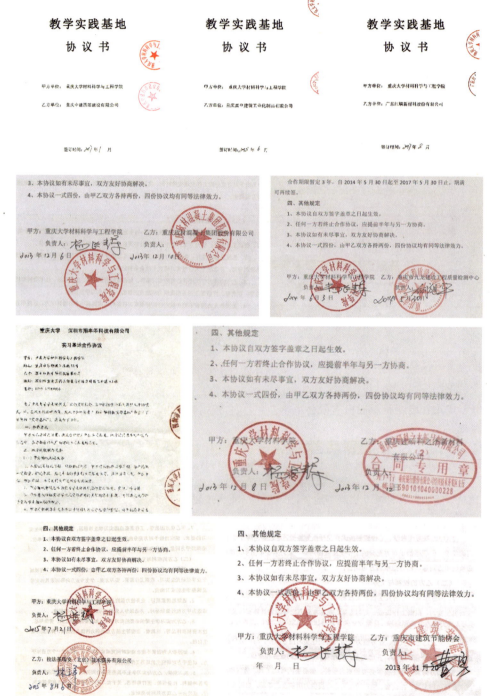

图8.3 与本专业签署的部分企业实习、教学实践基地协议书

图 8.4　学生在实习实践基地学习的部分留影

3.聘用企业教师,在立德树人中发挥企业专家的工程优势

聘用企业教师,实施"双师制"联合培养。同时积极开展企业师资队伍建设,支持企业工程技术人员到学校学习、进修,参与学校的产学研合作项目。部分兼职教师信息见表8.2。

表 8.2　部分兼职教师信息表

姓名	单位	专业技术职务	聘任兼职职务	兼职起始时间
冷发光	中国建筑科学研究院建筑材料研究所	研究员	兼职教授	2015 年
李树志	广东红墙新材料股份有限公司	高级工程师	兼职教师	2016 年

续表

姓名	单位	专业技术职务	聘任兼职职务	兼职起始时间
张远	中建西部建设西南公司重庆分公司	高级工程师	兼职教师	2015 年
黄小文	厦门建筑科学研究院集团有限公司重庆科之杰分公司	高级工程师	兼职教师	2015 年
喻建中	重庆四方新材股份有限公司	高级工程师	兼职教师	2015 年

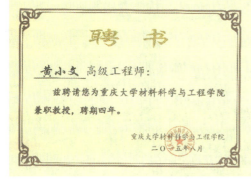

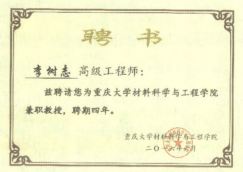

图 8.5　部分兼职教师的聘书

聘任企业领导作为学校"卓越工程师教育培养计划"指导机构成员参与学校"卓越工程师教育培养计划"的领导工作。2011年4月18日,本专业推荐重庆建工新型建材有限公司董事长、高级会计师张兴礼担任本专业企业领导。制订企业兼职教师承担教学任务的保障措施,以文件的形式明确了对企业兼职教师的11条具体要求,同时提出了7条具体的教学保障措施。

4.邀请企业专家参与人才培养顶层设计与过程创新

(1)企业专家参与人才培养顶层设计

依托知名校友和友好合作单位,邀请行业、企业专家共同制订培养目标、培养方案,共同修订课程体系,进一步发挥行业、企业在人才培养过程中的独特作用。部分行业、企业专家参与联合人才培养的情况见表8.3。

表8.3 部分行业、企业专家参与联合人才培养的情况表

姓名	单位	发挥作用
张远 (建材2004级3班)	中建西部建设西南公司重庆分公司	为培养目标的制订和课程体系的修订提供建筑行业发展的需求信息
郝挺宇 (建材1989级1班)	中冶建筑研究总院有限公司	为进一步加强实践环节与课程建设提供参考意见
刘立军 (建材2002级4班)	重庆市建筑科学研究院	为进一步加强法律法规、环境保护相关的内容的制订提供课程建设意见
李光明	重庆三圣实业股份有限公司	为培养目标的制订和课程体系的修订提供建材行业发展的需求信息
石丛黎 (建材2000级1班)	重庆建工新材物流有限公司研发中心	为培养目标的制订和课程体系的修订提供建筑建材行业科技发展的需求信息
黄小文 (建材2000级3班)	厦门建筑科学研究院集团有限公司重庆科之杰分公司	建议加强本科学习期间在企业的实践训练
刘建忠 (建材1995级1班)	江苏苏博特新材料股份有限公司	建议进一步强化管理相关的课程
李树志 (建材1994级)	广东红墙新材料股份有限公司	建议加强实践操作、安全方面的课程
李昕成 (建材1990级)	云南建筑科学研究院	除了学术知识,建议加强学生关于经济价值、社会价值方面的知识和意识培养

2020年6月24日,材料科学与工程学院召开人才培养工作企业专家座谈会。特别邀请了中建西部股份公司西南公司等企业的领导和专家,针对我院人才培养过程中存在的问题、未来发展对毕业生能力的要求以及我院毕业生在企业的表现和成长情况等问题,进行了深入交流和研讨。企业专家对学院聘请企业专家作为兼职教师,设立产学研合作基地,搭建合作交流平台等各项人才培养措施表示高度认可和赞赏。

图 8.6　企业专家关于人才培养工作专题座谈会留影

2020 年 11 月 10 日，实施卓越计划的材料科学与工程专业——建筑材料工程专业方向专题举办 2021 级培养方案修订座谈会。邀请了广东红墙新材料股份有限公司的李树志，重庆建工建材物流有限公司的赵海红、王春兰，重庆中建西部建设的王杰、张艳，重庆建研科之杰的孟祥杰、牛茂威，重庆建筑科学研究院的向晓斌，江苏苏博特新材料股份有限公司的周继伟等 6 家企业的 9 位专家与承担卓越计划的教师共同研讨培养目标、毕业要求、课程设置等人才培养核心元素(图 8.7)。

图 8.7　企业专家关于人才培养方案修订专题座谈会留影

(2)知名校友成长经验分享

根据本专业多年的人才培养经验,本专业优秀毕业生的深造和创业等成长成才经历分享是最容易引起学生共鸣,最容易激励学生奋进的重要育人手段。

2016 年 12 月 15 日,学院邀请建材专业本科 1990 级校友、重庆林欧监理咨询有限公司总经理肖波和建材专业本科 1988 级校友、招商局重庆交科院检测中心主任王进勇作为主讲嘉宾,举行了题为"建材人生"的校友报告会(图 8.8)。

图 8.8 "建材人生"校友报告会

2018 年 11 月 15 日,邀请建材专业 2004 级 4 班本科学生胡建英分享出国留学经验。

图 8.9 建材专业毕业生胡建英分享出国留学经验

2018 年 11 月 15 日,邀请建材专业本科 2004 级 3 班学生张远分享在重庆中建西部建设有限公司的个人成长经验。

图 8.10 本专业毕业生张远分享个人成长经验

2020年10月15日,邀请重庆中防德邦防水保温工程有限公司总经理、建材专业本科2005级林善武分享行业发展趋势及个人创业经验。

图8.11 建材专业毕业生林善武分享行业发展趋势及个人创业经验

(3)联合企业界打造育人品牌活动

本专业联合企业界打造了全国"建材人生"和重庆市土木工程材料学术沙龙两个育人品牌活动。

2018年12月4日,为提高建筑材料和土木工程专业学生对建筑材料学科的整体认知,激发学习兴趣和探究精神,把握时代和行业发展方向,北京建筑大学、重庆大学、东南大学、武汉理工大学、沈阳建筑大学和同济大学联合举办了第二届多校视频实时互动对话沙龙"建材人生",通过实时视频互动的方式,实现了跨时空与行业杰出人物面对面交流,畅谈建材人生,分享成长经验。缪昌文院士、王立久教授、张宝兰教授、蒲心诚教授、李昕成博士等行业精英从不同角度畅谈了人生感悟,共同抒发了承担使命、筑梦建材的事业情怀。全国1 000多名建材专业本科生同场互动,气氛热烈(图8.12)。

图8.12 全国"建材人生"重庆大学分会场

土木工程材料学术沙龙是重庆大学与重庆市内其他高校、相关科研院所和企事业单位在土木工程材料研究与应用领域开展学术交流活动的新平台,旨在促进建材研究成果的推广应用,促进行业交流,促进科技服务与人才培养,促进学生就业。

2014年5月30日,重庆市土木工程材料学术沙龙在拉法基(中国)可持续建筑研发实验室举行。本专业师生组队参加了此次活动,特别了解了艺术混凝土的制备流程,参观了部分艺术混凝土样品(图8.13)。

图8.13 2014年重庆市土木工程材料学术沙龙会场

2015年4月16日,重庆市土木工程材料学术沙龙在招商局重庆交通科研设计院有限公司(重庆交科院)成功举行。重庆大学、重庆交通大学师生、重庆建工新型建材有限公司和拉法基(中国)可持续建筑研发实验室专家参加了上述沙龙。与会人员还参观了交科院路面材料与环道实验室(图8.14)。

图8.14 2015年重庆市土木工程材料学术沙龙会场与实验室参观现场

2016年12月14日,由重庆大学材料学院建材系主办的重庆市土木工程材料学术沙龙第四次活动在重庆大学B区举行,本次活动的主题为"混凝土新技术与新问题"。来自重庆交通大学、重庆拉法基水泥有限公司、重庆科技学院等单位的老师、学生和企业研究人员参加了本次沙龙活动(图8.15)。

图 8.15　2016 年重庆市土木工程材料学术沙龙会场

　　2019 年 12 月 19 日,名为"土木工程材料学术论坛"的重庆市土木工程材料学术沙龙在重庆交通大学材料科学与工程学院举行。来自重庆大学、解放军陆军勤务学院等重庆市内各高校的 20 余位从事土木工程材料的专家学者参加了此次沙龙(图 8.16)。

图 8.16　2019 年重庆市土木工程材料学术沙龙会场与参会人员合影

　　(4)开拓国际化企业实习优质资源

　　本专业把国际视野作为卓越人才的重要特征,不断在国际合作与交流中创造学生在国外企业实习的机会。利用与重庆大学有长期合作关系的世界 500 强企业、建材行业世界龙头企业拉法基集团开展了一系列拓展学生国际视野的实习实践活动。

2011 年 3 月 2 日,拉法基里昂研究中心(LCR)科研部主任 Paul Acker 博士专程来重庆大学访问交流。促成拉法基中国的工厂为重庆大学建材专业学生提供生产实习以及毕业论文实践环节的场地(图 8.17)。

图 8.17 Paul Acker 博士报告会现场

2011 年 4 月 19 日,法国拉法基(Lafarge)公司 Pascal Casanova、Jean-Philippe Thierry、李观书、钟义仁、王边一行 5 人对重庆大学进行高级别访问,并饶有兴趣地参观了校内多个相关实验室(图 8.18)。

图 8.18 Pascal Casanova 主任座谈与参观实验室留影

2011 年 7 月,重庆大学学生在拉法基亚太技术中心进行了为期 2 个月的实习工作(图 8.19)。

图 8.19 学生在拉法基亚太技术中心实习合影

2011 年 9 月 23 日，拉法基（Lafarge）可持续建筑研发实验室在重庆落成，同时与重庆大学签署合作协议，中国建材联合会会长乔龙德、重庆市人民政府副秘书长廖庆轩到会祝贺，重庆大学校长林建华、拉法基集团董事长兼首席执行官乐峰（Bruno Lafont）等出席庆祝和签字仪式，100 多名各界来宾和记者出席了当天的活动（图 8.20）。

图 8.20　拉法基与重庆大学签约现场与合作协议

2011 年 10 月 31 日，拉法基里昂研究中心（LCR）的资深专家 Ellis Gartner 博士到重庆大学为本专业学生作了题为"*Are there any practical alternatives to Portland cement clinker?*"的学术报告（图 8.21）。

2012 年 5 月 19 日，由中共重庆市委宣传部、重庆市教育委员会、重庆市人民政府新闻办公室等联合主办的"世界 500 强企业高校巡讲"特邀拉法基集团到重庆大学巡讲，通过论坛式讨论，展现了 500 强企业的现代企业管理建设及企业文化建设，阐释了现代企业人才培养及用人要求，引导大学生树立正确的就业观念及成才理念；通过讲述企业家、企业的成才励志故事和企业发展创业故事，激发青年的创业热情，进一步激励青年学子成长成才（图 8.22）。

图 8.21 Ellis Gartner 博士学术报告现场

图 8.22 世界 500 强企业重庆大学巡讲

　　2021 年 5 月 6 日,拉法基豪瑞中国研发总监王边先生、拉法基豪瑞集团创新中心 Research Scientist & Senior Engineer 张晴博士、都江堰拉法基水泥高级研发经理钟伟先生等一行 4 人应邀来重庆大学,继续落实"拉法基—重庆大学"2011 年合作协议科技研发、人才培养等项目(图 8.23)。

图 8.23 拉法基豪瑞来访座谈留影

英国伦敦大学学院(University College London,UCL)是本专业重庆市低碳高性能水泥基材料国际联合研发中心的外方核心单位。多年来一直依托国家留学基金委优秀本科生国际交流项目为本专业本科生提供半年的留学机会,并安排到英国企业实习。丁思引、胡文勇、张峰瑞、朱艳梅、谢智超、罗为等本科生先后留学UCL(图8.24)。

图8.24　国家留基委资助优秀大学生在 UCL 留学及在英国企业实习

2016年9月21—28日,本专业教师组团参加了在伦敦举办的2016中英低碳水泥及混凝土技术创新研讨会,为了让中国学者深入了解英国企业在低碳水泥及混凝土技术创新领域的最新进展与工程应用情况,研讨会组织者于9月25—27日分别在英国曼彻斯特 Tarmac 水泥厂和贝尔法斯特 Macrete 混凝土构件厂组织了与英国企业就低碳水泥混凝土生产进行的现场技术交流(图8.25)。

图 8.25　专业教师组团参观英国企业

通过参观考察,进一步拓宽了老师们的工程经验,增强了低碳环保、绿色生态的教学理念。

5.以强化工程能力与创新能力为重点改革人才培养模式

(1)依托工程材料国家级实验教学示范中心,强化工程能力实验课程

主要措施包括增加实验课程的学时比例,大幅降低演示性实验项目数量,增加综合性、设计性、研究型实验项目,设立独立实验课,打通不同课程间实验设计的壁垒,形成跨课程、强能力实验项目。

(2)积极参与工程能力类科技竞赛

积极组织学生参加每 2 年一次的全国大学生混凝土材料设计大赛、每年举办的全国混凝土设计大赛(含企业选手)、全国艺术混凝土大赛、全国土木工程材料创意作品大赛、挑战杯全国大学生科技作品竞赛、全国大学生节能减排大赛等工程能力类科技竞赛。

(3)开设"材料设计(创新能力培养综合课程)"

开设 32 学时的材料设计创新能力培养综合课程,以完成一项综合性项目任务为主线,综合培养学生查阅高水平文献,了解掌握新材料、新技术最新发展动态,分析新材料、新技术最新发展趋势和急需解决的技术难题等,选择适合自身兴趣爱好和专业发展的研究课题,阐明课题研究目标、研究意义和学术技术价值,凝练研究内容、研究方法、技术路线、创新点,撰写选题报告、开题报告、文献综述、项目申报书等创新能力。

该课程为科研经验丰富的老师集体上课,每位老师指导不超过 5 名同学进行科研训练,让本科生享受研究生式的教育培养,充分实现个性化发展。

从 2021 年 9 月(2018 级)开始,该课程更名为材料创新能力培养与实践,进一步深化课程培养目标。

(4)推广产教融合、科教融合育人模式

让本科生参与老师的横向科研项目、技术服务、技术咨询等,实现产教融合育人。

让本科生参与老师的各类科研,学会使用各类先进的科研仪器设备,分析复杂的试验研究结果和工程数据,实现科教融合育人。

6.构建培养解决复杂工程问题能力的课程体系

围绕培养提高学生解决复杂工程问题的能力,理顺工程能力不断积累增长的教育教学规

律,将工程能力和工程素质培养系统地贯穿大学学习全过程,在长期、持续、系统地循序渐进、潜移默化、春风化雨、润物细无声的影响和熏陶中实现学生工程能力的提高,形成扎实的工程素养,整合现有课程,构建并不断完善培养解决复杂工程问题能力的课程体系。

建材专业培养解决复杂工程问题能力的课程体系导图如图 8.26 所示。

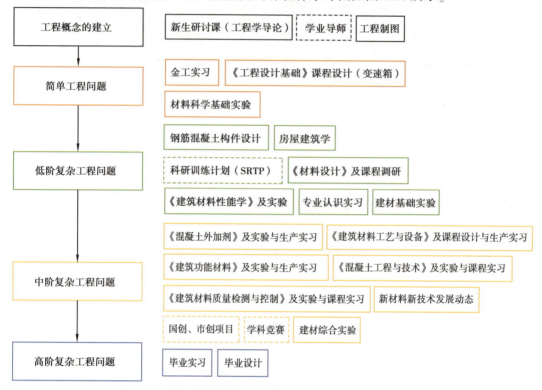

图 8.26 建材专业培养解决复杂工程问题能力的课程体系导图

7.加强师资队伍与行业、企业的联系交流,打造工程教师队伍

本专业以知识渊博、工程经历丰富、工程能力强、教学水平高、综合素质好为基本要求,改革完善教师培训进修、职务聘任、考评考核等一系列体制机制和规章制度,打造适应卓越工程师教育培养计划要求的工程教师队伍。

(1)组织没有工程经历的教师、新进教师,特别是青年教师到产业界丰富产业实践经历

以工程学部"青年教师工程素养培训"计划为主要依据,加强了青年教师工程素养培训考核工作,青年教师工程素养培训持续推进。

青年教师到企业完成 1 年工程素养培训的具体情况见表 8.4。

表 8.4 青年教师到企业完成 1 年工程素养培训的具体情况

青年教师姓名	所到企业名称	在企业工作时间	校内、校外考核结论
王淑萍	重庆德邦防水保温工程有限公司	2017 年	合格
余林文	中铁二十三局渝黔高速扩能项目部	2017 年	合格

续表

青年教师姓名	所到企业名称	在企业工作时间	校内、校外考核结论
曾路	重庆建工住宅建设有限公司	2016 年	合格
苗苗	重庆建工住宅建设有限公司	2016 年	合格
杨凯	英国 Amphora NDT 公司	2012 年	合格
黄弘	拉法基(中国)可持续建筑研发实验室	2011 年 11 月—2014 年 4 月	合格
岳燕飞	重庆建研科之杰新材料有限公司	2019 年	合格
叶建雄	重庆重大建设工程质量检测有限公司	2005 年 12 月至今(兼职)	合格
白冷	重庆重大建设工程质量检测有限公司	2002 年 11 月至今(兼职)	合格
唐静	重庆重大建设工程质量检测有限公司	2014 年 9 月至今(兼职)	合格
张智瑞	重庆重大建设工程质量检测有限公司	2016 年 9 月至今(兼职)	合格
刘明月	重庆重大建设工程质量检测有限公司	2020 年 7 月至今(兼职)	合格

(2)支持教师参与企业工业技术咨询活动

本专业支持教师参与有助于提升自身工程能力和有助于工程实践教学的企业、工业、行业技术咨询活动(表8.5)。

表 8.5　部分教师参与企业工业技术咨询活动情况表

姓名	对接的企业名称	具体工作内容
黄佳木	成都普泰光电薄膜科技有限公司	技术顾问
张育新	中冶赛迪	技术指导
王冲	重庆市各预拌混凝土公司	预拌混凝土质量控制技术服务
彭小芹	中航科技	技术顾问
钱觉时	重庆建工集团	技术顾问
杨长辉	全国各建设工程质量检测企业	国家建设工程质量检测专家
彭家惠	重庆建大建筑材料有限公司	技术指导
万朝均	重庆建工集团企业工程中心	管委会委员
王智	重庆思贝肯节能技术开发有限公司	无机保温系统改性及无机节能装饰复合板材研发
李新禄	深圳翔丰华有限公司	技术顾问
俞心刚	北京市自动化系统成套工程公司新型建材事业部	经理(来本专业前在该企业工作)

续表

姓名	对接的企业名称	具体工作内容
贾兴文	重庆建工集团	工程素养培训1年
张智强	重庆重大建设工程质量检测有限公司	主任
曾路	重庆建工住宅建设有限公司	透水路面材料净水技术与可持续性透水研究及应用
	重庆临空都市农业开发建设有限公司	借调到企业工作1年
吴建华	重庆大微再生资源利用有限公司	技术指导
刘芳	重庆公信科技有限公司	总工程师(兼职)
黄弘	格雷斯中国有限公司	研发工程师(来本专业前在该企业工作过)
陈明凤	重庆美斯丽涂料有限公司	技术指导
余林文	重庆百世星辰环保有限公司	电镀废渣固化凝胶在复合掺合料中的应用可行性研究
王荣华	重庆市启越涌阳微电子科技发展有限公司	技术指导
杨宏宇	神华集团有限责任公司	粉煤灰在聚氨酯泡沫和聚烯烃材料中的阻燃性能研究
张建新	重庆建大建筑材料有限公司	技术指导
苗苗	重庆建工住宅建设有限公司	纳米材料改性建筑涂料研究
王淑萍	重庆德邦防水保温工程有限公司	技术指导
岳燕飞	重庆建研科之杰新材料有限公司	技术顾问
白光	重庆重大建设工程质量检测有限公司	检测员
刘国金	重庆重大建设工程质量检测有限公司	检测员

(3)在职称评聘、晋升等方面给予政策支持

在学校层面,将"专利、重大横向科研项目"等列入专业技术高级职务基本申报条件;将"主持编制过国家、地方技术标准、规范"等同于"论文要求"。将"国家级卓越人才培养计划创建和建设负责人"作为满足理工三级正高岗位聘用的"学术责任"之一。

利用上述政策支持,本专业通过培养和聘任有企业工作经历、有工程项目研究经历的教师,使有企业工作经历、有工程项目研究经历的教师接近100%。

(4)组建交叉教学团队

组建交叉教学团队,开发多学科、多学校交叉课程,培养多学科、多学校交叉融合能力。

2021年11月11日,本专业发起成立跨专业、跨高校的重庆高校"土木工程材料"虚拟教研室,召开"土木工程材料"课程教学资源共建共享启动会,与重庆交通大学、西南大学、解放军陆军勤务学院、重庆科技学院、长江师范学院、重庆文理学院、重庆开放大学等组建交叉教

学团队,共建样品库、案例库、思政素材库等,互联互通,共建共享,实现人才培养能力和水平的共同提升(图8.27)。

图 8.27 "土木工程材料"课程教学资源共建共享启动在线视频会

(5)参与工程界技术交流

本专业积极组织或参与行业、企业举办的学术技术交流会和现场参观考察活动,了解行业最新动态和企业最新需求(表8.6)。

表 8.6 组织或参与的部分行业、企业学术技术交流会和现场参观考察活动

会议或活动名称	主、承办单位	举办时间	举办地点	出席者
第六届全国特种混凝土技术(高性能混凝土专题)交流会	全国高性能混凝土推广应用技术指导组、中国土木工程学会混凝土质量专业委员会	2015.8.7—11	宁夏银川	钱觉时、王冲、苗苗
第一届全国大体积混凝土应用技术交流会	中国建筑学会建筑材料分会大体积混凝土应用技术专业委员会、中建西部建设股份有限公司	2016.10.27—28	四川成都	王冲、苗苗
第一届全国可持续混凝土理论与应用技术学术交流会	中国硅酸盐学会固废分会、中国建筑学会混凝土基本理论及其应用专业委员会	2016.5.28—29	上海	王冲
Workshop on Innovation in Low-carbon Cement and Concrete Technology(中英低碳水泥与混凝土技术创新研讨会)	英国伦敦大学学院(UCL)、中国建筑材料科学研究总院	2016.9.21—28	英国伦敦	万朝均、钱觉时、杨长辉、杨凯、王冲
第一届先进胶凝材料研究与应用学术会议	中国建筑学会建材分会、重庆大学	2017.9.22—24	重庆	全体教师

续表

会议或活动名称	主、承办单位	举办时间	举办地点	出席者
第十四届全国水泥和混凝土化学及应用技术会议	中国硅酸盐学会水泥分会	2017.8.26—28	辽宁大连	杨长辉、王冲、苗苗、万朝均
第四届先进混凝土技术及工程应用会议	中国冶金建设协会混凝土专业委员会	2016.10.20—21	重庆	苗苗
第六届全国聚羧酸系高性能减水剂及其应用技术交流会	中国建筑学会建材分会混凝土外加剂应用技术专业委员会、中国建筑科学研究院建筑材料研究所	2017.5.24—26	北京	苗苗
首届碱激发水泥与混凝土国际学术研讨会	重庆市建筑科学研究院、重庆大学	2014.10.8—13	重庆	全体教师
第六期全国矿物掺和料应用技术研讨会	中国混凝土与水泥制品协会、重庆大学	2014.11.4—6	重庆	全体教师
混凝土耐久性能试验检测技术的新发展观摩研讨会	中国水利水电第三工程局、北京耐恒检测科技发展有限公司	2015.8.16—19	河北承德	万朝均
全国砂石骨料行业创新大会	中国砂石协会	2016.6.27—29	重庆	万朝均
第十二届高性能混凝土国际学术研讨会	中国硅酸盐学会混凝土与水泥制品分会、中建西部建设股份有限公司	2017.8.2—4	四川成都	万朝均
第七届"井冈山论坛"	中国混凝土与水泥制品协会、江西省散装水泥和预拌混凝土协会	2020.9.27	江西井冈山	杨长辉
第二届固体废弃物的建材资源化利用——建筑材料行业发展及技术创新论坛	中国建筑学会建筑材料分会、中国建筑科学研究院固废处置与资源化研究中心、《新型建筑材料》杂志社	2020.10.23—25	四川成都	王智
第七届聚羧酸系高性能减水剂及其应用技术交流会	中国建筑学会建筑材料分会、中国建筑科学研究院有限公司建筑材料研究所、科之杰新材料集团有限公司	2019.4.24—26	重庆	全体教师
重庆市预拌混凝土行业技术人员培训	重庆市混凝土协会、重庆大学	2020.12.7—18	重庆	叶建雄等

会议或活动名称	主、承办单位	举办时间	举办地点	出席者
重庆市建设工程质量检测人员岗前培训	重庆市建设工程质量协会、重庆大学	2020.7.13—17	重庆	叶建雄等
重庆市建设工程质量检测主体结构检测人员岗位培训	重庆市建设工程质量协会、重庆大学	2014.7.18	重庆	叶建雄等

8.加强基地建设,优化育人软硬环境,多维度培养卓越人才

（1）加大校内实践基地建设,打造卓越人才成长硬平台

依托重庆重大建设工程质量检测有限公司与本专业建材实验室的联系,形成了一个培养工程能力的校内实践基地,通过进行文化长廊建设,大力宣传重庆市重大工程案例,通过安装爱因斯坦等名人灯箱,形成卓越人才示范熏陶氛围(图8.28)。

图 8.28 校内实践基地实习总结与文化建设

（2）与三全育人结合,营造卓越人才成长软环境

重庆大学为国家首批"三全育人"综合改革试点高校、全国首批党建示范高校。材料科学与工程卓越工程师教育培养计划坚持以"材料强国"党建工程为引领,以"建机制、搭平台、育项目、造氛围"为思路,推动与科研院所、行业领军企业、重点军工单位组织共建,推动知识传授、能力培养与理想信念、价值理念、道德观念的教育有机结合,多维度培养学生遵循"耐劳苦、尚俭朴、勤学业、爱国家"的校训,秉承"复兴民族,誓作前锋"的精神,建设材料强国,打造"大国筋骨"。

9.开拓国际化资源,拓展学生国际视野

（1）教学内容国际化

在建筑材料专业英语授课中,采用英文原版教材缩编,既可使学生学到地道的专业英语,同时又能使学生熟悉国外行业技术标准、生产工艺、产品质量检验指标等,例如美国对水泥的分类标准就与中国标准完全不同(图8.29)。

图 8.29　缩编的英文原版教材

（2）聘请、邀请外国专家、教授来校讲学或授课

2008 年 11 月 24 日,英国贝尔法斯特女王大学建筑环境研究中心（Centre for Built Environment Research, Queen's University Belfast, Britain）主任穆罕默德·巴希尔（P.A.M. Basheer）教授受聘重庆大学客座教授（图 8.30）。P.A.M.Basheer 现为英国皇家工程院院士,University of Leeds 教授。2011 年 12 月 29 日,瑞典查尔姆斯理工大学（Chalmers University of Technology）唐路平教授受聘为重庆大学客座教授（图 8.31）。2010 年 5 月 18 日,聘请伦敦大学学院（UCL）白云博士为客座副教授。白云博士现为伦敦大学学院教授,土木工程材料方向学术带头人（图 8.32）。

图 8.30　聘任 P.A.M.Basheer 院士为重庆大学客座教授

图 8.31　聘任唐路平教授为重庆大学客座教授

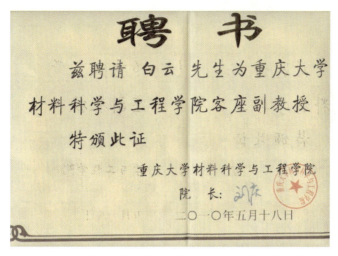

图 8.32　聘任白云博士为材料学院客座副教授

（3）学生留学与在国外企业实习

从 2014 年开始,本专业一直依托国家留学基金委优秀本科生国际交流项目以国家留学基金公派的方式,为本专业本科生提供半年国外留学与国外企业实习机会。丁思引、胡文勇、张峰瑞、朱艳梅、谢智超、罗为等本科生先后留学 UCL 并安排到英国企业实习（图 8.24）。

（4）在国际合作中实现人才培养的国际化

本专业依托重庆市低碳高性能水泥基材料国际联合研发中心和"环保高性能胶凝材料研究与工程应用"、"面向能源基础设施建设的氧化镁建筑材料制备与性能研究"、"多尺度功能集料设计与制备及其混凝土应用基础研究"、"用赤泥作为混凝土和浇灌砂浆添加剂的可能性研究"、"建筑环境与能源的可持续发展"、英国国际教育首相行动计划（Prime Minister's Initiative）等国家级国际科技合作项目,积极组织学生参与各类国际合作与交流活动,培养学生的国际交流意识、交流能力与国际视野。

2015 年 6 月 8 日,重庆大学—英国伦敦大学学院低碳绿色建筑材料联合实验室启动仪式在重庆大学举行。重庆大学党委副书记白晨光教授,英国伦敦大学学院土木、环境、测绘工程系主任 Stuart Robson 教授、结构工程方向负责人 Dina D'Ayala 教授和创新材料方向负责人白云博士出席了启动仪式（图 8.33）。

图 8.33　重庆大学—英国伦敦大学学院低碳绿色建筑材料联合实验室启动仪式

(三)特色做法

1.培养模式探索

考虑到绝大部分学员本科毕业后将继续深造,必须解决好工程师素养培养与科研能力培养的有机结合和高效融合。因此,在学员选拔、培养和考核过程中既注重绩点这个总指标,严格限制补考科目数,又注重课内外实习实践科目这个工程师特征明显的环节,还要关注学生的科研经历和毕业设计(论文)完成情况,并通过辅导员、班主任、班委、班团支部对学生思想品德把关,真正实现卓越工程师"道德与情操、理想与情怀、仁爱与胸怀、大局观与责任心"的全方位、多维度、立体化培养。

大力实施产教融合、科教融合培养模式。让本科生参与老师的横向科研项目、技术服务和技术咨询等,实现产教融合育人。让本科生参与老师的各类科研,学会使用各类先进的科研仪器设备,分析复杂的试验研究结果和工程数据,实现科教融合育人。

2021年9月起,依托工程材料国家级实验教学示范中心,本专业卓越计划负责人牵头立项承担重庆市高等教育教学改革研究重点项目(项目编号:212008),开展材料类实验教学中心科教融合的深化研究与实践,进一步系统、深入探索科教融合卓越人才培养模式。

2.课程整合

①增加实践教学比重,实践教学当量周数从25周增加到32周。

②增设"面向产业、体现行业最新需求,面向未来、反映最新科技发展前沿,面向世界、拓展学生宽广视野"的课程内容。

③强化工程能力实验课程,提升既有实践教学质量。

④以强化工程意识与工程素质,培养工程设计、工程实践、工程应用、工程研究等能力为出发点,提升工程创新能力,形成"渐进性阶梯式"卓越计划工程教育培养系列课程体系(图8.26)。

⑤召集和召开培养方案及课程体系整合论证会,听取校内外特别是企业界的意见和建议。

3.教学方法改革

①增加企业学习比重,企业学习分组进行,每组配备2位校内指导教师,企业指导教师则由企业根据实际情况进一步细分小组,每组配备1位企业指导教师。

②创新企业学习形式,增设企业实习竞赛环节,提升学生学习兴趣和学习效率。

③在部分企业实现了"带薪"实习,优化了企业学习条件。

④开展短期企业专题实践活动。

⑤继续实施企业参观实习,尽早提升学生的专业认识水平。

⑥开展企业报告会,让在企业学习的学生进一步深入融入企业文化和生产氛围。

⑦在有条件的就业单位安排顶岗实习和完成毕业设计。

⑧实施翻转课堂、慕课、微课、虚拟教研室等新教学模式。

4.小班教学

在每个企业同时学习的学生人数不超过 10 人,同时在 6~8 个企业开展实习。实现充分的学习研讨和不同学生的个性化培养。不同企业有完全不同的实习内容,学生根据自身兴趣选择组队。

5.学业导师

每个企业配备校内青年教师 2 人,企业再配备 2~4 名校外导师,实现一生双师,基本实现一对一辅导。

6.主动走向工程一线

本专业注重"三全育人"立德树人理念的拓展,引导学生面向基层,处处留心"工程"二字,主动走向工程一线。

2015 年 7 月 14 日,以"丝路新世界、青春中国梦"为主题,以"一带一路"倡议背景下企业对技术型人才的需求调研为任务,组织建材 2013 级本科学生到我国西部建筑业龙头企业,全国历史悠久、久负盛名的大型国有建筑企业之一的四川华西集团的全资子公司四川华西绿舍建材有限公司进行暑期社会实践,调研团队深入基层,参观了四川华西绿舍宏泰混凝土有限公司,参观了高度机械化、自动化、绿色环保的先进混凝土生产线,华西绿舍建材有限公司副总工程师、建材 1991 级校友刘登贤高级工程师等校友为同学们进行了深入讲解和个人成长分享(图 8.34)。

图 8.34　学生在四川华西绿舍建材有限公司进行暑期社会实践

7.让卓越中的卓越走向世界名校

利用本专业与英国 UCL 大学特有的优秀大学生留学项目,每届派出 1 名学生赴世界名校英国伦敦大学学院留学半年,让该生的国际化能力得到充分锻炼(图 8.24)。

8.打造"本科团队",结出科研之花

卓越计划教师张育新教授致力打造硅藻本科团队,放手让本科生参与到科研工作中,让

本科生接受硕博教育,一般从大一或大二就开始进入团队,围绕个人兴趣,建立阶梯递进式科学研究训练实践体系:一年级以阅读英文文献、协助研究生做实验为主,二、三年级安排小课题进行科研训练并进行专业的学术论文写作训练,四年级系统地完成一个自主选题的毕业设计。其间还开展文献精确检索、英文论文精读技巧、科学思维、学术论文写作、数据绘图软件等训练,其培养等同一般的硕士生、博士生所经历的全部训练。张教授指导的本科学生迄今已发表论文160余篇,以第一作者发表SCI论文13篇,高水平SCI期刊一区/二区论文10篇,期刊的影响因子最高达到8.2。

三、建设成效

全国的卓越计划始于2010年6月,重庆大学材料科学与工程专业于2013年10月17日在第三批建设名单中获批,随后启动建设,不断探索前进,并于2019年发展为授予卓越计划荣誉证书形式。以下建设成效主要为授予卓越计划荣誉证书后的建设成果。

(一)获得荣誉证书

本专业卓越计划已累计实施9年,其中最近4届毕业生被授予卓越计划荣誉证书,共计101人。

2021年6月28日和2022年6月28日,材料科学与工程学院分别为2017级、2018级材料科学与工程卓越班举行了隆重的毕业典礼,学院领导和学院学位分委员会委员分别为2017级25名、2018级29名卓越计划毕业生颁发了重庆大学"教育部卓越工程师教育培养计划"荣誉证书(图8.35)。

(a)2017级　　　　　　　　　　　　(b)2018级

图8.35　2017、2018级卓越班毕业典礼暨学位授予仪式

(二)学生成果

1.承担的科研训练项目

(1)国家级(国创项目)

卓越班学生承担的国家级科研训练项目(国创项目)见表8.7。

表 8.7 卓越班学生承担的国家级科研训练项目(国创项目)一览表

项目名称	项目组成员	指导教师	经费/元	实施时间
再生集料碱-粉煤灰-矿渣混凝土制备与性能	谢智超 20152924, 彭泽川 20152943	万朝均	10 000	2017
碳酸钙-铝酸盐矿物复合体系的水化反应与胶凝性能	沈叙言 20152749, 郑乔木 20152718, 邹璐遥 20152731	王冲	10 000	2017
硅藻土@石墨烯@MnO_2三维核壳结构的制备及其性能研究	吴明浩 20152827, 张新宇 20152775	张育新	10 000	2017
地聚合物钢结构防腐涂料的制备与性能研究	周沐雨 20163056, 胡秋雨 20163053, 韩 昌 20163040	王淑萍、 彭小芹	10 000	2018
振动搅拌用于轻质高强混凝土的制备技术及其对混凝土微观结构的影响机理	罗 为 20162992, 熊晨晨 20162950, 郑亚林 20162957	王 冲、 杨 凯	10 000	2018
微胶囊自修复混凝土的制备及相容性机理研究	刘瀚轩 20162881, 俞宵兰 20163007, 汪保印 20162931	杨长辉、 余林文	10 000	2018
铝酸盐-碳酸钙复合胶凝体系的改性技术	李 一 20192788, 伏皓裕 20192781	王 冲	10 000	2021
水系锌离子电池锌负极的表面改性及性能研究	杨 洁 20192845, 万松涛 20192844, 梁 洁 20192651	王荣华	20 000	2021
不同凝胶材料中钢筋腐蚀行为研究	赵雨桐 20192776, 杨玲玲 20192777, 孙华敏 20192773	余林文、 唐 静	10 000	2021

(2)市级(市创项目)

卓越班学生承担的市级科研训练项目(市创项目)见表8.8。

155

表 8.8　卓越班学生承担的市级科研训练项目（市创项目）一览表

项目名称	项目组成员		指导教师	经费/元	实施时间
钴基磷化物及磷空位修饰硅藻土及其电化学性能研究	肖运涛 王婉玉 郑钛鐘	20202732, 20202659, 20202714	贾兴文	4 000	2021
脱硫石膏制备抹灰石膏	张　欣 汤　晴 罗雪丹	20192823, 20192828, 20192673	吴建华	4 000	2021
功率超声用于水泥基材料分散的作用原理	王　一 刘奇箭 杨嘉馨	20192816, 20192815, 20192825	杨　凯	4 000	2021
Fe-MnO$_2$ 硅藻土复合材料的制备及对过氧化氢催化能力研究	姚施羽 蓝思潇 熊乾弘	20193005, 20192981, 20202826	彭家惠	4 000	2021

（3）校级科研训练项目（SRTP）

卓越班学生承担的校级科研训练项目（SRTP）见表 8.9。

表 8.9　卓越班学生承担的校级科研训练项目（SRTP）一览表

项目名称	项目组成员		指导教师	经费/元	实施时间
纳米二氧化硅与黄麻纤维对生土的改性与装饰研究	曾　涛 王　坤 谢林君	20162991, 20163081, 20162925	钱觉时、 付　彧	2 000	2018
Mg-Ca-X 合金的热裂行为研究	米　鑫 李　特 施　啸	20172753, 20172818, 20172740	宋江凤	2 000	2018
地铁盾构渣土制备免烧砖制品的试验研究	沈　婷 谭述慧	20162844, 20162867	曾　路	2 000	2018
坍落度试验测量新拌混凝土流变性能研究	袁世军 杨　熠 廖定康	20162970, 20162913, 20163039	杨长辉、 余林文	2 000	2018
基于胶凝材料水化调节的水泥基材料自生愈合性能及机理研究	周义川 钟翼进 刘瀚轩	20152833, 20152836, 20162881	余林文	2 000	2017
不同缓凝剂对湿拌砂浆性能的影响	刘明燕 田轶轩 刘　鹏	20152762, 20152770, 20152719	叶建雄	2 000	2017

项目名称	项目组成员		指导教师	经费/元	实施时间
纯液态无卤高效阻燃聚氨酯硬泡的研制	石　拉 朱国鑫	20152840， 20152746	杨宏宇	2 000	2017
防堵塞型透水混凝土的制备与性能研究	赵玉婷 梁美坤 贺濒苇	20152783， 20152954， 20152817	曾　路、 唐　静	2 000	2017
浇筑式生土墙体材料的制备技术研究	熊　丰 任　望 李　茂	20152864， 20152858， 20152963	王　冲	2 000	2017
泡沫混凝土发泡剂与掺合料及减水剂种类相容性的研究	吕鑫鑫 王笑语 方亦成	20152946， 20152866， 20152720	吴建华	2 000	2017
水化硅酸钙结晶度对压制成型试件力学性能的影响	云晓欣 高同吉 马文林	20152865， 20152930， 20152790	王淑萍	2 000	2017
氧化石墨烯对硫铝酸盐水泥性能的影响	代先进 朱奇俊 宋亚兰	20152857， 20152722， 20152757	钱觉时	2 000	2017
氧化铁改性硅藻土的制备及性能研究	吴明浩 张新宇	20152827， 20152775	张育新	2 000	2016

2.学生参加科技竞赛获奖

卓越班学生参加科技竞赛获奖见表8.10。

表8.10　卓越班学生参加科技竞赛获奖一览表

竞赛名称	获奖等级	获奖人	获奖时间
第八届全国大学生数学竞赛	一等奖	沈叙言(20152749)	2016 年
第八届全国大学生数学竞赛	二等奖	彭泽川(20152943)	2016 年
第八届全国大学生数学竞赛	二等奖	高同吉(20152930)	2016 年
第四届全国大学生混凝土材料设计大赛	特等奖	陈　洋(20133493)、 陈迁好(20133431)、 张　翼(20133239)	2016.7
第四届全国大学生混凝土材料设计大赛	一等奖	肖永宝(20133463)、 王　磊(20133337)、 周　淦(20133494)	2016.7

续表

竞赛名称	获奖等级	获奖人	获奖时间
"中国建材杯"第二届全国高校无机非金属材料基础知识大赛	优秀奖	张　艺（20133277）、肖永宝（20133463）、肖娇玉（20133499）	2016.9
第三届全国高校无机非金属材料基础知识大赛	三等奖	罗　为（20162992）、熊晨晨（20162950）、汪保印（20162931）	2019.9
第三届全国高校无机非金属材料基础知识大赛	三等奖	孙钰璇（20162842）、艾金华（20162901）、谭述慧（20162867）	2019.9
第六届全国大学生混凝土材料设计大赛	团体特等奖	董元浩（20182765）、刘　洋（20182821）、沈　青（20182966）	2021.7.13—15
第六届全国大学生混凝土材料设计大赛	团体一等奖	任员良（20182780）、杨　灵（20182753）、陈丽娟（20182941）	2021.7.13—15

3.学生取得的学术成果

（1）发表的学术论文

卓越班学生发表的学术论文见表8.11。

表 8.11　卓越班学生发表的学术论文一览表

论文题目	发表刊物	发表时间	作者
防堵塞型透水制品的制备与性能研究	土木与环境工程学报（中英文）	2019.08	唐静,赵玉婷（20152783）,梁美坤（20152954）,贺瀕苇（20152817）,余意恒（学）,曾路
石灰石粉—铝酸盐水泥复合体系的水化反应	土木与环境工程学报（中英文）	2019.10	沈叙言（20152749）,刘家文,王冲,郑乔木（20152718）,邹璐遥（20152731）
再生集料碱-粉煤灰-矿渣混凝土制备与性能	重庆建筑	2019.03.25	谢智超（20152924）,彭泽川（20152943）,万朝均
基于建筑材料科学的生土建筑装饰手法研究	重庆建筑	2019.11	王　坤（20163081）,曾涛（20162991）,谢林君（20162925）
Tuning Hierarchical Ferric Nanostructures Decorated Diatomite for Supercapacitors	*Nanoscale Research Letters*	2018.12.18	吴明浩（20152827）

论文题目	发表刊物	发表时间	作者
Novel method for preparation of calcined kaolin intercalation compound-based geopolymer	*Applied Clay Science*，vol. 101，pp.637-642，SCI 二区	2014.11	曹丹阳、徐延、范春伟(本科生,排名 2~4)
Facile synthesis of Co_3O_4 @ $NiCo_2O_4$ core-shell arrays on Ni foam for advanced binder-free supercapacitor electrondes	*Ceramics International*，40（10）：15641-15646，SCI 三区	2014.12	高星(本科生,排名 1)
One-pot synthesis of vanadium dioxide nano-flowers on graphene oxide	*Ceramics International*，42（6）：7883-7887	2016.5.1	康晓娟(本科生,排名 1)
纳米 $CaCO_3$ 对硅酸盐水泥水化特性的影响	硅酸盐通报，35（3）：824-830	2016.3	张聪、刘俊超、李宗阳、尹道道(本科生,排名 2~5)

（2）申请及获权的专利

卓越班学生申请及获权的专利见表 8.12。

表 8.12　卓越班学生申请及获权的专利一览表

专利名称	专利号	专利类型	发明人
一种混凝土修复剂耐久性试验系统	201910798022	发明专利	谭林(土木工程专业岩土系本科 2017 级)，周帅,廖嘉欣（20172758），米鑫（20172753），黄弘、王冲
一种无机/有机复合发泡轻质保温材料的制备方法	ZL201610107459.0	发明专利	曾路,郭培璐（学），王伟伟（学），张艺（学），任毅（学），彭小芹
一种低温煅烧插层高岭土制备碱激发胶凝材料的方法	201310646203.3	发明专利	曾路、曹丹阳（学）、徐延（学）、范春伟（学）、彭小芹、兰聪（学）、杨利刚
一种新型 Cr（Ⅵ）吸附剂及其制备方法	201310119161.8	发明专利	彭小芹、李梅、陈超衍（学）、曾路、覃道鹏（学）
快速模拟测试混凝土中钢筋腐蚀性能的方法	201510357909.7	发明专利	万朝均、王永霖、王迪（学）

注：表中第 4 列发明人后标有学号或"学"字的为卓越班学生。

（三）专业建设成果

1.通过国家本科教学工作审核评估

2013年12月,教育部发布"普通高等学校本科教学工作审核评估方案",拉开了审核评估的大幕。本专业经过学习评估精神、准备评估材料、自评估、自诊断、校内互诊断、专家组考察诊断、整改完善、迎评推进、文档核查、督导组核查等近4年的充分准备,于2017年5月15—20日迎来国家本科教学工作审核评估专家组进校评估,并最终顺利通过了审核评估。

2.通过国际工程教育专业认证

本专业从2016年开始准备国际工程教育认证资料,于2018年7月首次提出认证申请并一次性得到受理,2018年10月21—24日专家组进校现场考查,2019年6月13日教育部高等教育教学评估中心"关于公布2018年度通过工程教育认证的专业名单的通知"(教高评中心函〔2019〕72号)和2019年6月16日中国工程教育专业认证协会"关于公布北京工业大学机械工程等460个专业认证结论的通知"(工认协〔2019〕29号)先后公告了本专业通过国际工程教育专业认证的消息,2019年11月,教育部高等教育教学评估中心、中国工程教育专业认证协会共同为本专业颁发了"中国工程教育认证证书"(图8.36)。

图8.36 重庆大学"材料科学与工程"专业通过工程教育认证获得的中英文证书

3.获批国家一流专业

2019年4月2日,"教育部办公厅关于实施一流本科专业建设'双万计划'的通知"(教高厅函〔2019〕18号)发布,本专业立即响应通知要求,并很快得到学校和重庆市教委的推荐,从而获得国家一流专业申报资格得以继续推进,2019年12月24日,教育部办公厅关于公布2019年度国家级和省级一流本科专业建设点名单的通知(教高厅函〔2019〕46号),公告了本专业为首批国家级一流本科专业建设点。

(四) 课程建设成果

本专业获批的各类品牌课程见表 8.13。

表 8.13　本专业获批的各类品牌课程一览表

课程名称	级别	课程团队成员	批准时间
土木工程材料	国家级精品资源共享课	彭小芹,杨长辉,黄佳木,万朝均,吴建华,刘芳,王冲,吴芳,贾兴文,陈科,张建新,曾路,苗苗,叶建雄,白光,杨凯	2013.12.20
学术创新思维与高水平科技论文写作	校级重点课程	张育新,孙立东,刘礼,蒋婷,王荣华,黄萍	2018.11
水泥基材料学	校级重点课程	刘芳,王淑萍,贾兴文,苗苗,张智瑞,余林文	2017.12
学术素养	重庆市高校一流课程	张育新	2020
土木工程材料/建筑材料	重庆市高校一流课程	刘芳,曾路,余林文,张建新,岳燕飞	2021.4
技术交流	重庆市来华留学英语授课品牌课程	张育新	2019.6.19

(五) 教学团队和师资队伍建设成果

2012 年 10 月 25 日,"材料类系列课程教学团队"获批重庆市级教学团队。

2016 年 12 月 20 日,以彭小芹教授为团队负责人的"材料类公共基础系列课程教学团队"获批重庆大学校级教学团队。

在各类全国性、重庆市和校级教师讲课比赛中,一批教师获得各类奖项(表 8.14)。

表 8.14　本专业教师获得的部分讲课比赛奖

比赛名称	获奖者	获奖等级	获奖时间
首届全国高校土木工程材料青年教师讲课比赛	杨　凯	一等奖	2013.08.09
首届全国高校土木工程材料青年教师讲课比赛	苗　苗	二等奖	2013.08.09
重庆大学第四届青年教师教学基本功比赛	李新禄	三等奖	2014.06.12
重庆大学第五届青年教师教学基本功比赛	苗　苗	三等奖	2015.10.22
第一届全国无机非金属材料专业青年教师讲课比赛	王　冲	二等奖	2015.09.18
第二届全国高校土木工程材料青年教师讲课比赛	杨　凯	一等奖	2015.07.26
第二届全国高校土木工程材料青年教师讲课比赛	曾　路	二等奖	2015.07.26
第三届全国高校建筑材料青年教师讲课比赛	余林文	二等奖	2017.07.26

续表

比赛名称	获奖者	获奖等级	获奖时间
第三届全国高校建筑材料青年教师讲课比赛	张智瑞	三等奖	2017.07.26
重庆大学第八届青年教师教学基本功比赛	黄 弘	二等奖	2021.11.19
第四届重庆市创新方法大赛	黄 弘	优秀奖	2021.11.09

（六）教改项目

本专业教师承担的教改项目见表8.15。

表 8.15　本专业教师承担的教改项目

项目名称	项目组成员	项目级别	完成时间
材料类实验教学中心科教融合的深化研究与实践	万朝均、陈泽军、吕学伟、王金星、杨宏宇、袁新建、王梦寒	市级重点	2021.9—2023.5
绿色建材实体性能实验项目	唐静	校级	2020.07
"融合创新、三位一体"的研究生创新能力提升研究	张育新,孙立东,蒋婷,刘礼,王荣华,王淑萍,张财志	市级	2018
以高水平科研为抓手提高本科生创新能力	张育新,孙立东,孙德恩,阮丽娜,刘礼,王荣华,王淑萍,张财志	校级	2018
基于 CDIO 理念的建筑材料专业学位研究生培养模式研究与实践	王冲,万朝均,刘芳,贾兴文,曾路,苗苗	市级	2017
面向不同专业需求的土木工程材料课程建设	王冲,刘芳,吴建华,贾兴文,杨凯	校级	2013
产学研结合培养材料类专业应用型人才的研究与实践	黄光杰,周正,万朝均,蒋斌,陈玉安,叶建雄,陈泽军,张志清	市级	2013.7.6
以行业发展为导向的材料工程领域全日制专业学位硕士研究生创新创业型人才培养的研究与实践	李新禄,黄佳木,彭小芹,万朝均,王冲,吴建华,曾路,苗苗	市级	2013
材料冶金本科生综合素质与创新能力培养体系改革与实践	黄佳木,刘天模,黄光杰,陈兴品,周正,万朝均,陈玉安,陈登福,赵建华,龚七一,邓扶平,黄少雄,邵凤雨,曾丁丁,陈泽军,刘芳,叶建雄,蒋斌,祝明妹,徐戊矫,徐可,李鸿义,王冲,张志清	市级重大	2012.7.30
提高本科人才质量的导师制研究与实践	周正,黄佳木,陈玉安,万朝均,黄少雄,陈泽军,张志清,袁新建	校级	2012.09.06

（七）教学成果奖

本专业教师获得的教学成果奖见表8.16。

表 8.16　本专业教师获得的教学成果奖

成果名称	完成人员	获奖名称、级别	获奖时间
构建科教融合的育人模式,培养材料类专业高素质人才	万朝均,黄佳木,王金星,黄光杰,刘天模,谢卫东,曾丁丁,曾文,张育新	重庆市教学成果三等奖	2017.12.21
构建科教融合的育人模式,培养材料类专业高素质人才	万朝均,黄佳木,王金星,黄光杰,刘天模,谢卫东,曾丁丁,曾文,张育新	重庆大学教学成果一等奖	2017.03.20
构建多维度"土木工程材料"课程教学模式,培养建设类专业高素质人才	彭小芹,黄佳木,刘芳,吴建华,王冲,王志军,傅剑平,万朝均,杨长辉	重庆大学教学成果一等奖	2017.03.20
材料类本科创新型人才个性化培养模式的研究与实践	刘庆,黄佳木,刘天模,陈玉安,万朝均,彭小芹,周正	重庆市教学成果二等奖	2013.07.20
材料类本科创新型人才个性化培养模式的研究与实践	刘天模,刘庆,黄佳木,陈玉安,万朝均,彭小芹,周正	重庆大学教学成果一等奖	2012.09.10
宝钢教育奖	万朝均	宝钢优秀教师奖	2017.11

（八）教材、专著、技术标准

本专业出版的教材、专著与编制的技术标准见表8.17。

表 8.17　本专业出版的教材、专著与编制的技术标准一览表

教材/专著/标准名称	出版社	出版时间	主编
土木工程材料(第四版)	重庆大学出版社	2021.8	彭小芹,吴芳,刘芳
无机材料性能学基础	重庆大学出版社	2020.3	彭小芹
土木工程材料	重庆大学出版社	2019.6	贾兴文
建筑材料基础实验	中国建材工业出版社	2016.11.1	叶建雄,唐静,张智瑞,白冷,苗苗
工程设计基础(第2版)	重庆大学出版社	2015.8	黄佳木,李玉刚,刘守平
土木工程材料	科学出版社	2014.8.1	王冲,陈寒斌,刘芳,吴建华,屈雅安,熊出华,王雨利,黄寸捍

续表

教材/专著/标准名称	出版社	出版时间	主编
土木工程材料(第三版)	重庆大学出版社	2013.1.19	彭小芹，马铭彬，吴芳，刘芳，丁虹，吴建华
Graphene-based Electrodes for Lithium Ion Batteries	Wiley-VCH Verlag GmbH & Co.KGaA	2015.1.28	王荣华，刘苗苗(外)，孙静(外)
二氧化锰基超级电容器:原理及技术应用	科学出版社	2017.5.1	张育新，刘晓英(外)，董帆(外)
试验方案优化设计与数据分析	东南大学出版社	2018.3.1	庞超明(外)，黄弘
T/CECS 10166—2021 混凝土抗低温硫酸盐侵蚀试验方法	中国工程建设标准化协会(发布)	2021年12月21日(发布)	王冲等35人(主要起草人)
JGJ/T 439—2018 碱矿渣混凝土应用技术标准	中国建筑工业出版社	2019年3月	杨长辉等30人(主要起草人)
DBJ50/T-318—2019 建筑垃圾处置与资源化利用技术标准	重庆市住房和城乡建设委员会(发布)	2019年5月23日(发布)	赵辉、尹有惠、陈红霞、刘林、万朝均等38人(主要起草人)
DBJ50/T-286—2018 碱矿渣锚固料应用技术标准	重庆市城乡建设委员会(发布)	2018年1月4日(发布)	潘群、张京街、杨长辉、叶建雄等48人(主要起草人)
DBJ50/T-205—2014 碱矿渣混凝土应用技术规程	重庆市城乡建设委员会(发布)	2014年10月24日(发布)	林文修、杨长辉等14人(主要起草人)

四、结语

十年建设，弹指一挥间。从国家高等教育战略的顶层设计，到基层教师一点一滴的具体实施，逐一落实，我们十年磨一剑，砺得梅花香，交出了卓越计划1.0版的答卷。如今，"四新"背景下的卓越计划2.0正在起航，我们将继续承担未来教育的引领责任，全力探索领跑全球卓越工程教育的中国模式、中国经验，助力卓越工程教育强国建设，继续培养引领时代发展的高素质复合型新工科卓越人才。

（本章执笔人：重庆大学材料科学与工程学院　万朝均）

第九章

冶金工程专业『卓越计划』建设

钢铁，人类文明的基石

一、整体建设情况

（一）冶金工程专业的基本现状与建设历程

创建于 1935 年的重庆大学冶金工程专业是一个具有悠久办学历史的传统优势特色专业,是我国最早建立的冶金专业院系之一。几十年来,已成为我国冶金工程特别是钢铁冶金最著名的本科专业人才培养基地之一。2021 年,在软科世界一流学科排名中,重庆大学冶金工程位居世界前列,排名第 11 位。

重庆大学冶金学科的教学和科学研究,以钢铁冶金和钒钛磁铁矿综合利用研究等为特色,在连铸及相关技术、非高炉炼铁技术、冶金过程节能与环保、钒钛多金属复合铁矿的冶金科学及资源综合利用等方面处于国内领先或先进水平。

重庆大学冶金工程专业于 2013 年被教育部批准成为"卓越工程师"计划培养专业。冶金工程专业具有很强的工程背景。1996 年以来,我国钢铁制品产量已经连续 20 余年位居世界第一;2000 年以来,10 种主要有色金属产品的产量绝大部分都处于世界第一位。目前,我国正处于从世界冶金大国向世界冶金强国转变的关键时期。因此,从冶金行业来说,需要大量有较高冶金及相关领域工程素养、有比较深入理论知识的创新型复合型人才。

重庆大学冶金工程专业每届招本科生 3 个班,共 80 余人;2014 年开始实施卓越工程师教育培养计划,在第 1 学年从进校新生中选拔 20 人左右进入本科卓越工程师培养计划进行培养;为了做好卓越人才培养计划,学院研究制订了有培养特色的课程体系和培养方案。后来,随着国家和重庆大学对高等教育的改革和发展工作的推进,重庆大学在 2019 年通过了 6 年期的冶金工程本科专业国家认证;并且近年来重庆大学冶金工程专业的招生数量逐渐降低,每年本科招生 50~60 人;并且 2021 年学校设立了本科生学院,按大类招生。这些改革举措也将促使重庆大学冶金工程专业卓越计划的人才培养机制进行新的调整和优化。

在工程素养和实践环节培养中，将主要依据企业实践基地进行。目前考虑的企业实践基地包括山东日照钢铁集团公司、攀枝花钢铁集团公司、重庆钢铁集团公司、中冶赛迪工程技术有限公司、西南铝业等。

（二）实施卓越计划的指导思想

重庆大学冶金工程专业卓越工程师教育培养的指导思想是：加强专业基础理论教育，强化专业知识教育和专业工程实践教育，在专业课程教育中融入思政元素，培养既有深厚基础理论又有深入专业知识的具有较强冶金工程实践能力和创新能力的高端卓越工程技术人才，引领我国和世界冶金工程技术的发展，为我国成为世界冶金强国确立高端人才培养基地。

（三）重庆大学冶金工程专业卓越计划的建设目标

重庆大学冶金工程专业卓越工程师教育培养计划的建设目标是：通过合适的重庆大学冶金工程专业卓越工程师人才培养方案的修订完善、冶金工程本科卓越工程师人才培养课程体系的设置研究、适合卓越工程师本科人才培养的教学改革方法和企业实践学习机制的探索、卓越工程师培养选拔和培养模式研究等，使达到冶金工程本科卓越工程师培养目标的学生既具有良好理论基础知识又具有较强工程素养，又具备良好的从事冶金工程设计、技术研究与开发、技术管理与决策等能力，同时具备国际交流与专业文献阅读写作能力的目标。

（四）组织架构与管理机制

重庆大学冶金工程专业卓越工程师教育培养由材料科学与工程学院统一领导，学院主管教学的副院长（含本科和研究生）直接主管和指导；具体工作由重庆大学冶金系主管教学的主任负责（2014—2018年由卓越计划申请与实施负责人、时任冶金工程系系主任的陈登福教授负责；2018至今由时任冶金系主管教学工作的副主任龙木军教授负责）。

除此之外，为实现对冶金工程专业的卓越工程师培养计划实施全过程管理，冶金学科还组成了一个团队，分工负责，完成培养各环节的管理与培养机制的研究工作。除冶金工程卓越计划负责人和冶金专业教学负责人外，团队成员还包括徐健教授、扈玫珑教授、祝明妹副教授、侯自兵副教授、刁江副教授、段华美副教授、王宏坡副教授、杨剑副教授等青年教师。

重庆大学冶金工程专业2014年参加了中国第一家行业性卓越工程师联盟——冶金工程行业卓越工程师培养联盟，我校冶金学科教授、时任学校副书记的白晨光担任了联盟副理事长，时任冶金系主任的陈登福教授担任了联盟理事。我校冶金学科教授、原研究生院副院长、现材料学院副院长郑忠为全国本科教学指导委员会委员。这些教授及其资源将对冶金工程卓越工程师的人才培养起到较好的指导与促进作用。

重庆大学冶金学科现有专任教师46人，从事实验工作的实验人员5人。这些人员将在今后的卓越工程师计划人才培养中全员参与相关实施工作。

二、卓越计划人才培养方案研究

从 2014 年开始实施冶金工程卓越工程师培养计划以来,学院重点开展了卓越计划人才培养方案的研究。

(一) 本科卓越计划

根据工程师教育培养工程型人才培养的通用标准,结合重庆大学人才培养目标要求,以及国内外学科和社会发展的特点,冶金工程专业明确了"卓越工程师计划"具体的培养标准与要求。在制订的 2014 级普通本科专业培养方案的基础上,经过近两年的研究,最终确定了冶金工程专业"卓越计划"人才培养方案。方案的理念是培养具有领袖潜质的卓越工程人才。方案的特色是为培养学生工程能力、采用大学实践不断线、每学期校外工程专家(从事冶金及材料教育的大学与研究单位教授、大学企业的教授级技术专家与管理专家)做专题讲座、设置6 门加强工程实践的专门课程、部分专业课程采用校企教师联合讲授的方式等。

冶金工程本科卓越计划培养方案的特色课程见表 9.1。

表 9.1　冶金工程本科卓越计划培养方案的特色课程

课程代码	课程名称	总学分	总学时	排课学时	学时分配				类别	推荐学期
					理论教学	实验	实习	其他		
META 30001	冶金工艺设计与研究(1)	2.0	32	32	32				选修	6
META 30002	冶金工艺设计与研究(2)	2.0	32	32	32					7
META 30960	品种开发与质量控制	2.0	32	32	32				至少选修1 门	6
META 30930	工业企业管理	2.5	40	40	40					6
META 34700	炼铁原料处理工艺	0.5	8	8	8					6/8
META 34701	高炉炼铁生产工艺	0.5	8	8	8					6/8
META 34702	炼钢生产工艺	0.5	8	8	8					6/8
META 34703	有色金属湿法冶炼生产工艺	0.5	8	8	8				8 门中选修 6 门	6/8
META 34704	有色金属火法冶炼生产工艺	0.5	8	8	8					6/8
META 34705	钢液精炼生产工艺	0.5	8	8	8					6/8
META 34706	钢的连铸生产工艺	0.5	8	8	8					6/8
META 34707	冶金生产安全	0.5	8	8	8					6/8

续表

课程代码	课程名称	总学分	总学时	排课学时	理论教学	实验	实习	其他	类别	推荐学期
META 10010	冶金技术实践及国际化讲座	3.0	4周				4周		必修环节	2-8
META 34010	冶金工艺仿真实训	1.0	1周				1周			5
META 44010	冶金工程设计及实践	3.0	4周				4周			8

"冶金工艺设计与研究(1)、(2)"为设置的个性化培养的研究型专业课程,建议尽量选修。为了启发学生创新思维,培养学生学习兴趣,提升学生工程实践理论功底,故开设了"冶金工艺设计与研究"课程,该课程分为两个学期。"冶金工艺设计与研究(1)"主要由冶金学科教授基于各自多年的科研方向和科研成果,针对冶金工艺或冶金流程的部分工序或成套工序以及冶金工程专业对创新型工程型人才培养的要求,以讲座的形式讲授冶金过程前沿和冶金工艺及其变化的思考。讲座的老师需布置大作业或有一定的互动教学。

"冶金工艺设计与研究(2)"主要由冶金学科教授和部分副教授,单独指导5~7人,每周上课1次,与学生见面1次以上。从学生个性和兴趣出发,每个教师依据所分配的学生,以讲座、讨论、研究的形式,进一步讲授冶金工艺流程的相关前沿知识和单独指导学习,给每位学生布置专题,查阅总结资料、对专题进行文献综述和对专题涉及的科学技术问题提出解决方案(研究方案),必要时进行部分实验研究,使学生获得独立科研工作能力和科技创新能力的基本训练,培养学生的科学素养和工程能力。

冶金工艺设计与研究课程经多年实践,效果显著,对培养学生的科研素养和工程能力有很好的促进作用。

在本科卓越计划人才培养方案中,为了培养学生的国际化视野,熟练掌握专业英语词汇以达到国际交流的目的,除开设"专业英语阅读与写作"课程外,在专业核心课程中,选择"铁冶金学""钢冶金学"等实行双语教学,推出了主要使用双语进行交流的学科前沿讲座——"冶金工艺设计与研究(1)"课程。

在研究制订的培养方案中开设了两门由企业和学校联合讲授的课程:"品种开发与质量控制""工业企业管理",学生至少选修1门。这两门课程由学校教师负责课程大纲、组织课程教学,学校教师、企业技术或管理专家各讲授一半左右的学时,其目的是加强学生工程能力与工程素养的培养、更好地了解技术发展前沿。

冶金工程卓越计划人才培养方案的另一特色是开设了8门由企业工程师和(安全)管理人员开设的工艺等实践型课程,每门课程0.5学分,学生必须选修6门。这一系列课程的开设主要是为了学生能进一步深入掌握冶金工程专业工艺与生产的基本知识,提升学生在专业方面的工程能力。课程可以在学生集中实习的阶段完成,也可以请企业相关人员进校讲授完成。

为使卓越计划的本科学生在大学期间工程实践不断线,强化工程能力培养;为使卓越计划的本科学生在大学期间增进国际视野,保证培养质量,达到华盛顿协议的要求,促进毕业学生在国际钢铁企业的就业,学院开设了3门实践性必修课程。这3门课程是:"冶金技术实践及国际化讲座""冶金工艺仿真实训""冶金工程设计及实践"。其中,"冶金技术实践及国际化讲座"课程从第2学期延续到第8学期,主要聘请国内外高校、企业有丰富实践和国际合作经验或有国外工程技术研究经历的知名教授、知名技术专家和管理专家讲授;"冶金工程设计及实践"课程也主要由企业知名技术专家和管理专家讲授。

随着教学改革的持续推进,重庆大学近年来开始实行大类招生。2021年,学校成立了本科生院,大类招生的范围扩大,其中冶金工程专业属于工程与能源类大类招生范围,包含重庆大学工程科学和土木工程等众多学科,一年后再按专业对学生分流。另外,更为重要的是,近年来大数据、智能制造等未来新兴战略技术获得快速发展,将极大改变冶金工业生产及技术发展的面貌;将大数据、云计算、智能制造技术运用于我国冶金工业,将对未来我国成为世界冶金材料强国发挥关键作用。目前,气候变暖已成为全球最大的环境问题,冶金工业又是温室气体二氧化碳排放的重要领域,为响应国家"双碳"战略,冶金工业降碳将成为其未来的重要目标,它对我国冶金工业的可持续发展和"2030年碳达峰、2060年碳中和"将有重要贡献。

基于上述理由,2021年学院开始对冶金工程专业的本科人才培养方案进行大幅度调整与改革,目前考虑设置两个专业方向,一是大数据与智能制造方向,二是绿色低碳制造方向。未来冶金工程本科卓越工程师计划的人才培养将以此新的人才培养方案执行。

(二)研究生卓越计划

卓越计划开始实施后,为强化硕士研究生工程能力的培养,学院于2014年修订完成了冶金工程专业学位(卓越计划硕士类别)的培养方案;并在近年来陆续大幅度增加了专业学位研究生的招生规模。在新的冶金工程专业学位研究生培养方案中,为加强实践环节,加深研究生对工程学术研究能力、工程管理能力、专业国际研究前沿等的学习与能力培养,新设置了3门具有特色的专门实践性课程(表9.2)。

表9.2 冶金工程专业学位硕士培养方案设置的实践性课程

课程模块	课程编号	课程名称(中文/英文)	学时	学分	考核方式	修课要求	开课学期
实践性课程	MET0971	冶金工程设计/Design for Metallurgical Engineering	16	1	考查		2
	MET0972	冶金工程管理/Management for Metallurgical Engineering	16	1	考查或论文		2
	MET0973	钢铁品种研发与产品质量控制/ Steel grade research & Product Quality Control	32	2	考查或论文		2

上述课程至今已开课多届,聘请了中冶赛迪工程技术公司、宝武集团重庆钢铁公司10余位专家讲授课程,教学的效果很好(每年聘请的专家简介上报材料学院研究生办公室,在学校进行审批)。

三、卓越计划人才培养机制

（一）卓越计划人才选拔机制研究

研究确定了冶金工程本科卓越计划的人才选拔机制，并从 2014 级开始实施。本科"卓越工程师班"采取自愿申请、择优选择的原则进行选拔，选拔在大一结束后进行。选拔时综合考虑申请者面试成绩（40%）、大一成绩（30%）、高中成绩（20%）及大一和高中时的平时表现（10%），遴选综合素质较高的优秀学生（图 9.1、图 9.2）。

图 9.1　选拔动员　　　　　　　　　　图 9.2　选拔面试

每年选拔的卓越计划本科班人数为 20~25 人。2021 年，重庆大学成立本科生院并实行大类招生后，对冶金工程卓越计划人才的选拔将出现新的变化，对此将持续进行卓越计划人才选拔机制的研究。

（二）卓越计划人才培养机制研究

1.注重工程能力及素养与国际视野培养的卓越人才培养方案的持续研究

高度重视冶金工程专业卓越计划人才培养机制的研究工作。卓越计划的人才培养方案是其中的重要工作，如前所述，学院花大力气进行了注重工程能力及素养与国际视野培养的卓越人才培养方案的持续研究。培养方案的特色详见二、卓越计划人才培养方案研究。

2.强化校企合作培养模式，推进工程实践基地建设

对于卓越工程师班学生的专业课程学习而言，进一步强化了校企合作培养模式，主要体现在以下几个方面：其一，进一步优化现有专业课程的师资配置，特别让在相关企业有十年以上工作经验的教师（主要是企业的知名技术专家和管理专家）承担部分专业课程的教学工作，

注重通过实际生产中的案例教学,培养学生的工程化意识。其二,选取"工业企业管理""品种开发与质量控制"等实行校企专家合作教学(采用校企教师联合讲授的方式,课程负责人为学校教师,便于联系与保障课程教学质量),由高校教师承担相关理论的教学工作,同时由企业工程师承担相关实践及应用的教学工作,两者互补,增强学生理论结合实践的收获及体验。其三,设置基于工程实践的生产工艺系列授课课程,结合认识实习、专业实习等环节,请工作在企业生产一线的企业技术专家与管理专家围绕生产工艺流程进行现场教学,成为学生理论知识学习的重要补充。基于此,围绕专业选修课,学院分别划分了由高校教师主要承担教学的专业理论型选修课、由高校教师及企业工程师合作教学的专业应用型选修课、由企业工程师主要承担教学的专业工艺型选修课等3个层次。其四,鉴于研究型高校本科毕业设计环节基本上均从事的是科研和论文形式的工作,在2018年重庆大学冶金工程专业进行专业认证时,专家提出了应有工程设计型的毕业课题以加强其工程能力培养的意见,近几年采取多种鼓励措施(如增加培养经费、工程设计类课题单列不占毕业设计的指标等),并与中冶赛迪等单位的兼职教师合作确定毕业课题、合作指导并在企业进行必要毕业实习的方案,从而在本科阶段的最后环节提高学生的工程能力及素养。

近10年来,冶金工程专业重视卓越计划学生的实践基地建设。申请获批重庆市级本科工程实践教育中心——"重庆大学—日钢冶金工程本科工程实践教育中心"、重庆大学与山东日照钢铁公司、攀枝花钢铁公司、重庆钢铁公司等签订了科学研究、人才培养与教师工程素养培养的合作协议。与宝钢、中冶赛迪、攀钢集团和国内其他相关大型冶金集团已经建立了紧密合作关系,这些单位已成为学生专业实习、毕业设计和学习冶金工程先进技术的基地,也是毕业生就业的重要基地。这些工作为卓越计划的实施奠定了良好的基础。

此外,冶金工程专业投入100余万元,建立了冶金工艺虚拟仿真平台,为卓越计划学生的专业课程学习、工程实训和技术创新研究等提供了较好的条件。

【案例介绍】

冶金工程专业与中冶赛迪、中国汽车工程院等单位校企合作推进卓越计划实施

基于每学期实践不断线的要求,2015年12月17日,重庆大学首届冶金工程专业卓越工程师班全体学生由龙木军、刁江、王宏坡3位老师带领赴中冶赛迪集团公司参观学习。在中冶赛迪纳米研究室冯科主任的带领下,师生们依次参观了赛迪集团下属的中冶赛迪工程技术股份有限公司和重庆赛迪冶炼装备系统集成工程技术研究中心有限公司(图9.3)。本次参观学习作为重庆大学首届冶金工程卓越工程师班成立以来的第一次校外实践教育活动,不仅使同学们增长了见识、开阔了视野,深入了解了企业人才需求,明确了学习方向和重点,还了解到了国内钢铁行业与国际先进水平的差距,增强和培养了同学们学好自身专业、提升创新能力、科技强国、忘我奉献的精神与意识。

基于卓越工程人才培养方案要求每学期有国内外大学、企事业高级科学研究、技术研发、工程管理专家的专题讲座的思想,应卓越班师生的邀请,中冶赛迪纳米中心主任、赛迪中青年专家教授级高工冯科于2016年5月12日来到重庆大学,并向首届卓越班学生作了题为"学习与工作——从学生向卓越工程师的转变"的专题讲座(冶金技术实践及国际化讲座课程的教学内容,见图9.4)。

图9.3　首届卓越班学生在中冶赛迪学习　　　　图9.4　中冶赛迪冯科主任到校做讲座

　　2017年12月28日，重庆大学邀请重庆钢结构产业有限公司董事长程健高级工程师、中冶赛迪连铸研究室主任韩志伟教授级高工，向冶金工程卓越班学生就冶金技术实践及国际化讲座课程做了精彩讲座，并向学生颁发了入选卓越班的证书（图9.5、图9.6）。2018年12月29日，重庆大学邀请重庆千信信能源有限公司赵仕清董事长、教授级高工（现宝武集团重庆钢铁公司副总裁）、中国汽车工程研究院赵岩副总工程师、高级工程师，向冶金工程卓越班学生就冶金技术实践及国际化讲座课程做了精彩讲座（图9.7、图9.8）。

图9.5　向卓越班学生发放录取证书　　　　图9.6　企业专家给卓越班学生做课程讲座

图9.7　企业专家给卓越班学生做课程讲座　　　　图9.8　企业专家给卓越班学生做课程讲座

3.积极参加冶金工程行业卓越工程师培养的相关活动和进行经验交流

2014年,参与了新成立的第一个行业联盟——冶金行业卓越工程师培养联盟的筹备工作和会议,并通过全国冶金教学改革研讨会等,调研了解了国内冶金及其他行业卓越工程师培养的相关做法及经验,对重庆大学冶金工程专业卓越工程师的人才培养将起到较好的促进作用。

①2014年4月23日,在北京召开了冶金行业卓越工程师培养联盟筹备会会议,重庆大学参加了此次会议。教育部高教司和中国钢铁工业协会领导出席了本次会议。嘉宾与会各校代表就联盟章程中组织架构、工作内容等方面进行了热烈讨论。

②2014年6月11日,在北京举行了2014工程教育国际化论坛(International Engineering Education Forum 2014),重庆大学冶金学科教师代表参加了此次会议。会议邀请了美国国际教育联盟(American Alliance for International Education,AAFIE)、清华大学、北京航空航天大学、上海同济大学的专家出席会议并做了大会报告与经验交流。

③2014年6月22日,在北京举行了冶金行业卓越工程师培养联盟成立仪式与联盟校企合作人才培养工作会议,重庆大学参加了此次会议。教育部高教司、中国钢铁工业协会、中国有色金属协会领导出席了本次会议。会议讨论通过了"冶金行业卓越工程师培养联盟章程"。时任重庆大学党委副书记白晨光教授任联盟副理事长,时任重庆大学冶金系主任、冶金工程卓越计划负责人陈登福教授任联盟理事。白晨光作为高校代表发表了讲话。

④2015年1月9—11日,全国卓越工程师教育培养计划(东北地区)工作交流会在大连理工大学召开,学院徐健老师参加了本次会议(图9.9)。会上,教育部高等教育司侯永峰处长作了题为"我国工程教育改革发展与卓越计划实施工作评价"大会报告。

⑤2015年4月24日,北京科技大学高等工程师学院书记李京社教授一行三人来我校调研卓越工程师培养工作,并就冶金工程专业的学生培养、教学安排问题与我院老师进行了热烈的交流(图9.10)。重庆大学党委副书记白晨光教授,材料学院副院长黄光杰教授出席了此次会议。

图9.9　徐健教授参加卓越计划培养会议　　图9.10　北京科技大学李京社教授来访重庆大学交流

⑥卓越工程师教育培养计划专家工作组于2015年4月24日在成都召开西南地区工作交流会。在学校教务处的组织和易树平处长的率领下,冶金系龙木军老师作为代表赴成都参加了会议交流(图9.11)。

　　⑦由联盟和北京科技大学高等工程师学院主办的首届"卓越工程师培养工程营"活动于2015年7月6—17日在北京科技大学举行。我系专任教师扈玫珑教授、刁江副教授、王宏坡副教授、2014级辅导员黄思以及2012级3名本科生分别参与了"卓越工程师教师交流营""卓越工程师辅导员培训营"和"卓越工程师素质训练营"(图9.12)。本次"卓越工程师教师交流营"以"国际化教育"为主题,围绕"如何设计国际课程""如何开展国际化教学合作"和"如何提高青年教师教学研究能力"等内容,通过观摩课、案例分享课、讲座等形式为来自各高校的青年教师搭建交流分享平台。"卓越工程师辅导员培训营"通过主题报告、专题讲座、团队训练、经验介绍与分组讨论相结合的方式,使负责卓越计划的辅导员了解高校辅导员的使命、职责与成长,规划好走向卓越的成长之路,为卓越工程师的培养工作更好地服务。"卓越工程师素质训练营"以"工程铸就未来"为理念,以"创新、文化、交流"为主题,为参与工程营的学生举办了课程、讲座和参观等一系列丰富多彩的学术活动。

图9.11　龙木军教授参加卓越计划培养工作交流会

图9.12　我校师生参加卓越工程师培养工程营活动

四、卓越计划成果

(一)卓越计划毕业生

重庆大学冶金工程专业卓越计划从 2014 级开始实施,至今已毕业 4 届本科生。每届毕业生有 20~25 名（经选拔的卓越班学生成绩良好）。

(二)卓越计划相关成果

借助于卓越计划对学生工程能力提升的人才培养方案实施所取得的教学成果,以及近年来冶金工程专业教学改革的系列成果、人才培养质量的高水准,重庆大学冶金工程专业 2019 年 1 月通过了中国工程教学认证,有效期 6 年(图 9.13)。

在冶金工程专业卓越计划毕业的 4 届学生中,获得推免研究生资格的比例占整个推免指标的 80%以上,一些学生还选择了直博。冶金工程专业本科卓越计划的学生积极参加各种实践活动、科学研究项目、学科及学术竞赛,取得了较好的成绩(表 9.3、表 9.4)。

图 9.13　冶金工程专业认证证书

表9.3　2020年冶金工程卓越计划本科学生学科竞赛获奖情况

序号	学号	姓名	专业	获奖名称	获奖级别	获奖等级	获奖年份	是否个人赛	如为团体赛，排名顺序	参赛人员情况						备注
										序号	姓名	最高学历	当前工作或学习单位	当前职称/职务	是否与学生为直系亲属	
1	20182965	李卓阳	冶金工程	辽科大杯全国炼铁炼钢轧钢大赛炼钢单项	国家级	三等级	2020	是								
2	20183017	张诗雨	冶金工程	辽科大杯全国炼铁炼钢轧钢大赛炼钢单项	国家级	三等级	2020	是								
3	20182832	宿永	冶金工程	辽科大杯全国炼铁炼钢轧钢大赛炼钢单项	国家级	三等级	2020	是								
4	20182778	赵剑波	冶金工程	辽科大杯全国炼铁炼钢轧钢大赛炼钢单项	国家级	三等级	2020	是								
5	20172637	卢文斌	冶金工程	第三届全国大学生冶金科技竞赛	国家级	三等级	2020	否		1	卢文斌	高中	重庆大学	无	否	
6	20172643	徐海东	冶金工程	第三届全国大学生冶金科技竞赛	国家级	三等级	2020	否		2	李云龙	高中	重庆大学	无	否	
										1	徐海东	高中	重庆大学	无	否	
7	20172672	王锐	冶金工程	第三届全国大学生冶金科技竞赛	国家级	三等级	2020	否		2	夏锐	高中	重庆大学	无	否	
										1	王啸虎	高中	重庆大学	无	否	
8	20172688	魏朝阳	冶金工程	第三届全国大学生冶金科技竞赛	国家级	三等级	2020	否		2	魏朝阳	高中	重庆大学	无	否	
										1	郭坤辉	高中	重庆大学	无	否	
9	20172633	夏锐	冶金工程	预制块酸钙烧结技术	省部级	特等级	2020	否	夏锐、李云龙、卢文斌、徐海东	1	夏锐	本科	重庆大学	学生	否	
										2	李云龙	本科	重庆大学	学生	否	
										3	卢文斌	本科	重庆大学	学生	否	
										4	徐海东	本科	重庆大学	无	否	
10	20172682	郭坤辉	冶金	全国大学生冶金科技竞赛	国家级	二等级	2020	否	第一	1	郭坤辉	本科生	重庆大学	无	否	
										2	陈巍	本科生	重庆大学	无	否	
										3	陈佳伟	本科生	重庆大学	无	否	
11	20172680	刘洮	冶金工程	全国大学生冶金科技竞赛奖	国家级	二等级	2020年	否	刘洮、廖彦群（20172749）	1	张生富	博士	重庆大学	教授/系主任	否	指导教师

表9.4　2020年冶金工程卓越计划本科学生发表论文情况

序号	学号	姓名	专业	论文名称	发表期刊名称	发表期刊级别	是否为独立作者	如有合作者，是否为第一作者	序号	姓名	最高学历	当前工作或学习单位	当前职称/职务	是否与学生为直系亲属
1	20162806	陈扬帆	冶金工程	*Effect of B2O3 on Structure of Glassy F–Free CaO–SiO2–B2O3 Systems by 29Si MAS NMR and Raman Spectroscopy*	JOM	JCR 1区	是	否	1	赖菲菲	硕士研究生	重庆大学	学生	否
									2	黎江玲	博士研究生	重庆大学	副教授	否
2	20182965	李卓阳	冶金工程	CaO/SiO2比对含钛高炉渣制备微晶玻璃的影响	2020年全国冶金物理化学学术会议	国内会议	是	否	1	焦梦娇	本科	重庆大学	学生	否
									2	吴行德	本科	重庆大学	学生	否
									3	赖菲菲	硕士研究生	重庆大学	学生	否
									4	黎江玲	博士研究生	重庆大学	副教授	否
3	20172669	吴泓霏	冶金工程	*Surface modification engineering on three–dimensional self–supported NiCoP to construct NiCoOx/NiCoP for highly efficient alkaline hydrogen evolution reaction*	Journal of Alloys and Compounds	国际A级	否	是	1	刘鹏杰	本科	重庆大学材料科学与工程学院	硕士研究生	否
									2	尹明珠	本科	重庆大学材料科学与工程学院	硕士研究生	否
									3	侯卓然	本科	重庆科学材工程学院	本科	否
									4	胡丽文	博士	重庆大学材料科学与工程学院	讲师	否
									5	党杰	博士	重庆大学材料科学与工程学院	副教授	否

备注：1. 本表必须按实际情况如实填写，统计时间为2020.01.01—2020.12.31；
2. 合作者按照论文排名详细列出所有作者信息。

（本章执笔人：重庆大学材料科学与工程学院　陈登福）

第十章

计算机科学与技术专业『卓越计划』建设

一、总体概况

在当前我国工业化发展的关键时期,"卓越工程师培养计划"无疑是培养一大批创新能力强、适应我国经济、社会发展需要的各类工程技术人才的重要举措,为我国走新型工业化道路和建设创新型国家提供了坚实的人才支持和智力保障。学校和学院充分认识到参与教育部"卓越工程师培养计划"的重大意义,希望能用实际行动为我国走新型工业化道路和建设创新型国家贡献自己的力量。

(一)指导思想

以教育部"卓越工程师教育培养计划"总体目标为要求,借鉴国内外工程教育的成功经验,树立"面向工业界、面向未来、面向世界"的工程教育理念。以社会需求为导向,以实际工程为背景,以工程技术为主线,着力提高学生的工程意识、工程素质和工程实践能力,注重培养学生的创新、创意、创业能力,从而培养出具有系统思维、国际视野、领导素质的优秀工程人才。

(二)目标定位

以大数据、人工智能等为代表的数字科技将重塑全球经济和产业格局,已成为国家战略制高点。重庆大学计算机学院按照国家战略和产业需求定位计算机科学与技术专业"卓越计划"核心能力目标,即"计算、数据、智能"(智数算)多要素知识—能力—素养融会贯通,可解决复杂工程或学科前沿问题的新工科卓越创新人才。

(三)总体思路

重庆大学计算机科学与技术专业实施"卓越计划"的总体思路是:围绕面向可解决复杂工程或学科前沿问题的新工科卓越创新人才目标,从构建体系、完善机制、突出特色、创新模式4个方面推进工作? 即构建高水平有特色的工程教育教学体系、完善支撑"卓越计划"的体制机制、突出"卓越计划"的实践特色、创新"卓越计划"的人才培养模式。

(四)学生规模

计算机科学与技术专业"卓越计划"于2013年获批,2014年招收首届学生。通过双向选择,每年约35人进入卓越计划班。2014—2020级进入卓越计划的本科学生总人数达293人(图10.1)。

图 10.1 学生规模分布图

二、组织管理

(一)组织架构

卓越工程师计划作为国家教改试点项目之一,是一项具有全局性、基础性、综合性的系统改革工程。为更好地实施"卓越工程师计划",领导和协调实施过程中出现的问题,在学校"卓越工程师培养计划领导小组"的集中指导下,学院分别成立领导小组、专家委员会和实施工作小组等机构,以保障计算机科学与技术专业"卓越计划"建设工作科学有序推进。

（二）教学运行管理

计算机科学与技术专业"卓越计划"学院机构的职责分别如下：

①学院"卓越工程师计划"领导小组组长由学院主要负责人担任，副组长由分管本科教学工作的院长担任，主要职责为全面领导、规划、组织、协调"卓越工程师计划"的实施。

②学院"卓越工程师计划"专家委员会由9人以上专家组成，其中至少有40%来自合作企业，专业建设委员会负责制订培养目标、培养标准、教学计划、课程体系、考核方法和评价标准。

③学院"卓越工程师计划"实施工作小组由专业负责人、系主任和骨干教师组成，负责制订培养标准和培养方案，研究确定其招生、选拔与分流方式，负责"卓越工程师计划"实施过程中的各教学环节落实、教学条件建设、质量考核、学籍管理、学生管理等方面工作。

三、政策措施

学校制订了《重庆大学关于"卓越工程师教育培养计划"的实施意见（讨论稿）》《重庆大学关于加强教师工程实践能力的办法（讨论稿）》《重庆大学外聘任课教师聘用暂行办法》（重大校〔2011〕330号）《重庆大学学生实验守则》（重大校〔2012〕469号）《重庆大学学生企业学习管理规定（讨论稿）》等制度文件，在师资、经费、教师工程锻炼、聘请企业管理人员及技术人员承担教学任务、规范校内实践、规范学生在企业的实习实践等方面提供保障，鼓励学院设立学院级实验班，特别鼓励工科学院结合卓越计划在实验班进行人才培养模式改革的探索。在此基础上，学院出台了一系列补充制度，以保障和促进计算机科学与技术专业"卓越计划"的实施。具体补充措施有：

学院组织制订推进卓越计划的组织机构，在管理、资源配置等多方面向卓越计划实验班倾斜。制订《重庆大学计算机科学与技术专业"卓越工程师教育培养计划"班学生管理办法》，明确学生选拔办法、培养模式、管理考核与退出机制，贯彻"以学生为中心""人人成才"的"个性化"培养方针，学生可进可出，实行动态优化管理，确保"卓工班"由成绩优异、能力突出的学生组成。学院建立了优秀教学团队，从制度建设上保证了课程质量。对"卓越计划"专职教师在工作量计算、教学津贴等方面做出调整，加大政策力度，以保障教师队伍的稳定；设立国际交流专项基金，为教师或学生参加高水平国际学术会议提供资助，推进国际化进程；设立聘请企业和国外教师专项基金，用于从企业或国外聘请教师或导师，保证"卓越计划"师资聘请需求；设立专业培训基金，派出教师赴企业参加工程实践。

四、培养模式

(一)培养模式

"卓越计划"班实行小班上课，为学生配备学业导师，在奖学金、科研创新训练项目、科技竞赛等方面都给予政策性倾斜；完成本科培养计划考核合格者，颁发计算机科学与技术专业的学士学位证书和本科毕业证书；达到免试硕士研究生推荐条件者，可优先获得校内免试硕士研究生推荐资格。

以"3+1"的本科人才培养模式进行卓越人才培养。3年(基础能力与专业能力培养)：以学校为基地，进行基础知识与专业能力教育，让学生更早了解工程背景和学科前沿信息，为工程能力培养打好基础。1年(工程实践能力培养)：学生到工程现场顶岗实习和开展本科毕业设计，学习企业先进技术、先进理念和了解先进设备，培养工程实践能力和管理能力，增强对企业的适应力和竞争力。

(二)培养标准

鉴于"卓越计划"的特点，本专业制订培养标准和培养方案的指导思想如下：

(1)强调多学科支撑

实施"卓越计划"的专业均具有很强的行业背景，涉及的相关工程领域广、学科门类多。按照以行业需求为导向的思路，学生必须综合具备相关学科的基础知识与基本技能，因此，培养标准和培养方案注重多学科支撑、互补。

(2)强化工程实践能力

工程实践是"卓越计划"的核心，本专业采用分层次逐步加强、课内外互补、校内外结合等多种方式，将工程实践能力培养细化到每一个环节。

(3)突出工程教育的国际化

国际化是工程教育的大趋势。本专业以"大工程"为视角，构筑现代工程师的知识结构与能力素质，介绍技术标准和行业规范，拓展国际视野，培养能够在跨文化环境下进行交流、竞争与合作的高层次人才。

(4)强调社会责任

工程师的专业活动直接对社会产生影响，社会对工程师自身的专业素质、职业道德、人格素养等也有越来越高的要求。这些要求要贯穿到整个培养过程中。

根据"卓越工程师计划"国家培养标准，结合重庆大学人才培养目标要求，以及国内外学科和社会发展的特点，计算机科学与技术专业"卓越工程师计划"培养标准主要如下：

①具有丰富的人文知识与素养、强烈的社会责任感和优良的道德品质；熟悉并遵守相应

的政策、法律和法规。

②具有信息获取、知识更新和终身学习的能力;具有综合运用科学方法和技术手段分析解决问题的能力;具有创新性思维和系统性思维的能力;具有研究开发和综合设计的能力;具有创新创业意识。

③具有优良的领导意识和组织管理能力、良好的交流沟通、团队合作和环境适应能力;具有国际视野和跨文化环境下的交流、竞争与合作能力。

④具有从事工程设计和技术研究所需的相关数学、自然科学与经济管理知识;掌握扎实的工程原理、工程技术和本专业的理论知识,了解本专业的前沿发展现状和趋势。

(三)培养方案

针对国家战略和产业发展需要大量具备智能思维、数据思维和计算思维的复合型计算机卓越人才的急迫需求,按照学院本科教学形成的"新弘深"教育教学理念,持续优化人才培养体系(图10.2)。

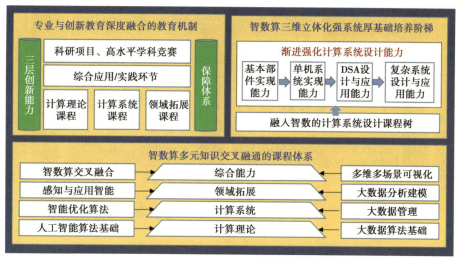

图 10.2 计算机科学与技术专业"卓越工程师"培养体系

在全国率先以智数算三方面融通为培养目标,将课程思政教育与核心专业课教育深度融合,使"智数"渗透到计算理论、计算系统、领域拓展和综合能力四大课程模块,构建了智数算多元知识交叉融通的全新课程体系;以"部件—单机—领域特定—复杂异构"四阶段系统能力培养为核心设计"强系统厚基础"培养新模式;实施了"微创新、小创新、专业创新"三层次创新能力支撑的专业与创新教育深度融合的培养新机制,最终制订了"三方面融通,四大课程模块递进,四阶段系统能力达成,三层次创新支撑"的"3—4—4—3"人才培养新方案,既体现了计算机学科发展的最新特点,又能够支撑国家战略和产业发展需求,实现人才培养的跨界交叉融合,落实立德树人教育的根本任务。

(四)课程体系与教学内容改革

1.立德树人为根本,国家战略为引领,全新设计智数算融合的课程新体系

鉴于"卓越计划"的特点,构建课程体系的指导思想是:第一,课程体系设置兼顾学科属性和行业背景,不因强调行业标准而忽视学科基础,也不因强调学科基础而弱化行业特点。第二,按照"通识教育课、学科大类基础课、专业课(专业基础课、专业方向课、专业前沿课)"的总体框架,构建课程体系(图10.3)。

图 10.3 持续建设和优化智数算融合的课程体系

按照上述指导思想,本专业以立德树人为根本、国家战略为引领,全新设计智数算融合的课程新体系。设置了计算理论、计算系统、领域拓展和综合能力四大课程模块,并将课程思政融入核心专业课,落实立德树人根本任务。计算理论与计算系统模块相对稳定,以培养"算"为主,兼顾"智数"培养;领域拓展模块增设了深度学习、大数据分析等课程,以"智数"培养为主,综合应用"算",该模块可根据技术发展动态更新;综合能力模块重点实现智数算融合训练。同时,建立了主客观结合的效果跟踪评价机制,持续调整培养方案、改革核心课程、优化综合项目、完善实践平台。

2.计算为核,智数算融通,开展知识交叉融合的课程教学

围绕计算为核、智数算融通的思路,全面更新核心课程教学大纲,开展知识交叉融合的课

程教学。第一,在计算理论模块,融入人工智能和大数据算法基础;第二,在计算系统模块增加大数据管理、智能优化算法等相关知识;第三,在领域拓展模块,全新开设深度学习和大数据分析等课程,通过案例式教学培养感知与应用智能、大数据分析建模等技能,提升解决实际问题的能力;第四,在软硬件综合和专业综合设计环节,要求学生必须通过智数算交叉融合构建系统,并通过多维多场景可视化技术展示结果;最后在学科竞赛等第二课堂和毕业设计中鼓励学生系统性地综合应用多种方法解决复杂工程或科学前沿问题,实现计算、数据和智能三者融会贯通,有效支撑数字科技基座所需的创新能力培养(图10.4)。

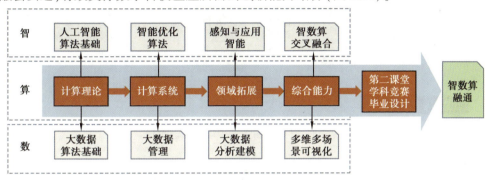

图 10.4　智数算知识交叉融合的课程教学

3.厚植计算基础,构建系统能力培养渐进阶梯

系统能力指以"算"为基础、融合"智数"的复杂计算机系统分析、设计、实现和应用等方面的能力,是研发高端芯片和基础软件的必备专业能力。计算机系统能力培养体现了工程教育中对专业人才系统观的培养,有利于提高学生解决国家复杂工程或科学前沿问题的能力,尤其是计算机"卓越人才"更需要强调对其复杂计算机系统设计、研发和应用等综合能力的培养。通过组成原理、操作系统、编译原理等课程的协同改革,构建了以"部件—单机—领域特定—复杂异构"四阶段系统能力培养阶梯为核心的、可向智数算 3 个维度拓展的"强系统厚基础"培养新模式,渐进培养学生的大计算系统观,厚植计算基础,不断增强学生创新能力的正向后效性(图10.5)。

4.专业与创新教育深度融合,协同实施层次化创新能力培养

智数算专业知识和高阶技能是创新创业的前提条件。专业与创新教育深度融合,协同实施层次化创新能力培养。专业在创新创业培养全环节和流程中持续融入智数算高阶技术的理念、技能和知识,根据提出的"微创新、小创新、专业创新"三层次创新能力,联合中科计算技术西部研究院等高端研究机构和头部 IT 企业,协同构建"课程教学为基础,综合设计为支撑,学科竞赛为抓手,平台制度为保障,创新创业为目标"的专业与创新教育融合机制。在课程教学中通过探究性学习和实验环节,训练"微创新"能力;在综合能力培养环节实施挑战性项目,培养"小创新"能力;在创新创业环节和科研项目中则以任务为驱动力,激发创新灵感,塑造"专业创新"能力,最终培养出可解决国家数字科技领域"卡脖子"问题的卓越人才(图10.6)。

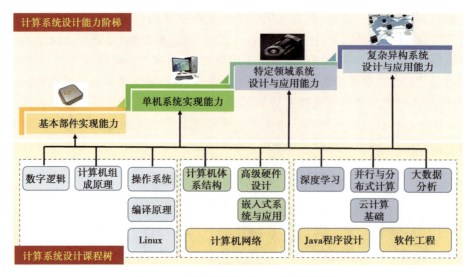

图 10.5　智数算系统能力培养渐进阶梯

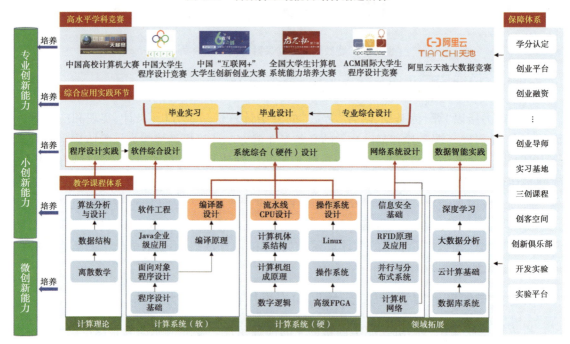

图 10.6　专业与创新教育深度融合框架

(五) 教学方法改革

1.以启发式教学讲授基础理论知识

专业倡导启发式、讨论式、参与式教学,帮助学生学会学习,激发学生的好奇心,培养学生的兴趣爱好,营造独立思考、自由探索的良好氛围。在基础课程中,注重知识的探索历程及理论在工程中价值,探索小班化授课方式,逐步培养提出问题、解决问题的研究能力和合作精神,并与学生科技活动密切相结合。组织专业骨干教师深入研究、确定不同教育阶段学生必须掌握的核心内容,形成更新教学内容的机制,充分发挥现代信息技术作用,促进优质教学资源共享。专业强化导论课程,通过系列讲座,使学生理解大学的培养目标、培养途径,引导大家积极参与学科竞赛、SRTP、社团活动等。

2.结合科研、工程实际讲授专业课程

开设的所有专业课程、专业方向模块课程,任课老师均实施结合科研、工程实际讲授的教学方法。将新的理念、新的技术、应用情况等新知识教授给学生。讲授采用研究型教学模式,采用课堂师生互动、项目分组研讨、模块化练习和作业、贯穿整个课程的因材施教式的项目研究、实验研究学习新知识、过程监控及灵活的考试等环节,既锻炼了学生解决问题的技能,提高了创新能力,又培养了学生的创新思维方法。针对具体课程内容,教师应在分析课程内容的特点后确定采取哪种授课形式,分解课程内容,约 3/5 的内容由教师课堂讲授,约 1/5 的内容通过研讨学习,剩余 1/5 的内容通过实验研究方式学习。教师精选了课堂精讲内容后,每次课提出问题引出本次课的内容,将学生带入思考与探究的状态,之后一环扣一环地展开。为了让学生参与课堂教学,教师与学生应互动起来,巩固和消化学过的知识点,可以设置一些小题目在 3~5 分钟内解决。每堂课课前 10 分钟,学生轮流上黑板做练习。

3.校企结合的授课方式

本专业积极开展与企业的合作,寻求校企共同培养工程师的新途径。目前已与中软国际、中国电子、中科计算技术西部研究院等实力雄厚的企业、科研院所建立了卓越计划校企联合培养基地,联合共建企业课程。企业课程的授课教师由企业承担,重点在于让学生了解当前行业和企业所使用的最新的各类开发技术,从而达到将课堂学习的基础理论知识与现代信息领域最新发展趋势进行有机融合的教学目的。课程内容受到学生的广泛好评。

4.推进以"项目驱动"的案例教学方法

以"项目驱动"的案例教学方法的核心思想是以项目实践为主线,以实践促进理论知识的学习,提高学习的主动性和目的性为目的。专业收集整理了国内外 IT 领域的各种典型案例,建立起丰富的案例资源,采用"实验导向、案例驱动"教学方式,锻炼学生自主学习的能力,使学生主动学习专业理论知识,然后再指导自己的实践。教学过程中教师以指导和启发为主,同时注重理论知识的梳理和归纳。

5.构建支撑自我学习与教师指导相结合的实验实践教学环境

购置 FPGA 硬件开发板并向同学提供"口袋实验室",方便学生在课后开展实验和实践活动;学院实验中心面向多门核心课程进行开放实验教学,即学生可以选择多个开放时段到实验室,实验室安排专门的辅导教师。学生在相关课程实验时间投入均超过教学计划时间的 200%。

6.建立能力为优的考核方式

对学生实践成绩考核不同于传统的实践考核方法，更侧重于对学生的实践动手能力、综合运用能力、文档写作能力、团队协作以及创新能力的考核。通过构建不同的评价指标因素，综合评定学生的成绩。

五、师资队伍

（一）校内参与"卓越计划"的专职师资队伍建设及相应的政策措施

学校在设岗聘任考核等方面给予"卓越计划"专职教师以政策支持，如设置专任岗位、带薪进修培训学习等。

学院根据具体情况，也积极出台相关政策开展"卓越计划"教师队伍建设。专门设立了教师工程实践能力培养专项资金，支持青年教师多和企业合作开发工程项目，计划用5年时间在工程教育方面完成所有的青年教师的培训。在设岗聘任考核方面，给予"卓越计划"教师一定的教学工作量减免，以便教师有更多精力用于教学方法研究和教学效果提升，选拔具有工程实践经验的教师作为"卓越计划"专职教师，要求专职教师必须进行过工程设计、建设、管理、研究工作。建立校内专任教师与企业兼职教师相结合的教师队伍，校内专任教师遴选在科学研究、工程设计领域具有一定造诣的优秀教师参与学生的企业培养和工程实践活动，要求教师应有在国内外一流大学或骨干企业的工作经历，或者作为负责人主持过1项以上科研项目，获得2项以上国家发明专利授权，其代表性科研成果被行业评价委员会认可。具有在国内龙头企业工作3年以上经历者优先。

（二）企业参与卓越计划的兼职教师队伍建设及相应的政策措施

学院和企业共同遴选、认定一批具有大学及以上学历、具有高职称的经验丰富且责任心强的专业技术人员担任企业兼职教师。学院教学指导委员会召开年会，审核企业教师名单及教学计划，确保工程师阶段课程有2门以上为企业教师主讲。同时实行"双导师"制，在企业中聘请优秀工程师作为学生导师，与校内导师共同培养，使学生理论知识与实践经验共同增进。

六、校企合作

(一)校企合作实施卓越计划的总体情况

高等工程教育理念的重要内容就是"面向工业界",与企业紧密合作是卓越工程师教育培养计划特色和培养环节中的重要环节,培养方案将加强校企合作,充分发挥行业、企业在工程师教育中的作用。多年来,本专业与国内外多家企业形成了良好的合作关系,如中软国际、中国电子、中科计算技术西部研究院、华为、曙光、百度、阿里等。

在行业、企业发展的动力中,科技是关键、教育是基础,发展卓越工程师教育,可以更好地为建设现代工业服务。专业负责学生选拔、日常教学和管理;企业为学校的正常运营提供必要的资金支持,配备充足的企业教师和提供足够的学生实践机会;政府为以上模式的运行提供政策保障,明确双方的责权利,从而达成工程师院校与企业的"双赢"。

专业与企业合作培养卓越工程师的主要途径和方法有:第一,通过在企业相关课程学习、生产实习和毕业设计,在企业导师指导下强化培养学生的工程能力和创新能力,掌握行业工程标准与规范、相关行业的政策、法律和法规,培养质量、安全、服务和环保意识;第二,与企业共同建设专业实践课程体系和教学内容,落实学生在企业学习期间的各项教学安排,根据企业实际情况提供实训、实习的场所与设备,使大部分学生在企业获得了动手操作的机会;第三,通过企业工程实习和顶岗实习和毕业设计,解决生产运作过程中的工程实际问题,并共同制订企业学习阶段的培养标准和考核要求,对参与企业实习的学生进行了评价;第四,培养学生企业精神,了解工程界情况,认识不同的企业文化,培养学生职业道德与责任,进行职业规划与选择,夯实可持续发展的能力和潜力;第五,通过毕业去向与职业规划课程学习,结合行业发展和企业需求,让学生明确职业发展方向和努力的目的。

(二)校外工程实践教育中心建设情况

校外人才培养基地目标:依托高端研究机构和头部 IT 企业,建立面向计算机科学与技术专业工程实践的高水平校外人才培养基地;构建感性认识类、动手操作类、研究创新类 3 个递进式多层次的工程实践教学体系,该实践教学体系不仅体现电子、信息、控制和管理的多学科交叉,而且有利于个性化的人才培养;以高素质工程实践教学队伍和完备的实践条件为保障,创新管理体制,全面提高工程实践教学水平;致力于培养学生的工程实践与创新能力。

校外人才培养基地分别由学院的教务办公室和公司人力资源部下属的培训中心具体负责,校方负责实习计划、实习大纲的制订,并指派实习教师带队指导实习;公司方负责实习工作的接待，并指派实习指导教师指导实习。

校外人才培养基地在专业的人才培养中发挥了巨大作用，通过实习，学生了解了 IT 企业的生产过程，了解了新工具、新设备、新产品，开阔了视野，拓宽了知识面，使专业理论知识和实践进行了有机结合，为今后就业或继续深造打下了良好基础；校方实习带队教师在基地指导学生的过程中，进一步明确了企业对专业知识与能力的需求，在后续的教学改革和课程建设中得以体现，促进了教学工作；基地的实习指导教师通过指导学生生产实习，与学生及带队教师交流，加强了专业理论知识的学习。同时通过实践教学基地的建设，学校和企业进一步加强了交流合作，在人员培训和科研等方面也取得了较好的成绩。

通过校外人才培养基地的建设，目前已经在人才培养、师资培训、学生就业、科研合作等多个方面取得了显著的成效。

第一，在人才培养方面，通过校外人才培养基地的建设，使学院与基地之间关于人才培养的合作日臻成熟，形成了良好的模式与理念，通过专业建设、实习、实训等多种方式，相互补充、有机结合，形成了科学、完整的人才培养体系。

第二，在师资培训方面，通过基地建设，目前学院和基地已构建了双向性、层次化的师资培训模式。双向性表现为双方互相派出教师、工程师观摩研修：一方面，学院接受基地的工作人员到学院进行再继续教育；另一方面，学院聘请基地的高水平教师或者研究人员担任学院的特聘教授、顾问等，对学生以及教师进行工程方面的教育。同时学院与基地双方师资合作不仅局限于专家学者之间的交流，还包括各类讲座等。

第三，在学生就业方面，通过基地建设，使基地与学院在人才培养上达成共识，双方一致认为实习生培养如同企业自己的蓄水池。同时通过前期的实习实训活动，使学生对企业文化有一定的认识，产生强烈的认可感，带动学生就业。这种解决毕业学生就业的模式得到了广大师生的认可，为解决毕业学生的就业提供了一个渠道。

第四，在科研合作方面，基地建设进一步深化了校企之间的合作，利用学院的学科优势及企业在行业的工程技术优势，双方在科研合作交流上取得了丰硕的成果。

七、国际化

培养国际化工程人才主要从以下几个方面着手：

①专业课教学环节中尽可能结合现行国际工程标准和国际上先进国家的工程实践进行讲授。

②积极在专业课中开展双语教学。

③邀请企业专家做涉外工程项目的讲座。

④鼓励和支持教师在国外高校、研究院所或企业进修和学术交流。

⑤鼓励和支持学生到国外高校交流学习。

近年来学院非常注重提升教育尤其是本科教育的国际化水平,积极开展与北美、澳大利亚、新加坡、中国香港等国家和地区著名高校的教育合作。为进一步加强本科生的国际交流和交换,学院积极拓宽渠道建立学生交流交换基地,鼓励更多学生出国深造;加大支持和资助力度,提升本科生到国外/境外交流交换的比例,切实拓展学生的国际经历;继续多渠道开发校际奖学金、交流项目以及多种联合培养项目;鼓励学院聘请国外著名学者来校开设讲座、组织国际会议、举办国际化暑期学校,进一步扩大留学生规模;每年资助优秀的教学一线教师到国外专题研究和学习本专业培养方案或者课程改革,鼓励和支持条件成熟的课程实行全英文授课。

在卓越计划实施过程中,本专业结合自身特点,积极拓展国际教育资源,营造工程师培养的国际环境,取得了较好效果。在专业课程中,引进和参考国外高水平大学(如 MIT、CMU)的课程教材、例题和习题,以国际化的视野重新审视、精选、重组和更新传统的教学内容,重新修订教学大纲,突出了专业知识体系的整体结构和逻辑关系,保持教学内容的先进性、前沿性和时代性。学院按需以及按照学生兴趣导向,每年提供多种形式的国际化交流,包括一学期、一学年以及两学年的交流,包括课程、学分以及学位互认的交流;也有灵活多样的方式进行短期实践交流以及工业实习的机会,包括到国外进行专业、文化、体育、文艺、社会活动等。多种形式的国际化交流提升了学生的国际化视野和全球竞争意识。

八、培养成效

卓越工程师教育培养计划的实施收到了良好的成效。通过卓越班的示范建设,计算机类3个专业入选国家级和重庆市级一流本科专业、重庆市首批大数据智能化类特色专业;获重庆大学教学成果奖4项、重庆市教学成果一等奖1项;建成了"互联网及其应用""Java 程序设计"2门国家级精品资源课程,"硬件综合设计""程序设计技术""操作系统"3门重庆市"金课";出版了国家级规划教材1部,在《高等工程教育研究》《中国电化教育》等期刊发表高水平教改论文20余篇;2020年,钟将和李学明教授分别以"计算机组成原理""计算机网络"课程教学入选高校计算机专业优秀教师奖励计划。

学生质量显著提升,2017年卓越班30名学生获中国高校计算机大赛团体天梯赛全国一等奖;4届120余名卓越班毕业生人均获国家/省部级学科竞赛奖1项以上,连续五届龙芯杯CPU设计大赛获奖,首次参加 ASC 全球超算大赛即获全国二等奖;2017—2021年,卓越班毕业生 GPA 提升至3.7;推免最低 GPA 从3.0提升至3.6;卓越班深造率提升至85%;超40%进入 MIT、CMU、清北等世界一流大学深造(图10.7)。毕业生就业率超过98%,其中80%以上在国有大型、国防军工等单位就业,20%左右在中科院、华为、曙光等从事超算、芯片、基础软件等国家战略领域的研发工作,超40%投身国家西部大战略。

图 10.7　部分学生获奖

（本章执笔人：重庆大学计算机学院　钟将、葛亮）

第十一章

自动化专业「卓越计划」建设

一、自动化专业卓越计划建设基本概况

"卓越工程师教育培养计划"(以下简称"卓越计划")是教育部贯彻落实《国家中长期教育改革和发展规划纲要(2010—2020年)》和《国家中长期人才发展规划纲要(2010—2020年)》的重大改革项目。卓越计划也是促进我国由工程教育大国迈向工程教育强国的重大举措,旨在培养造就一大批创新能力强、适应经济社会发展需要的高质量各类型工程技术人才,为国家走新型工业化发展道路、建设创新型国家和人才强国战略服务,对促进高等教育面向社会需求培养人才,全面提高工程教育人才培养质量具有十分重要的示范和引导作用。

自动化学院自动化专业在2013年成功入选教育部"卓越工程师教育培养计划"。在学院领导的大力支持下,学院组织教师到各兄弟院校广泛调研和学习,邀请专家到学院交流和指导,学院领导带队到多个企业进一步深入了解企业对人才的需求,一起讨论如何实现校企共赢的人才培养,经过领导和广大教师的努力付出和学生的艰苦奋斗,自动化专业卓越计划实施和建设取得了一系列的成果,积累了宝贵的经验。

(一)卓越计划建设指导思想

重庆大学自动化专业本科卓越计划建设以马克思列宁主义、毛泽东思想、邓小平理论、"三个代表"重要思想、科学发展观、习近平新时代中国特色社会主义思想为指引,以培养造就一大批创新能力强、适应经济社会发展需要的高质量各类型工程技术人才为目标,根据教育部关于实施"卓越工程师教育培养计划"的精神和要求,树立全面发展和多样化的人才观念,全面贯彻新发展理念,树立主动服务国家战略要求、主动服务行业企业需求的观念,结合重庆经济发展方式、重庆大学办学特色、自动化学院特色专业建设理念和人才培养定位,改革和创新工程教育人才培养模式,创立高校与行业企业联合培养人才的新机制,培养造就一大批具有较强的创业意识和魄力、创新和创造能力、适应经济社会发展需要的高质量自动化工程技术人才,以加快国家走新型工业化发展道路速度、推动重庆区域经济发展、优化重庆大学教育结构和提升自动化专业教育质量,推动学院内涵式高质量发展。

(二)卓越计划建设思路

重庆大学自动化专业本科卓越计划建设围绕"面向工业界、面向未来、面向世界"的大工程教育理念,以社会对工程人才需求为导向,以实际工程为背景,以工程技术为主线,以"需求驱动、学以致用、创新发展、服务社会"为指导方针,在夯实理论基础、突出工程特色、强化工程实践、培养创新人才的宗旨下,着力提高学生的工程实践能力、创业意识和创新创造能力。依托重庆直辖市、两江新区、电子工业园的经济发展优势和电子工程产业结构优势,发挥重庆大学"厚基础、重实践、国际化"教育特色和重庆大学"控制理论与控制工程"重庆市重点学科优势,结合重庆大学自动化学院高素质的师资队伍、优质的教学资源、深厚的教学经验以及卓越的校企联合人才培养经验,面向国际交流,强调学科交叉,融合工程实践教学,加强与企业合作,以完善知识结构、强化学生素质教育与工程设计、工程实践、工程应用、工程研究能力,并与创新创业有机结合和匹配互动,以达到强化整合培养的要求,探索和形成了特色鲜明的自动化高级工程人才培养模式和培养体系。

(三)卓越计划目标定位

重庆大学自动化专业本科卓越计划建设以改革和创新自动化工程教育人才培养模式为基础,创立高校与自动化行业企业联合培养人才的新机制,以自动控制理论和人工智能理论为基础,以计算机技术、电子信息技术、电力电子技术、传感器与自动检测技术、网络与通信技术为主要工具,造就具有扎实的工程科学基础、宽广的专业知识、较高的人文科学素质、持续的创新精神和较强国际竞争力的本科工程型人才;能够在面向国民经济各行业的自动化工程及相关技术领域胜任科学研究、系统分析、工程设计、技术研发、维护管理和应用服务等工作,能适应和引领未来、德才兼备的高素质创新型人才,成为德智体美劳全面发展的社会主义事业建设者和接班人。

二、卓越计划的建设举措及经验

(一)机制体制建设

1.组织领导机制建设

自重庆大学自动化学院的自动化专业成为第二批卓越计划高校试点学科专业以来,学院高度重视卓越计划的全面推进实施工作,成立了自动化专业"卓越工程师教育培养计划"建设领导小组、学术指导小组和工作小组,明确了各个小组的工作职责,联合企业专家,全面推进卓越计划的建设工作。

①自动化专业"卓越工程师教育培养计划"领导小组:主要由自动化学院党政领导组成,领导学院的自动化专业卓越工程师培养计划的建设工作,在人力、物力和财力方面给予支持。

②自动化专业"卓越工程师教育培养计划"工作小组:主要由学院教学主管领导、卓越计划建设项目负责人、系主任、学生办公室主任、实习基地企业负责人等人员组成,全面推进和实施卓越计划的建设工作,主要包括卓越计划实验班学生的遴选、管理、培养方案的制订和完善、教学改革、教改项目和教学成果申报、师资队伍建设和校企联合工程实践教育中心建设等工作。

③自动化专业"卓越工程师教育培养计划"学术指导小组:主要由学院学术指导委员会成员、企业专家等人员构成,负责对卓越计划实验班学生培养方案制订、课程整合、教学改革、师资队伍建设和校企联合工程实践教育中心建设等工作进行指导、监督和评价。

2.学生培养机制

(1)培养方案制订和完善机制

自动化专业卓越计划人才培养方案以"八个统一结合"(基础教育和专业教育的统一结合、学习内容和工程需求的统一结合、全面发展和个性培养的统一结合、学校教育和社会教育的统一结合、集中实践和分段实践的统一结合、课程教学和实践教学的统一结合、理论课程和应用课程的统一结合、学术指导和工程指导的统一结合)为准则,从企业和社会的实际需求出发,对培养方案结构和课程体系进行整体设计,构筑平台课程,加强课程之间的有机衔接,实行课程的模块化和系列化。

培养方案的制订和完善工作由领导小组组织工作小组成员收集行业企业发展趋势、社会人才需求总量以及结构的信息,摸清学校教育教学资源优势,并进一步明确、完善卓越工程师人才培养目标与培养体系。根据《卓越工程师教育培养计划本科工程型人才培养通用标准》和《卓越工程师教育培养计划阶段检查方案》,结合学校定位,以及专业优势和特色,将培养标准导入课程体系。然后在学术指导小组的指导和监督下,进一步完善和改进自动化专业本科卓越计划培养方案。

重庆大学自动化学院自 2014 年成立自动化专业卓越计划实验班开始,以卓越自动化优秀人才培养为目标,以重庆地域经济发展需求为导向,完成了 2014 级(工学学士,168 学分)、2016 级(工学学士,168 学分)、2018 级(工学学士,166 学分)和 2021 级(工学学士,160 学分)自动化专业实验班卓越计划人才培养方案的制订。

(2)卓越计划实验班学生的选拔机制

基本原则:遴选工作坚持贯彻"公开、公平、公正"的原则,以学生综合能力为主要参考指标,注重对学习状况和态度的考查;在遴选过程中做到信息公开、流程规范、沟通及时;坚持自愿申请和择优选拔相结合。

选拔方案:实行自动化专业"卓越工程师教育培养计划"的学生,由招办统一招入,并在大类分流后进行选拔,原则上每届招收学生人数不多于32人,确需调整招收名额时,由学院向本科生院提出调整意见,经研究批准后予以调整。遵循"树立科学选拔理念,提高人才选拔质量"的指导思想,学院通过对"卓越计划"的宣讲与咨询,采用学生自主报名,学院择优选拔的方式,经过面试、公示,最终确定实验班入选学生。

(3)卓越计划实验班的管理与考核机制

每个实验班级配备1名班主任,负责学生指导工作、学生思想政治教育和管理等工作。每名学生配备1名专业指导教师和企业指导教师。

实验班以独立的教学班组织教学,以学年学分制进行教学管理。

实行"卓越工程师教育培养计划"的学生,严格按照制订的"卓越工程师教育培养计划"的培养方案学习并进行考核。学生在企业学习阶段,须服从企业管理规定,企业将对学生在企业学习阶段的成果进行评价和考核。

(4)卓越计划实验班的优补与退出机制

为确保实验班学生质量,鼓励学生实践、创新,建立优补与退出的竞争机制,淘汰不适应继续在实验班学习的学生,并等量选拔增补优秀学生,以保证实验班学生的培养质量。实验班本着"严进严出"的原则,努力使进入实验班的学生都得到良好培养,顺利完成本科阶段学习。

优补:非实验班上思维活跃、实践能力强、创新意识强、成绩优秀的学生经本人申请、学院考核合格、报本科生院批准后,可补充进入实验班。

退出:进入卓越计划实验班学生无特殊理由不得申请退出,凡出现以下情况之一者,应退出实验班学习。

①政治思想表现较差,表现不良,经多次教育不思悔改者。

②因各种原因受警告或警告以上处分者。

③在企业学习阶段不服从企业管理规定,影响恶劣或造成责任事故者。

④在企业学习阶段,经过课程考评和企业认可等各方面的考评,综合考评不合格者。

⑤因客观原因,难以适应"卓越计划"建设要求者。

符合上述前4种情况退出实验班的学生,经学院审核认定后,报本科生院批准,即转入非实验班学习。符合上述第5项情况欲退出实验班的学生,由本人提出申请,经学院同意后,报本科生院批准,退出学生转入非实验班学习。

3.师资队伍建设与管理机制

(1)师资队伍建设

重庆大学自动化学院大力推进卓越计划教师系列队伍的建设工作,建立"以自己培养为主,外部引进为辅"的工程教育师资队伍建设长效机制。

①遴选具备在企业工作多年或与企业多年联合进行研发工作经历、具有丰富的工程实践经验的高级工程人员和教师作为"卓越工程师教育培养计划"的骨干教师。

②针对自动化学院无企业工作经历,但是具有丰富的工程项目实施经验的专职教师,提供经费支持,有计划地组织专职教师到企业培训或挂职锻炼,参与企业实际工程项目或研发项目,提升"卓越计划"教师的工程实践能力。

③在工程实践类教师自身培养的同时,自动化学院积极聘请具有丰富工程实践经验的企业工程技术人员担任兼职教师,努力提高专业课教师中具备在企业工作的工程经历的教师比例,共同提高"卓越计划"教师队伍工程教育能力。

（2）考核与激励机制

重庆大学自动化学院建立了科学合理的考核和激励机制,以实现卓越计划教师系列队伍的管理。

①对参与卓越计划建设教师实行年度考核制度,每年参与卓越计划建设的教师对本年度的卓越计划建设情况进行述职,由领导小组和学术指导小组组成的考核小组对参与卓越计划建设的教师工作完成情况进行评价和考核。

②对参与卓越计划建设的教师,给予相应的聘岗考核政策倾斜,鼓励教师结合自动化专业特色和课程设置特点,将企业工作经验及企业项目成果融合到卓越计划实验班的教学中,以丰富工程教学案例。

③制订了一系列激励政策,鼓励教师围绕卓越计划建设进行教学改革,积极申请教改项目,撰写教改论文和教材,申报教学成果奖,推广卓越计划建设经验。

（二）重要举措及特色做法

1.加强对外交流

为了更好地开展卓越计划人才培养,避免"闭门造车",自动化学院非常注重对外交流学习。加强与兄弟院校的交流,学习借鉴兄弟院校的宝贵经验,努力提高优化自身的卓越计划建设。加强与企业的交流,与企业联合建立校企联合工程实践中心,深入调研企业的需求,培养符合企业要求的创新型工程人才。同时卓越计划负责人带领卓越计划建设骨干成员积极参加卓越工程师教育培养计划的研讨会,走出去,与全国各地的专家学者交流,开眼界,拓思路,努力提高自身素质,更好地完成卓越计划建设,并宣传推广自身的建设经验与成果。

（1）注重与兄弟院校的交流学习

由学院领导及卓越计划项目负责人带队,组织卓越计划建设骨干教师前往兄弟院校,对其他高校的建设情况进行实地调研,围绕学生培养机制、课程体系建设、实验实践平台建设等方面进行了深入的交流,收集了很多有价值的建设性意见。

2014—2019年,由院领导带队,组织了几十名卓越计划建设骨干成员实地调研了北京理工大学、山东大学、华中科技大学、福州大学、哈尔滨工业大学等国内双一流大学。与卓越计划建设团队座谈,深入学习这些高校卓越计划建设经验,参观实验室、实践中心,对我院卓越计划建设的顺利开展起到了借鉴和促进作用(图11.1—图11.4)。

图 11.1　北京理工大学调研

图 11.2　华中科技大学调研

图 11.3　山东大学调研

图 11.4　福州大学调研

　　同时也积极邀请兄弟院校卓越计划建设领导和专家来我们学院交流访问,对我们的工作提出宝贵的建设性意见。图 11.5 为由北京理工大学自动化学院廖院长带队来我院交流访问,双方围绕自动化专业建设及人才培养工作进行了讨论,并针对卓越工程师培养计划的实施交流了经验,为我院自动化专业卓越计划的实施给出了很多宝贵建议。

图 11.5　北京理工大学来院交流座谈

　　(2)加强与企业的交流合作

　　卓越计划建设强调培养学生的工程素养,推动创建高校与自动化行业企业联合培养人才的机制。高校应该积极与企业对接,了解企业的需求,探索校企联合培养人才的机制。

　　自动化学院非常重视与企业的交流合作,院领导多次带队,组织卓越计划建设骨干成员,与中国四联仪器仪表集团有限公司、中煤科工集团重庆煤炭科学研究院有限公司、苏州汇川技术有限公司、富士康科技集团(重庆园区)、固高科技(深圳)有限公司、重庆左卡有限公司等多家企业进行了交流磋商,深入了解企业对自动化人才知识结构、能力素养、工程实践等方面的需求,努力探索与企业形成双方共赢的局面,实现长期有效深入的合作模式,双方合作共同提高了学生的培养质量。目前已与多家公司签订了校企联合工程实践中心、教学实习基地和毕业设计基地等方面的协议,为卓越计划实验班工程实践环节的实施提供了保证,促进了学生培养质量的提高。

图 11.6　与苏州汇川技术有限公司领导交流　图 11.7　苏州汇川技术有限公司领导到我院交流

图 11.8　与固高科技(深圳)有限公司领导交流　图 11.9　与重庆左卡有限公司领导交流

(3)积极与专家学者们交流学习

学院大力支持卓越计划建设教师走出去,参加全国性的交流研讨会,拓宽视野,提高师资队伍的素质与能力。

学院领导和卓越计划建设项目负责人带队参加了在大连举办的全国"卓越工程师人才培养计划"(东北地区)工作交流研讨会,在江西赣州举办的第二届全国自动化专业"卓越工程师教育培养计划"经验交流会暨工作研讨会,在上海举办的第三届全国自动化专业"卓越工程师教育培养计划"经验交流会暨工作研讨会,在厦门举办的全国高校课程教学范式转变与翻转课堂教学法专题研修班的培训会、在成都举办的全国"卓越工程师人才培养计划"(西南地区)工作交流研讨会等有关卓越计划建设的重要会议,有力地促进了我院的卓越计划建设工作。

图 11.10　在大连举办的卓越计划研讨会　　　　图 11.11　在厦门举办的培训会

图 11.12　在江西举办的卓越计划研讨会

图 11.13　在上海举办的卓越计划研讨会

2."双导师"教师队伍建设

　　教育部卓越工程师培养计划规定入选卓越工程师计划的学生要进入企业进行实习和实践，探索校企协同的卓越工程师培养模式。针对该要求，自动化学院制订了"双导师"制度，对卓越计划实验班学生实行学校、企业双导师制培养教育。

学院制订了"校内导师遴选实施办法",挑选富有责任心、教学经验丰富、专业指导能力强的优秀教师作为学生导师。在学业上指导学生,加强对学生思想品德的教育。在专业上帮助学生深入了解本专业,激发学生的兴趣,协助学生规划自己的学习发展方向。在学术上引导学生开展研究实践活动,提升科研素养。

"实施办法"规定每位导师每个年级只可指导1~2名学生,每一位卓越计划实验班学生都配备一名校内导师,并且师生之间采取双向选择机制,有效地保障了导师制度的实施效果。学院还派遣了校内导师和一批具有潜力的中青年教师深入多个企业集中学习或培训,了解其研究领域与行业的实际需求,厘清其对学生培养的指导方向,提高校内导师的实践经验。

学院长期聘任企业的资深工程技术人员担任兼职教师或导师,从不同行业不同企业聘请了一批专家学者兼任企业导师。制订了自动化学院外聘教师协议书,明确了外聘教师的权利、义务和考核办法。学生到企业进行实习实践以及毕业设计期间,企业导师紧密结合企业生产实际,增强学生对工程背景的认识,培养学生学以致用的意识和工程实践能力。

3.课程建设

(1)课程体系改革

卓越计划强调培养学生的工程应用、创新能力,提升学生的综合素质,其课程体系需要强化工程实践,满足学生卓越计划的培养要求,因此在卓越计划实验班的培养方案中删掉了一部分理论性较强的课程,增加了"运动控制系统""计算机控制技术""过程控制系统""嵌入式技术及应用"和"可编程控制器与组态软件"等课程的实验学时数,新增了"计算机应用综合项目训练(I)"课程,并且将"自动化工程设计基础"课程改为必修课(图11.14)。

图11.14　卓越计划核心课程群

强化了企业实习和毕业设计,企业实习分为企业实习(I)和企业实习(Ⅱ)。企业实习(I)在大二学期末进行,主要进行社会调查、市场调研和企业调研,了解社会和工程对自动化专业人才的需求,了解与自动化专业相关的知识在工程中的应用以及需要解决的问题,增强学生的感性认识和好奇心,使学生在大三学习专业课时,能够变被动学习为主动学习,而且使学生在学习时能够与工程实际联系起来,激发学生的学习热情。企业实习(Ⅱ)在大三学期末进行,此时学生已经掌握了自动化专业的基本专业知识,实习的目的是使学生深刻理解自动化专业相关知识在工程上的具体应用,能够围绕自动控制、过程控制、运动控制、计算机控制等方面,完成一定要求的工程设计,能够解决一些工程中的技术问题。针对毕业设计,卓越计划做了一系列的改革,要求毕业设计题目来源于企业的生产实践,尽可能到企业完成毕业设计,采取"校内导师+企业导师"的"双导师"指导制度。卓越计划的毕业设计采取"8+16"(大四上8周,大四下16周)的周次安排,整个毕业设计时间长达24周,让学生熟悉并真正参与到工程项目的研发过程中,通过毕业设计环节培养学生工程实践能力,提高学生的分析问题、解决问题的能力和独立从事科研工作的能力。

(2)课程内容改革

与非实验班培养方案相比,卓越计划实验班课程更加注重实践实验环节,大大增加了一些课程的实验学时(表11.1)。

表11.1　实验班与非实验班部分课程实验学时对比

序号	课程名	非实验班课程实验学时	实验班课程实验学时
1	自动控制原理(Ⅰ-1)	12	28
2	自动控制原理(Ⅰ-2)	8	24
3	过程控制系统	16	32
4	运动控制系统	16	32
5	计算机控制技术	16	32
6	ARM嵌入式技术及工程实践	16	64
7	EDA技术基础	16	32
8	可编程控制器与组态软件	16	32

充足的实验学时使学生可以完成一些更具有挑战性的综合设计型实验。以"ARM嵌入式技术及工程实践"课程为例,课程实验逐步深入,最终完成"智能小车设计"实验,要求学生从功能规划、硬件设计、软件编程、调试,独立完成一个小型的嵌入式系统设计,对学生融会贯通课程所学内容,培养学生的动手实践能力和创新创造意识起到了积极的作用,该课程的改革也得到了学生的好评。

此外自动化学院大力推进与企业的深度合作,积极聘请具有丰富工程实践经验的企业工程技术人员担任兼职教师,很多课程如"传感器与自动检测技术""自动化实践基础""过程控制系统""自动化工程设计基础""可编程控制器与组态软件""现代自动化仪器仪表概论""ARM嵌入式技术及工程实践"等实现了聘请企业专家与学院具有企业工作多年、具有丰富的工程实践教师共同授课。授课教师结合自己在企业的工作和实际产品开发经验组织规划授课内容,课程内容中增加工程应用案例,围绕案例讲授专业知识,传授教师宝贵的实践经验,更有利于学生培养质量的提高。

(3)教学模式改革

学院积极激励教师围绕卓越计划建设进行教学模式改革,努力将慕课、翻转课堂教育、通过案例授课等新的教学方法和手段应用到自己的教学实践中,打造多维立体的课程教学平台,课上课下加强与学生的交流沟通,提高教学质量。

①"自动控制原理""计算机硬件技术基础"两门课程获批为重庆大学在线课程,"ARM 嵌入式技术与工程实践""EDA 技术基础"等多门课程在重庆大学 SPOC 平台上完成了在线课程建设。

②"ARM 嵌入式技术与工程实践"等多门课程申请了重庆大学翻转课堂教学,充分发挥学生的主动性,改变以教师为主体"教"的教学模式,转变为以学生为主体"学"的教学模式。翻转课堂教学模式下,学生可以根据自身学习情况,针对难点、重点和兴趣点加强学习,实现个性化的学习。

③课程教师积极利用现代社交软件打造立体的课程教学平台,探索新技术新形势下的教学方法。课上通过"雨课堂"了解学生动态,发布习题,实时掌握学生的学习情况。课下通过"雨课堂"、QQ 群和在线课程平台,发布学习资料,布置预习作业,解答学生疑问。多维立体的课程教学平台打破了时间空间的阻隔,让师生更亲密,交流更顺畅。

④教师授课中,结合工程项目,采用案例式教学、研讨式教学方法,组织学生分析工程案例,讨论解决方案,鼓励学生思考,培养学生的工程师思维模式和创新意识,提高学生的分析工程实际问题和解决问题的能力。

4.实践基地建设

实践基地建设是实践教学环节的基础,是学生创新能力培养的重要保障,是高校教育教学改革和卓越计划建设的重要内容。学院基于"共同培养人才,实现校企双赢"的理念,结合自身的学科和专业特色,主动寻求与企业在人才培养上的合作,促进企业由单纯的用人单位向联合培养单位转变,建设既满足教学、科研需要,有利于卓越工程师人才培养,又能为企业培养技术骨干的实践基地。精心挑选有强烈内在需求,愿意承担为国家培育人才,具有适于人才成长的企业文化、研发实力雄厚的企业,签订人才培养战略合作协议,联合开展卓越计划建设。

(1)选择不同类型的企业作为实践基地的依托单位

自动化专业是一个"万金油"专业,自动化专业相关的理论和技术应用于国民经济建设的各个领域,特别是面向"互联网+"和人工智能时代,对自动化专业人才的培养提出了新的要求和新的挑战。为了开拓学生的视野,了解不同的领域、不同的企业对自动化人才的需求,自动化学院领导积极与不同类型的企业领导洽谈,探索基于"共同培养人才,实现校企双赢"的新的人才培养模式,拓展和延伸学校里的教学内容,促进理论教学和实践教学相结合,提高学生的综合素质和创新能力,创立高校与自动化行业企业联合培养人才的新机制。经过几年的建设,自动化学院分别与国内在自动化领域富有影响力的大型国有企业——中国四联仪器仪表集团有限公司、中煤科工集团重庆煤炭科学研究院有限公司,大型民营企业富士康科技集团(重庆园区)、苏州汇川技术有限公司、固高科技(深圳)有限公司,面向"互联网+"和人工智能的中小型民营企业重庆卡佐科技有限公司等多家企业签订了校企联合共建学生实习实践基地、工程型师资培训基地和校企联合工程实践中心,详情见表11.2。各种类型的工程实践基地,为学生创造了良好的实践条件,建立起将"产、学、研"联系在一起的纽带,极大地改善了办学条件。

表 11.2　自动化学院校企共建企业及内容

序号	企业	共建内容
1	中国四联仪器仪表集团有限公司	工程型师资培训基地 校企联合共建学生实习实践基地
2	中煤科工集团重庆煤炭科学研究院有限公司	工程型师资培训基地 校企联合共建学生实习实践基地
3	富士康科技集团(重庆园区)	校企联合共建学生实习实践基地
4	固高科技(深圳)有限公司	校企联合共建学生实习实践基地
5	重庆市科学技术研究院	工程型师资培训基地
6	中国海尔集团	校企联合共建学生实习实践基地
7	深圳市先进智能研究所	校企联合共建联合培养实践基地
8	重庆蓝盾电子技术服务公司	校企联合共建联合培养实践基地
9	苏州汇川技术有限公司	校企联合工程实践中心
10	重庆卡佐科技有限公司	校企联合工程实践中心

图 11.15　与苏州汇川技术有限公司签约仪式　　图 11.16　与重庆卡佐科技有限公司签约仪式

(2)学生在企业实践基地的培养情况

针对学生在企业实践基地的实习和毕业设计,学院与合作企业共同研讨、共同制订了"卓越计划"学生的企业实习和毕业设计培养方案,还聘请了很多企业工程技术人员为学生开设讲座,不仅围绕企业实际工程讲授有关自动化专业知识,还讲授企业文化、职业素养、爱国情怀,以及超级工程对自动化人才的需求。学生在企业实践内容丰富,在校企双方导师的指导下,学生通过现场学习、听讲座、参与工程项目研究,不仅进一步深刻了解了企业的自动化现状和企业对自动化人才的需求,激发了学生的主动学习热情,还活学活用学到的知识,为企业解决了一些技术难题。固高科技(深圳)有限公司还制订了政策,对在企业实践过程中为企业作出贡献的学生给予奖励;富士康科技集团(重庆园区)还组织了学生为企业献计献策活动,对提出了有利于企业发展计策且被企业采纳的学生给予奖励。我院学生在这些活动中表现突出,学生的培养质量得到了企业的充分认可,企业欢迎我院学生毕业后到企业发展。校企联合建立的工程实践中心、实习基地为达成培养方案要求,实现卓越计划人才培养目标提供了坚实的基础和支撑。

图 11.17　学生在苏州汇川技术有限公司实习

图 11.18　学生在中国四联仪器仪表集团有限公司实习

5.思政教育贯穿人才培养全过程

在全国高校思想政治工作会议上,习近平总书记提出了提高学生思想政治素质的明确要求,即"四个正确认识",其要义就在于要学会用正确的立场、观点和方法分析问题,把学习、观察、实践同思考紧密结合起来,善于把握历史和时代的发展方向、把握社会的主流和支流、现象和本质,养成历史思维、辩证思维、系统思维和创新思维。"卓越计划"建设作为自动化学院自动化卓越人才培养的探索者和急先锋,能不能为中国特色社会主义事业源源不断地培养合格建设者和可靠接班人,能不能为实现中华民族伟大复兴中国梦凝聚人才、培育人才、输送人才,是衡量自动化卓越人才培养的重要指标。自动化学院为了解决"培养什么人、怎样培养人以及为谁培养人"的人才培养根本问题,通过辅导员、班主任、学业导师、企业导师和授课教师,把思政教育贯穿于人才培养全过程,在学生生活、学习、科研等各方面进行了一系列的思政教育活动,加强了对学生的世界观、人生观和价值观的教育,传承和创新中华优秀传统文化,积极引导学生树立正确的国家观、民族观、历史观、文化观,从而为社会培养更多德智体美劳全面发展的人才,为中国特色社会主义事业培养合格的建设者和可靠的接班人。

三、建设成效

(一)学生培养质量

通过上面提到的各种举措,自动化学院 2014—2017 级卓越计划实验班的学生培养质量得到很大提高。以 2014 级实验班为例,该班学生共 32 人,直接通过保研前往"双一流"A 类高校攻读硕士人数为 17 人,其中直博生 1 名,保研率达 53.13%,王哲同学以年级第一名的成绩被保送到清华大学;通过考研前往"双一流"A 类高校攻读硕士人数共 5 人,考研率达 15.63%;申请出国留学人数为 2 人,占比 6.25%;首届学生毕业后进一步深造率达到 75%。直接就业人数共计 8 人,占比 25%,就业单位为华为技术有限公司、中国电子科技集团公司、中建三局、小米科技等知名企业。就读期间全班学生参与国家级大学生创新创业训练计划项目 5 项共计 9 人次,结题优秀 2 项;参与重庆大学科研训练计划项目 18 项共计 27 人次;获国家级竞赛奖励共计 9 人次,省市级竞赛奖励共计 5 人次,申请专利共计 7 项,发表学术论文 3 篇,学生科研、竞赛参与率达 100%。大学四年全班无 1 人补考,所有学生均荣获了重庆大学颁发的卓越计划培养荣誉证书。2021 年学院对该班学生进行了跟踪调查,并撰写了"自动化专业 2014 级卓越计划实验班跟踪调查报告",该班学生硕士毕业后继续攻读博士学位学生共 7 人,就读单位为清华大学、天津大学、华中科技大学、西安交通大学、西北工业大学、重庆大学、华东师范大学等国内双一流 A 类高校。其他学生全部就业,就业率达 100%,就业单位为华为技术有限公司、中国电子科技集团有限公司、中国船舶集团有限公司、东方红卫星移动通信有限公司、腾讯、字节跳动、蚂蚁金服等中央企事业单位和国内大型知名企业。

(二)学生成果

通过加强思政教育和建立一系列激励政策,实验班的同学们学习热情高涨,入选实验班后,学期平均 GPA 都有所提高。另外,学院对实验班同学实行双导师制,每位同学对应配备了两名导师,包括校内导师、校外导师,鼓励并指导学生参加各类竞赛和科研训练活动,每个年级的实验班都取得了不菲的成果(表11.3)。

表 11.3 2014 级实验班取得的成果

姓名	成果
王哲	"全国大学生数学建模大赛"全国一等奖 "美国大学生数学建模大赛"一等奖 "全国大学生机器人大赛"全国三等奖 国家新型实用专利 1 项——"飞行器无人值守充电系统" 国创《基于图像识别与无线输电技术的多旋翼飞行器通用型无人充电站》良好结题
樊邦彦	发明专利《一种振荡式波浪能》申请公开 发明专利《基于铁路隧道活塞》申请公开 第十届全国大学生节能减排社会实践与科技竞赛全国二等奖 发表论文"四旋翼飞行器的控制系统设计" 国创《基于 stm32 的四旋翼飞行器的飞控和跟踪飞行的设计与研究》良好结题
吕虎伟	校级 SRTP《驱动电流可调全向移动机器人控制》良好结题
吴珩	校级 SRTP《分数阶复杂网络同步控制与应用》良好结题 校级 SRTP《驱动电流可调全向移动机器人控制》良好结题
金鹏	重庆市第一届高校"创业之星"创业大赛优秀奖 "国家级大学生创业训练项目"优秀结题
牟少辉	校级 SRTP《基于 Android 的智能家居门窗控制》良好结题
犹安红	校级 SRTP《驱动电流可调全向移动机器人控制》良好结题
阳剑	校级 SRTP《基于微网的下垂控制器设计》良好结题 国创《简单路况下基于 STM32 的电子导盲小车的设计与制作》良好结题 "中国机器人大赛"决赛亚军 论文:简单路况下基于 STM32 的电子导盲小车的设计与制作
白云霞	校级 SRTP《基于开源硬件平台的智能警犬设计》良好结题
王幸琪	校级 SRTP《友好型智能家居宠物看护系统》良好结题
丰宇宸	校级 SRTP《基于微网的下垂控制器设计》良好结题 论文:简单路况下基于 STM32 的电子导盲小车的设计与制作
李文壹	校级 SRTP《虎溪校区新生学习生活指导 APP》优秀结题
张玉玮	校级 SRTP《虎溪校区新生学习生活指导 APP》优秀结题
陈旖璇	校级 SRTP《虎溪校区新生学习生活指导 APP》优秀结题 "中国机器人大赛"决赛季军 校级 SRTP《考虑通信滞后的微电网二次控制器设计》良好结题
王瑞雪	校级 SRTP《本安防爆型数据标签采集器》良好结题
雷延钰	国创《简单路况下基于 STM32 的电子导盲小车的设计与制作》良好结题
余智谋	校级 SRTP《基于局域网的即时通讯系统设计》良好结题 第三届国创项目《社区支农在线》良好结题 全国互联网+创新创业大赛省级铜奖
刘远腾	校级 SRTP《基于激光雷达的移动机器人通道行进控制》良好结题

续表

姓名	成果
公维勇	"全国大学生数学建模比赛"重庆市一等奖 校级 SRTP《基于间歇控制策略的多智能体系统一致性控制及应用研究》良好结题
杜雨珂	"全国大学生数学建模比赛"重庆市一等奖 校级 SRTP《基于间歇控制策略的多智能体系统一致性控制及应用研究》良好结题
李洁	第十六届全国大学生机器人大赛 RoboMaster 2017 机甲大师赛总决赛三等奖 第十六届全国大学生机器人大赛 RoboMaster 2017 机甲大师赛西部分区赛一等奖 校级 SRTP《基于间歇控制策略的多智能体系统一致性控制及应用研究》良好结题
胡玉东	校级 SRTP《基于嵌入式的篮球机器人控制系统》良好结题
陈博成	论文:四旋翼飞行器的控制系统设计 国创《基于 stm32 的四旋翼飞行器的飞控和跟踪飞行的设计与研究》良好结题 "全国大学生智能汽车竞赛"全国二等奖 校级 SRTP《基于单片机的老人智能手环》优秀结题
崔丹	校级 SRTP《无线电能传输系统多激励源设计》良好结题
王光炜	发表论文《基于云计算的数据挖掘平台》内蒙古科技与经济 SRTP 项目《基于激光雷达的移动机器人通道行进控制》良好结题 2017 年全国大学生电子设计竞赛重庆赛区推荐上报全国评奖
吴冬冬	校级 SRTP《智能避障太阳能汽车》良好结题
王小强	校级 SRTP《智能避障太阳能汽车》良好结题 "中国机器人大赛"决赛亚军
古维昆	《四旋翼飞行器的控制系统设计》重庆市计算机科学期刊 国创项目《基于 stm32 的四旋翼飞行器的飞控和跟踪飞行的设计与研究》良好结题
甘坤	校级 SRTP《冷却风扇运行参数采集装置研发》良好结题
张泽民	校级 SRTP《无线电能传输多激励源设计》良好结题

通过卓越计划建设的培养,各年级实验班的学生不仅通过自主学习、创新学习,在科研竞赛和科研训练中取得了不菲的成果,思想方面也非常上进,响应时代的号召,立做有志青年,在比学赶帮超的其他评优活动中也获得了丰富的成果。以 2017 级实验班为例,该实验班共有学生 32 人,在学校的评优中,荣获优秀学生干部 6 人,优秀学生 8 人,另外还有优秀共青团干部、精神文明先进个人、科技学术创新先进个人等奖项,更有 5 人荣获国家奖学金。在毕业来临之际学校评优中有优秀毕业生 12/30(学院总人数)人,优秀毕业生干部 5/15(学院总人数)人。

(三)学生反馈意见

学院在卓越计划建设中,通过多种渠道多种形式收集学生的反馈意见。学院领导、卓越计划建设负责人、实验班班主任通过交流随时了解学生动态;每年毕业季,学院通过书面形式收集学生反馈意见,并组织教师和毕业生进行座谈,了解他们的反馈意见和心得体会,每个毕业年级都撰写了"实验班发展报告",为后面的卓越计划建设工作改进做好准备。下面是部分2014—2017级学生的反馈意见。

2014级阳剑同学反映:经过实验环节的加强训练,以及平时注重实际应用的思维训练,同学们的实践动手能力得到了提升。在嵌入式课程综合设计中,同学们提交的作品是大家实践动手能力的最好体现。由于嵌入式实验的要求具有开放性,最终每个小组提交的智能小车都使用了不同的模块,实现了不同的功能,充分体现出大家思维的发散性,不被固有的模式所束缚。这个过程就是大家一起学习和成长的过程,能力也正是在这个过程中得到了锻炼和提升。

2015级卢志盛同学反映:在学院卓越工程师计划的支持下,有幸得到中电的实习机会,这场注定不平凡的实习机会,让我能够在国内一流的科研院所完成本科毕业设计。实习中,研究所浓厚的科研氛围和严谨认真的工作态度深深地影响了我,对我来说,是弥足珍贵的经验。

2016级王攀同学反映:实验班是一个优秀的集体,两年学习下来,我深刻感受到实验班相比于非实验班在课程质量、教学成果、实践训练上的差别。具体体现在:实验班课程更贴近实际,注重理论知识与实践训练相结合,我们相比于非实验班有更多的实验课时,还有两次进入企业学习的机会,因而在专业应用、个人未来发展上有更加明确的认知;此外,平时课程学习氛围更浓厚,大家互相帮助、互相竞争,形成良性循环。从最终的教学成果来看,实验班同学在动手实践、理论考核上,成绩普遍高于非实验班,达到了"卓越工程师"培养目标。实验班给了我一个良好的学习平台,也给了我认识更多朋友的机会。实验班内的同学有共同的目标——卓越。我热爱这个集体,热爱集体中的每一位伙伴。

2017级张聿铭同学反映:卓越计划的培养目标是培养一批拥有卓越工程意识的工程技术人才,让我们在平时的学习生活中能用工程思想思考问题。让我感触最深的是自动化专业卓越计划建设负责人苏玉刚老师在从最初的学生遴选,到成班之后学生的培养过程中,经常了解学生的成长情况,向学生传播国家的卓越计划建设精神和我们学院的一些具体措施,与学生交流,关爱学生;此外还有许多卓越计划建设老师也为实验班的同学们劳心劳力,将自己的工作经验分享给同学们,帮助同学们解决许多学习上的困难。可以说我们的成长与老师们的精心栽培是密不可分的。

2014级实验班跟踪调查学生反映:卓越计划实验班围绕"培养适应社会主义现代化建设需要的自动化领域工程技术人才"的培养目标,在对学生的培养过程中十分注重提升学生的工程素养。通过企业导师授课、企业参观实习和企业联合毕业设计等多种方式,让企业参与到学生的日常教学中,让学生参与到企业的实际生产中,在课程学习中接触到更多的工程实际应用问题,在企业实习中锻炼了解决实际问题的能力,极大地开阔了视野,对后来的成长很有帮助。

思政教育是卓越工程师培养的重要部分,自动化2014级实验班的辅导员及班主任通过主题班会、主题讲座、外出研学等方式开展了多种形式的爱国主义教育、理想信念教育、立德树人教育活动,增强了班级的凝聚力,班级学习氛围浓厚。此外,实验班授课教师在授课过程中将工程师自身需具有的专业素质、职业道德、人格素养等品质融入专业知识的教学中,帮助学生形成正确的世界观、人生观和价值观,激励学生刻苦学习,勇于探索,力争自己能够在祖国建设、民族复兴的超级工程中作出最大贡献。这些教育有利于我们树立远大理想,更加明确未来要做什么样的人和怎么做人。

(四)课程建设成果

1.课程教学改革的成效

卓越计划建设对课程体系、课程内容以及教学模式都进行了深度改革,改革重点在于加强培养学生的工程实践能力、创新创造能力、工程师思维模式,2014级以来卓越计划实验班已毕业了4届学生,所有学生全部拿到了毕业证书、学位证书和重庆大学颁发的卓越计划荣誉证书,课程改革效果显著。

①课程体系改革强化了实习实践和毕业设计,学生的实践动手能力得到显著提升。在实习实践和毕业设计环节中,学生能够将复杂的工程问题抽象成熟悉的控制问题或数学问题,利用自动化专业知识解决自动化领域复杂工程问题。

②课程内容改革加强实验和课程设计,增加了实验和课程设计的难度,达到融会贯通课程知识,理论结合实际,培养学生工程应用能力的目的。虽然课程难度有所增加,但因学时数有保障,课程内容设置合理,师生沟通顺畅,也顺利解决了实验班学生遇到的问题。由于能够直接将课程所学知识应用到项目设计中,解决实际问题,大大激发了学生的学习热情。

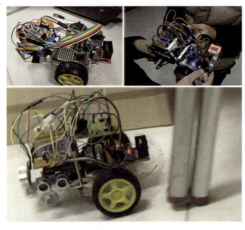

图 11.19　学生实验中完成的"智能小车"　　　图 11.20　EDA 技术基础课程设计作品

③教学模式的改革促进了教学质量的提高。教师针对课程内容与特点,将传统课堂教学、在线视频学习、研讨式教学等多种教学方法和手段有机地结合起来,精心设计教学案例,引导学生讨论工程问题,取得了良好的教学效果。

以上改革措施夯实了学生的理论基础,提高了学生的工程实践能力,培养了学生勇于探索精神和创新意识,为学生参加国创、SRTP 以及各种竞赛取得优异的成果打下了坚实的基础。

2.教改项目与教改论文

(1)教改项目

围绕卓越计划的建设,卓越计划建设骨干教师作为项目负责人和主研人员,申请并完成了自动化教指委教改项目1项,重庆市教改项目7项,重庆大学教改项目10余项。这些项目有力地促进了卓越计划建设工作。

①2014年,孙跃教授牵头申请并获得了自动化教指委项目"自动化卓越工程师工程实践教育平台的构建研究"。

②2013年以来共申请并获得了重庆市教改项目7项。宋永端教授牵头申请并获得了"新工科背景下人工智能课程建设"项目,尹宏鹏教授牵头申请并获得了"互联网+虚拟仿真实验"教学模式的探索与创新研究项目,林景栋院长牵头申请并获得了"基于全视角教学平台的探索研究型教学模式研究"项目。

③2013年以来共申请并获得了重庆大学校级教改项目10余项。苏玉刚教授牵头申请并获得了"高校开放实验室教学模式的探索与实践"项目,杨欣老师牵头申请并获得了"面向卓越工程师的自动控制原理课程体系改革与实践"项目,王楷老师牵头申请并获得了"新工科背景下产学研协同创新育人模式研究"。

④2020年与企业合作完成产学研合作项目2项。王雪老师与杭州英联科技有限公司合作完成了"'传感器与自动检测技术'课程建设"项目,欧阳奇教授与深圳市越疆科技有限公司合作完成了"Dobot机械臂无标定二维动态跟踪实验台"项目。

（2）教改论文

围绕着卓越计划建设经验和成果以及教改项目的实施,卓越计划建设骨干教师深入研究探讨校企合作模式、教育平台建设、教学质量评价体系、教学模式改革等问题,在《实验技术与管理》《电气电子教学学报》等期刊以及"卓越工程师教育培养计划"工作研讨会等会议上发表教改论文20余篇,为学院的教师及全国其他院校的教师提供了可以借鉴的宝贵经验。

①杨欣、马乐等教师总结校企合作共建实践教育中心的建设经验与心得,撰写了《培养自动化卓越工程师的校企合作模式初探》《自动化卓越工程师工程实践教育平台建设探析》等教改论文。

②杨欣、叶兆虹、胡青等教师总结了卓越计划课程改革的实践经验和成果,围绕课程教学模式、教学内容改革等方面发表了《面向工程实践能力培养的嵌入式实验教学改革》《自动化专业卓越工程师班的自动控制原理实验教学模式探索》等教改论文。

③杨欣、朱婉婷等老师总结了教学质量评价体系、开放实验室管理制度等方面的建设经验和成果,发表了《构建控制工程领域全日制专业学位硕士实践教学体系的探索与实践》《自动化专业开放实验教学模式改革的探索》《自动化专业开放实验教学管理和评价模式的探索》等教改论文。

3.教材建设

教材建设是卓越计划建设的重要内容之一,自动化学院制订激励政策鼓励教师面向新工科背景和卓越计划背景下国家对人才培养新的要求,融合已取得的经验和教学成果,积极推进教材建设,目前共编著和出版国家级规划教材3部,普通教材4部,其中一部教材评为省部级优秀教材。

①2021年出版"面向新工科的电工电子信息基础系列教材"2部,宋永端教授编著了《人工智能基础及应用》,胡青副教授编著了《从零开始设计你的智能小车——基于STM32的嵌入式系统设计》,均由清华大学出版社出版。

②2018年,黄勤教授主编了国家级规划教材《单片机原理及应用》第2版,该教材被评为省部级优秀教材,由清华大学出版社出版。

③2020年,宋永端教授主编了《自动控制原理上》和《自动控制原理下》两部教材,由机械工业出版社出版。

④2015年,黄勤教授主编了《微型计算机原理及接口技术实验教程》,由重庆大学出版社出版。

⑤2014年,黄勤教授主编了《微型计算机原理及接口技术》,由机械工业出版社出版。

(五)引领示范

①将卓越计划建设中取得的经验和成果进行总结,撰写了"培养自动化卓越工程师的校企合作模式初探""自动化专业卓越工程师班的自动控制原理实验教学模式探索""面向卓越工程师的自动控制原理课程教学质量评价体系研究""自动化卓越工程师工程实践教育平台建设探析"等论文,在"第二届全国自动化专业卓越工程师教育培养计划经验交流暨工作研讨会""2015全国自动化教育学术年会""2017全国自动化教育学术年会""2019全国自动化教育学术年会"上宣讲,并同来自不同高校的专家和老师进行经验探讨和交流,先进的经验和卓越的成果对其他自动化专业及相关专业"卓越计划"的建设起到了引领示范作用,获得了专家们的一致认可和赞赏。

②通过多年卓越计划的建设和实施,以卓越计划实验班的先进经验和优秀举措为引领示范,对非实验班的实践教学和教学模式进行教学改革,以培养更多自动化创新型工程人才,为国家走新型工业化发展道路、建设创新型国家和人才强国战略服务。

(本章执笔人:重庆大学自动化学院　苏玉刚)

第十二章

电子信息工程专业『卓越计划』建设

育电子信息卓越人才
创智能社会美好未来

一、总体概况

(一) 背景介绍

重庆大学电子信息工程本科专业办学历史悠久,人才培养条件完善,师资队伍结构合理,教学成果丰富。专业源于1935年成立的重庆大学工学院电讯专业,先后更名为无线电、电子工程专业,1999年为了顺应学科发展的需要,原电子工程专业更名为电子信息工程专业。专业先后获批国家级特色专业、教育部"卓越工程师教育培养计划"专业、国家级工科电工电子基础课程教学基地(电子部分)、国家级精品课程、重庆市精品课程、重庆"三特行动计划"特色专业。拥有包括国家级教学名师、中组部国家级人才、重庆市学术带头人等高层次人才。自2013年来,本专业获得国家级人才培养工程项目3项,教育部协同育人项目7项,重庆市重大教改项目3项、重点教改项目3项,重庆市教学成果一等奖2项。专业每年招生规模约130人。其中,本专业于2013年入选教育部"卓越工程师教育培养计划",至今已完成5届"卓越工程师教育培养计划"人才培养。

电子信息工程专业是工程性和应用性极强的专业,培养大量面向当前高速发展信息产业急需的工程人才。本专业的优势在于:第一,秉承"以兴趣铸造志向、以知识培养思维、以工程提升能力"的教育理念,树立"培养专业兴趣、强化工程素质、提升创新能力"的教育目标,形成"课内外结合、校企所共建、产学研协同"的人才培养体系。第二,建设了包括国家级一流专业、国家级特色专业、国家级教学示范中心、国家级精品课程在内的优秀人才培养环境。第三,拥有一支包括工程院院士、中组部"万人计划"、国家级教学名师在内的高水平、强能力、勇创新,科研教学并重的专业师资队伍。第四,形成了满足社会需求的专业方向,重视思想政治教育、交叉学科引导、创新能力培养,国际视野扩展。

(二)指导思想

本专业"卓越工程师教育培养计划"的施行以教育部"面向工业界、面向未来、面向世界,培养造就一大批创新能力强、适应经济社会发展需要的高质量各类型工程技术人才"的目标为导向,落实"学生中心、产出导向、持续改进"的工程教育理念,充分借鉴国内外工程教育的成功经验,全面开展工程教育教学研究和改革实践工作,积极对接社会和行业需求,把实际工程融合教学过程,结合实际应用强化工程技术,着力提升学生的工程意识、工程素质和工程实践能力,注重培养学生的创新、创意、创业能力。

(三)目标定位

本专业以培养德智体美劳全面发展的社会主义建设者和接班人为总目标,具体培养在电子电路和信号信息方向拥有扎实基础理论,丰富专业知识,突出实践技能,同时具备良好自学能力、强烈创新意识、浓厚家国情怀、广阔国际视野的高素质复合型人才,毕业后能够在电子信息及相关行业从事科学研究、产品设计、工艺制造和技术管理等岗位工作,并能在毕业后经过5年左右的社会实践和岗位实践后成为电子信息领域骨干工程技术人员或管理人员等。

(四)总体建设思路

本专业"卓越工程师教育培养计划"实施的总体思路是:以教育部"改革和创新工程教育人才培养模式,创立高校与行业企业联合培养人才的新机制,着力提高学生服务国家和人民的社会责任感、勇于探索的创新精神和善于解决问题的实践能力"的思想为指导,在总结我国工程教育历史成就和借鉴先进国家成功经验的基础上,充分利用和争取学校的政策与资源,以行业企业需求为导向,以工程实际为背景,以工程技术为主线,通过密切高校和行业企业的合作、试点改革人才培养模式、强化工程实践教学环节、丰富工程实践教学资源、提升教师工程实践能力,着力提升学生的工程素养,着力培养学生的工程实践能力、工程设计能力和工程创新能力。

二、相关举措

(一)全面完善相关制度,形成"卓越计划"推进制度保障

在学校制订《重庆大学关于"卓越工程师教育培养计划"的实施意见》、《重庆大学关于加强教师工程实践能力的办法》、《重庆大学外聘任课教师聘用暂行办法》(重大校〔2011〕330

号)、《重庆大学学生实验守则》(重大校〔2012〕469号)、《重庆大学学生企业学习管理规定(讨论稿)》的基础上,多次修订《微电子与通信工程学院"卓越工程师实验班"学生选拔与管理办法》,包括如下内容。

①先以成立"卓越工程师教育培养计划实验班"(简称"卓越班")方式开展教学改革试点,并逐步推广。

②基于"因材施教,分类培养"的思想在一年级结束时进行"卓越班"学生选拔,选拔思想品德端正、学习态度积极、专业兴趣浓厚、热爱专业工程实践、成绩优良、学有余力的学生进入"卓越班",并在运行中施行"淘汰机制",对全院学生形成示范带动作用。

③为"卓越班"配备工程实践经验丰富的指导教师1名,负责日常管理和为学生提供学业指导。

④明确要求在专业基础课程和专业课程教学中实施CDIO工程教育模式,鼓励任课老师配合课程教学内容,布置课外实践项目,并在教学计划中安排课外实践项目讨论、检查与点评环节。

⑤专门建设学院"卓越班"创新创业实验室,为学生提供更好的创新实践活动支撑平台和工程案例资源。

⑥明确本专业主干课程向"卓越班"同学单独开设教学班,并选拔工程实践经验丰富的优秀教师任教,并为"卓越班"教师提供教改项目和评优评先的政策倾斜。

⑦为卓越班实习实践活动提供专项经费支持。

⑧针对"卓越班"制订了专门的培养方案,通过系列企业实习和企业毕业设计将企业引入教学环节,帮助学生从触摸实际工程案例,深入企业工程应用走向聚焦工程问题的工程技术创新,培养复杂工程实践能力。

⑨"卓越班"学生在满足学校推免研究生基本要求条件下,可以直接获得学院推免研究生复试资格。

(二)多维度开展教学改革试点,探索工程能力培养新模式

利用"卓越工程师教育培养计划"实施的契机,我院开展了多维度的教学改革试点工作,进而探索工程能力培养新模式。

①兼顾考虑学科属性和行业背景优化课程体系,不因强调行业标准而忽视学科基础,也不因强调学科基础而弱化行业特点,特别注重工程实践能力培养,并将课程系统明确体现在面向"卓越班"的培养方案中。

②利用"卓越班"单独开班、学生自主学习能力较强的优势,从拉近"学"与"用"距离出发,对本专业主干课程教学内容进行重构与更新,具体包括在基础理论与方法学习的基础上引入更多与时俱进的新技术和新方法,融入更多实际工程案例,并通过布置课外大作业提升学生所学理论课程知识在工程实践中应用的能力。

③随着"翻转课堂""雨课堂""线上线下混合教学"等教学新形式的兴起,我院积极推进碎片化教学视频等线上教学资源建设,并在"卓越班"开展教学方式改革试点,通过"线上"学习过程培养学生面向解决工程问题开展自主调研与学习的能力,通过工程问题研讨培养工程

思维和专业交流能力。

④为了激发学生学习兴趣,提高学习主动性,促使学生从"为成绩期末突击复习"向"在教学过程中掌握知识"转变,利用"线上线下混合教学"等新型教学模式的信息化教学过程管理优势,采用"过程评价与系统考试相结合"的课程成绩评定方式,并且较大幅度地加大平时成绩的比重。

(三)引培并举,全兼职并重,打造高水平"双师双能"型师资队伍

针对信息类行业高层次人才短缺、薪酬高,高校就业吸引力不足等问题,构建多样化的"新工科"复合型师资队伍。通过全职引进、兼职聘请、校企联合引进、企业博士后、出国深造、学术交流、校企合作项目等多种渠道不断拓展教师队伍的"新工科"视野和工程背景。寻求重庆市政府专项资金支持引进高水平人才;结合企业同类型人才需求联合引进专门人才;近年来先后聘请20余名工程经验丰富的企业专家为兼职教师参与培养的目标和方案制订,以及人才培养过程,从而打造一支高水平"双师双能"型师资队伍(图12.1)。

图12.1 聘企业专家为兼职教师聘书典型样例

(四)推进产学合作、产教融合、科教协同,拓展"工程实践"资源

充分利用学校与本地政府政策支持,深入推进产学合作、产教融合、科教协同,加强与地方及国际一流企业的产学研合作,引进了一批由教育部组织的,由Intel、ARM、TI、华为等一流企业支持的产学合作协同育人项目,与英特尔FPGA中国创新中心、中移物联网科技有限公司、重庆普门创生物医疗有限公司等企业建立长期稳定的产学合作,建设一批校内外实践基地。以学校"双一流"建设为契机,获得市政府"鼓励并支持相关企业与重庆大学联合建设半导体、集成电路实习实训基地,支持校企联合开展大数据、人工智能等领域人才培养"的政策支持,在西永微电园成立产学合作研究院(图12.2),以交钥匙方式提供完备的产学合作开展场地(图12.3),与园区的Intel FPGA(图12.4)中国创新中心、CUMEC、中电24所等企业建立无缝的产学合作。通过优异生导师、学业导师政策实现学生与具有科研或工程项目经历的教

师建立一对一的直接联系与交流渠道,进而把教师科研与工程应用项目资源有效转化为学生实践资源。通过设立面向"卓越班"的企业实习、组织丰富的学科竞赛及相关培训活动、国家大学生创新创业实践项目、SRTP 等方式丰富学生的课堂外工程实践内容。

图 12.2　我院在西永微电园成立的产学合作研究院

图 12.3　我院与 ARM 合作建立实习基地

图 12.4　我院与英特尔 FPGA 中国创新中心合作建立实习基地

三、工作特色

(一) 围绕工程实践能力培养开展多样化的校企合作,耕耘高素质工程人才培养沃土

从当前的高校评价体系来看,学科建设也将长期是高校发展的生命线。高校学科建设是一项关系学校发展的综合性、全局性、长期性的基础建设。人才培养和科学研究是学科建设的重要组成部分,需妥善处理三者关系,这关系到整个学校、学院、专业的发展。而"问产业办专业"是当前人才培养的指南针。高校人才培养务必加强与产业界的联系。科学研究也是面向国家需求,为产业发展服务,无疑也需要与企业保持密切联系。因此,在"卓越班"培养方案制订中充分考虑了这一因素,大力拓展人才培养过程中的企业元素,在教学中采用引进企业实际工程案例,增加企业实习比重,邀请企业高级工程师进课堂,聘请企业专家为兼职教师等方式,以此促进产学研结合。

(二) 紧扣"以学生为中心,出口为导向,持续改进"的工程教育理念,谨循认知规律,"学""用"融合,提升人才培养质量

"以学生为中心,出口为导向,持续改进"是指导人才培养目标、毕业要求、课程体系、教学方式等工作的核心思想,也是专业认证的具体要求。同时,按照工程教育理念开展人才培养,符合高等教育国际化潮流,也是国家对一流专业建设的基本要求。我院在实行"卓越工程师教育培养计划"过程中紧密结合面向专业工程认证的教学改革,统一工作指导思想,让教学内容贴近工程实际、强化工程实践、培养工程素养、提高实践创新能力。

(三) 坚持"研究学术、造就人才、佑启乡邦、振导社会"办学宗旨,秉承"产学研结合"办学传统,培养"耐劳苦,尚简朴,勤学业,爱国家"的重大特色卓越工程人才

在卓越工程人才培养中强调社会责任。工程师的专业活动会直接对社会产生影响,社会对工程师自身的专业素质、职业道德、人格素养等也有越来越高的要求。这些要求要贯穿在整个培养过程中。重庆大学历经近百年的发展和传承,形成了自己独特的办学特色和传统文化。我院在"卓越工程师教育培养计划"实行中特别注重这一点,始终坚持卓越工程人才培养与学校办学理念和办学宗旨相一致,才能保证培养的卓越工程人才具备这一"重大特色"的优良品质。

四、建设成果统计与分析

截至 2021 年 7 月,我院已完成 5 届"卓越工程师教育培养计划"人才培养。5 届共选拔"卓越班"学生 118 人,毕业 118 人。现对已毕业的"卓越班"毕业学生各方面情况进行统计与分析。

(一)"卓越班"学生学习成绩情况

得益于我们"卓越班"基础与前沿、理论与实践、课内与课外三结合的综合创新人才培养体系,学生学习绩点较为客观地反映了学生的理论知识、实践能力等方面的综合素质。

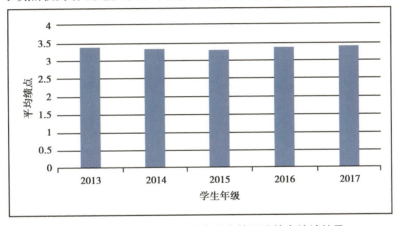

图 12.5　我院"卓越班"5 届毕业生的平均绩点统计结果

由图 12.5 可见,"卓越班"学生普遍成绩优异,且每届学生的平均绩点也较为平稳,这一方面在一定程度上反映了"卓越班"学生有着更为扎实的专业理论基础和工程实践能力,另一方面也说明了教学过程中加强工程实践对学生的专业学习有着很好的促进作用。

(二)"卓越班"学生主要课外实践参与与成果情况

全国大学生电子设计竞赛、重庆市大学生电子设计竞赛、国家大学生创新创业项目、大学生科研训练计划等活动是由学生根据兴趣自愿报名自主选题的专业性课外实践活动。这些活动的参与情况很好地反映了学生对电子信息专业的感兴趣程度。另外,参与这些活动获得的成果级别也很好地反映了学生的工程实践能力。据统计,在"卓越班"5 届毕业生118 人中,人均参与以上课外实践项目 2.6 项,在市级以上竞赛获奖或在国家大学生创新创业项目、大学生科研训练计划项目获得优秀结题(优秀结题比例<20%)的达 95 人次。这充分证明了"卓越班"学生在专业学习中对电子信息专业产生了浓厚的兴趣,并且毕业时能具有较强的工程实践能力。

(三)"卓越班"毕业生去向情况

毕业去向一定程度反映了人才培养的效果。现对"卓越班"5届毕业生的毕业去向按保研或出国深造、考研和就业进行统计,得到如图 12.6 所示统计柱状图。

图 12.6　我院"卓越班"5 届毕业生的毕业去向统计结果

由上图可见,大多数"卓越班"学生的毕业去向为保研或出国深造,统计占比为 68.64%。剩下的部分学生大多数能成功考研或继续学业。最终统计"卓越班"学生的升学率为81.36%。分析同学们的升学单位大多为清华大学、北京大学、浙江大学、新加坡国立大学等国内外顶级高校。考察其中少部分就业学生的就业方向和单位会发现,这些学生大多进入了华为技术有限公司、中软国际科技服务有限公司、迈普通信技术股份有限公司等电子信息行业知名企业的技术研发岗位。这也强力地证明了我院"卓越工程师教育培养计划"实施成效的显著性。

(四)"卓越班"学生企业实习情况

企业实习是我院"卓越工程师教育培养计划"方案实施的重要组成部分,并且直接列入培养方案。企业实习包括以参观走访方式开展的企业认知实习,以企业成功案例为素材进行培训的企业实习(Ⅰ),以企业平台和技术支持进行自主化创新设计的企业实习(Ⅱ)以及长期在企业深度参与企业实际项目的企业实习(Ⅲ)和企业毕业设计,形式丰富多样,有机结合。合作企业为 Intel FPGA 中国创新中心、安芯科技(ARM 旗下)、中移物联网、重庆赛宝工业技术研究院等 10 余家业内知名企业。企业实习既让学生真切经历了"触摸工程应用""体验工程实践""参与工程项目",也极大丰富了学生学习经历,大幅提升了学生的工程实践能力。并且开辟了校企合作的专业能力认证体系,通过校企合作建设了专业工程能力认证,由行业顶尖的企业给达到一定专业能力水平的学生颁发证书。卓越班学生在实习过程中共获企业认证证书 100 余份(图 12.7、图 12.8)。

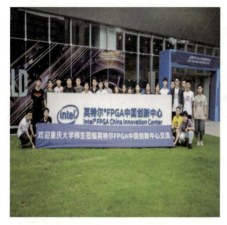

图 12.7　"卓越班"丰富的企业实习实践活动

图 12.8　"卓越班"学生考取行业/企业认证证书示例

（五）有关"卓越班"学生调查反馈情况

相关人员的主管反馈也是人才培养质量的重要方面。我们在每年毕业学生离校前会与"卓越班"学生进行座谈交流，在每年校庆前利用校友信息更新的机会对毕业学生开展问卷调查，统计平均评分高达 99.8 分（总分 100 分）；在就业季利用企业来校招聘向用人单位获取反馈意见，统计满意率高达 100%。以上调查反馈结果证明，"卓越班"学生对现行的"卓越工程师教育培养计划"施行方案有着很高的满意度，"卓越班"学生毕业后发展态势很好，并且得到了用人单位的普遍赞赏。

五、建设成效总结

构建了一套"基础与前沿、理论与实践、课内与课外三结合"的"政产学研用"多方协同电子信息工程专业卓越工程人才培养模式。

建设了一系列包含国家一流课程、重庆市一流课程、校内实践基地、校外实习实践基地、校企协同案例库的电子信息专业工程教育特色教学资源与平台。

培养了一批"掌握扎实的基础理论知识和丰富前沿技术，工程实践能力出众，拥有一定项目经验"的电子信息工程专业卓越工程人才（图 12.9）。

推进了电子信息专业工程教育教学改革，形成了一套具有一定推广价值的电子信息工程专业卓越工程人才培养方法。

图 12.9　我院 2020 届电子信息工程"卓越班"学生毕业合影

（本章执笔人：重庆大学微电子与通信工程学院　曾孝平、曾浩）

第十三章

软件工程专业『卓越计划』建设

数据驱动世界 智能引领未来 软件定义一切

数据智能引领未来
软件创新成就梦想

一、概　述

大数据与软件学院按照教育部"卓越工程师培养计划及工作方案"要求,制订了软件工程专业本科培养方案,并在卓越工程师计划中得到应用。现已形成软件工程专业自己的办学特色,即具有软件工程人才培养体系,建立了由校内专业教师、企业技术人员和外籍教师组成的新型师资队伍;专业的培养模式,注重学生工程技术能力和实践动手的培养;改革传统的教学方式,积极开展案例教学和双语教学等,加强学生参与国际化竞争的能力。

根据卓越工程师计划的基本要求,软件工程专业以面向实际、遵循规范、适应团队、熟知领域、外语优良为导向,培养具有国际竞争力的高层次、实用型、复合型软件工程人才。通过卓越工程师计划培养的毕业生应具有良好的科学素养和基本的人文社科知识,掌握扎实的自然科学知识、软件工程基础知识和先进的软件开发方法、工具和环境,具备较强的软件项目分析、设计、编码、管理和维护等工程技术能力,具有良好的终身学习和发展能力、独立思考和判断能力、实践和创新能力,较强的沟通表达、团队协作能力,能从事软件系统研究、开发、项目管理和服务等工作。

二、软件卓越工程师培养计划及模式

(一)软件卓越工程师培养计划

在分析研究 IEEE 和 ACM 的 SWEBOK、SEEK 等软件工程相关专业知识体系行业标准的基础上,借鉴清华大学、浙江大学、南京大学、哈尔滨工业大学以及美国 Carnegie Mellon 大学、Michigan 大学,加拿大 Waterloo 大学、McMaster 大学,爱尔兰 Dublin 理工大学等国内外著名高校软件工程专业的人才培养体系,建立了软件卓越工程师培养课程体系(图13.1)。

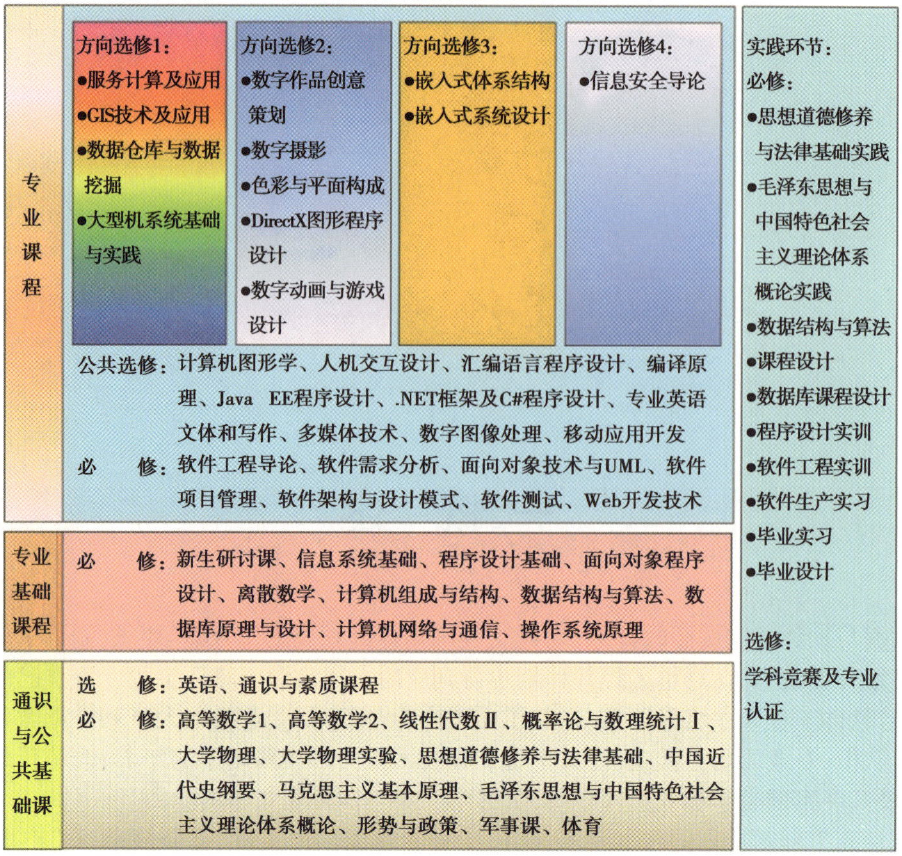

图13.1　软件卓越工程师培养课程体系

软件卓越工程师培养课程体系主要由通识与公共基础课程、专业基础课程、专业课程、实践环节等4个部分组成。通识与公共基础课程主要包括数学、物理、思想政治、军事、体育等必修课和英语、通识与素质教育等选课。其中英语根据入学时的英语水平分等级进行选择,通识与素质教育课程按照自己的爱好进行选择。专业基础课围绕软件工程专业应该掌握的计算机基础知识进行设置。专业课分为必修课和选修课两种类型,必修课围绕软件工程学科核心知识进行设置,选修课面向行业领域,重点培养学生的软件工程理论和软件工程方法应用能力。在理论课程之外,课程体系还设置了一些实践环节。

根据课程间的依赖关系,建立了学期的开课计划(表13.1)。

表13.1　软件卓越工程师学期开课计划

		第一学期	第二学期	第三学期	第四学期	第五学期	第六学期	第七学期	第八学期
通识与公共基础课程	必修		形势与政策	形势与政策	形势与政策	形势与政策			
		思想道德修养与法律基础	中国近代史纲要	毛泽东思想与中国特色社会主义理论体系概论	马克思主义基本原理				

续表

		第一学期	第二学期	第三学期	第四学期	第五学期	第六学期	第七学期	第八学期
通识与公共基础课程	必修	军事课	高等数学2	概率论与数理统计I					
		高等数学1	大学物理II-1						
		线性代数（II）	大学物理实验						
		体育	体育	体育	体育	体育	体育		
	选修	英语	英语	英语	英语	英语	英语		
		通识与素质课程	通识与素质课程	通识与素质课程	通识与素质课程	通识与素质课程	通识与素质课程		
专业基础课程	必修	新生研讨课	面向对象程序设计	计算机组成与结构	操作系统原理				
		信息系统基础	离散数学	数据结构与算法	数据库原理与设计				
		程序设计基础			计算机网络与通信				
专业课课程	必修				软件工程导论	软件需求分析	软件项目管理		
						面向对象技术与UML	软件架构与设计模式		
						Web开发技术	软件测试		
	选修			汇编语言程序设计	Java EE程序设计	多媒体技术	编译原理	GIS技术及应用	
				数字作品创意策划	专业英语文体和写作	.NET框架及C#程序设计	数据仓库与数据挖掘	服务计算及应用	
				数字摄影	色彩与平面构成	大型机系统基础与实践	移动应用开发		
						DirectX图形程序设计	数字图像处理		
						嵌入式体系结构	数字动画与游戏设计		
						信息安全导论	嵌入式系统设计		
						计算机图形学	人机交互设计		

续表

		第一学期	第二学期	第三学期	第四学期	第五学期	第六学期	第七学期	第八学期
实践	必修	思想道德修养与法律基础实践	程序设计实训	毛泽东思想与中国特色社会主义理论体系概论实践	数据库课程设计		软件工程实训	软件生产实习	毕业设计
				数据结构与算法课程设计				毕业实习	
	选修								学科竞赛及专业认证
学分	必修	27	27	22	21	8	9	10	15
	选修	0	0	6	6	18	18	4	2
	合计	27	27	28	27	26	27	14	17

根据开课计划,给出了软件卓越工程师课程设置详细信息,包括课程代码、课程名称、学分数、学时数、学期以及在卓越工程师培养过程中的知识、能力、素质贡献等(表13.2)。

表13.2 软件工程专业课程设置一览表

课程代码	课程名称	总学分	总学时	排课学时	学时分配				推荐学期	知识贡献	能力贡献	素质贡献
					理论教学	实验	实习	其他				
通识与公共基础课程												
说明:必修课40学分。通识与素质课程需跨类修读8学分,大学英语课程要求选10学分,体育4学分。 备注:推免生应在第6学期之前修完英语和体育课程学分。												
必修课程:40学分												
IPT10100	思想道德修养与法律基础	2.0	32	32					1	K1	A1,A6	Q1,Q3
IPT10200	中国近代史纲要	2.0	32	32					2	K1	A1,A6	Q1,Q3
IPT10300	马克思主义基本原理	3.0	48	48					4	K1	A1,A6	Q1,Q3
IPT10400	毛泽东思想和中国特色社会主义理论体系概论	3.0	48	48					3	K1	A1,A6	Q1,Q3
IPT10000	形势与政策	2.0	32	32					1-4	K1	A1,A6	Q1,Q3
MATH10012	高等数学1	5.0	80	80					1	K2	A1,A2	Q7
MATH10022	高等数学2	6.0	96	96					2	K2	A1,A2	Q7
MATH10032	线性代数(Ⅱ)	3.0	48	48					1	K2	A1,A2	Q7
MATH20041	概率论与数理统计Ⅰ	3.0	48	48					3	K2	A1,A2	Q7
PHYS10013	大学物理Ⅱ-1	3.5	56	56					2	K2	A1,A2	Q7
PHYS12010	大学物理实验	1.5	24	24					2	K2	A1,A2	Q7

课程代码	课程名称	总学分	总学时	排课学时	学时分配				推荐学期	知识贡献	能力贡献	素质贡献
					理论教学	实验	实习	其他				
MET11000	军事课	2.0	32	32					1	K1	A1,A2	Q1,Q2
PESS0200	体育健康知识	1.0	16						1-7			Q2
PESS0201	游泳	1.0	16						1-7			Q2
PESS0203	长跑	1.0	16						1-7			Q2
PESS0204	自选技能	1.0	16						1-7			Q2
	小计	40										
选修课程:要求选修不少于18学分												
EUS10011	学业素养英语(1)	2.0	32	32	32				1-7	K1	A6,A9	Q4,A7
EUS10111	英语口语交际技能(1)	1.0	16	16	16				1-7	K1	A6,A9	Q4,A7
EUS10021	学业素养英语(2)	2.0	32	32	32				1-7	K1	A6,A9	Q4,A7
EUS10121	英语口语交际技能(2)	1.0	16	16	16				1-7	K1	A6,A9	Q4,A7
EUS10031	学业素养英语(3)	2.0	32	32	32				1-7	K1	A6,A9	Q4,A7
EUS10131	英语口语交际技能(3)	1.0	16	16	16				1-7	K1	A6,A9	Q4,A7
EUS10041	学业素养英语(4)	2.0	32	32	32				1-7	K1	A6,A9	Q4,A7
EUS10141	英语口语交际技能(4)	1.0	16	16	16				1-7	K1	A6,A9	Q4,A7
	通识与素质课	8.0	128	128					1-7	K1	A1,A6	Q3,Q6
专业基础课程												
要求:均为必修课												
必修课程28学分												
SE10001	新生研讨课	1.0	16	16					1	K3	A2,A5	Q4
SE10003	信息系统基础	2.0	32	32	32				1	K3	A1	Q4
SE11005	程序设计基础	4.0	64	64	56	16			1	K3	A2,A3	Q4
SE21007	面向对象程序设计	3.0	48	48	40	16			2	K4,K5	A2,A3	Q4
SE10009	离散数学	3.0	48	48	48				2	K2	A1	Q4
SE21011	计算机组成与结构	3.0	48	48	40	16			3	K3	A1	Q4
SE21013	数据结构与算法	3.0	48	48	40	16			3	K3,K5	A2,A3	Q4
SE21017	数据库原理与设计	3.0	48	48	40	16			4	K3,K5	A2,A3	Q4
SE21019	计算机网络与通信	3.0	48	48	40	16			4	K3	A2,A3	Q4
SE21021	操作系统原理	3.0	48	48	40	16			4	K3	A2,A3	Q4
	小计	28										

续表

课程代码	课程名称	总学分	总学时	排课学时	理论教学	实验	实习	其他	推荐学期	知识贡献	能力贡献	素质贡献
					学时分配							
专业课课程												
要求:必修课程14学分,选修课程≥21学分												
必修课程:14学分												
SE21101	软件工程导论	2.0	32	32	28	8			4	K4,K5 K6,K7	A4	Q4,Q5
SE30103	软件需求分析	2.0	32	32	32				5	K4	A4,A6	Q4,Q5
SE31105	面向对象技术与UML	2.0	32	32	28	8			5	K4,K5	A2,A4	Q4,Q5
SE31107	Web开发技术	2.0	32	32	24	16			5	K5	A2,A4	Q4,Q5
SE30109	软件项目管理	2.0	32	32	32				6	K7	A6,A8	Q4,Q5
SE31111	软件架构与设计模式	2.0	32	32	28	8			6	K4,K5	A2,A4	Q4,Q5
SE31113	软件测试	2.0	32	32	24	16			6	K6	A2,A4	Q4,Q5
	小计	14										
选修课程:要求选修不少于21学分												
SE21015	汇编语言程序设计	2.0	32	32	24	16			3	K4,K5	A2,A3	Q4
SE21023	Java EE程序设计	2.0	32	32	24	16			4	K3,K5	A2,A3	Q4
SE20025	专业英语文体和写作	2.0	32	32	32				4	K1	A1,A9	Q4
SE31029	.NET框架及C#程序设计	2.0	32	32		16			5	K4,K5	A2,A3	Q4
SE31207	多媒体技术	2.0	32	32	24	16			5	K8	A2	Q4
SE31209	DirectX图形程序设计	2.0	32	32	24	16			5	K5,K8	A2,A3	Q4
SE31301	大型机系统基础与实践	2.0	32	32	28	8			5	K5,K8	A2,A3	Q4
SE31401	嵌入式体系结构	3.0	48	48	32	32			5	K5,K8	A2,A3	Q4
SE30501	信息安全导论	2.0	32	32	32				5	K8	A2,A4	Q4
SE31031	编译原理	2.0	32	32	24	16			6	K3	A1,A2	Q4
SE31033	数字图像处理	2.0	32	32	28	8			6	K5,K8	A2,A3	Q4
SE31213	数字动画与游戏设计	3.0	48	48	36	24			6	K5,K8	A2,A3	Q4
SE31303	数据仓库与数据挖掘	2.0	32	32	28	8			6	K5,K8	A2,A3	Q4
SE31305	移动应用开发	2.0	32	32	24	16			6	K5,K8	A3,A5	Q4
SE31403	嵌入式系统设计	3.0	48	48	32	32			6	K5,K8	A2,A3	Q4
SE31309	GIS技术及应用	2.0	32	32	24	16			7	K5,K8	A2,A3	Q4
	小计	35										
实践环节(≥37学分)												

续表

课程代码	课程名称	总学分	总学时	排课学时	学时分配				推荐学期	知识贡献	能力贡献	素质贡献
					理论教学	实验	实习	其他				
要求：≥37 学分												
必修课程：必修课程37学分,选修课程2学分												
IPT13100	思想道德修养与法律基础实践	1.0							1	K1	A1,A6	Q1,Q3
IPT13400	毛泽东思想和中国特色社会主义理论体系概论实践	3.0							3	K1	A1,A6	Q1,Q3
SE25012	数据结构与算法课程设计	1.0							3	K3,K4	A2,A3 A5,A7	Q4,Q6
SE25018	数据库课程设计	1.0							4	K3,K4	A2,A3 A5,A7	Q4,Q6
SE24061	程序设计实训	3.0							2	K4,K5 K6,K7	A3,A5 A6,A7	Q4,Q6
SE34063	软件工程实训	3.0							6	K4,K5 K6,K7 K8,K9	A4,A5 A6,A7	Q4,Q5 Q6,Q7
SE34065	软件生产实习	5.0							7	K4,K5 K6,K7 K8,K9	A5,A6 A7,A8	Q4,Q5 Q6,Q7
SE44067	毕业实习	5.0							7	K9	A2,A6 A7,A8	Q4,Q5
SE45099	毕业设计	15							8	K9	A1,A2 A3,A4 A5,A6	Q4,Q5 Q6,Q7
	小计	37										
选修课程：												
SE34069	学科竞赛及专业	2.0							8	K9	A1,A4 A5,A7	Q6,Q7
	小计	2.0										
非限制选修课(≥10学分)												
说明：非限制选修课程≥10学分,至少修读1门跨学科的课程												
SE20201	数字作品创意策划	2.0	32	32	32				3	K8	A1,A2	Q4
SE21203	数字摄影	2.0	32	32	24	16			3	K8	A1,A2	Q4
SE20205	色彩与平面构成	2.0	32	32	32				4	K8	A1	Q4
SE31027	计算机图形学	3.0	48	48	40	16			5	K5,K8	A2,A3	Q4
SE31211	人机交互设计	2.0	32	32	24	16			6	K5	A2,A5	Q4

续表

课程代码	课程名称	总学分	总学时	排课学时	理论教学	实验	实习	其他	推荐学期	知识贡献	能力贡献	素质贡献
					学时分配							
SE31307	服务计算及应用	2.0	32	32	28	8			7	K5,K8	A3,A5	Q4
	小计	13										
第二课堂(2学分)												
说明：第二课堂内容包括健康教育、社会实践、讲座、竞赛、社团活动、公益活动等，共计2学分。												

（二）软件卓越工程师培养模式

1.构建了软件卓越工程师培养体系

按照软件卓越工程师培养标准和培养计划，通过深入研究实践教学内涵、重构软件工程实践教学环节、建立量化可控的过程化实践教学质量保障机制、探索与国内外名校名企深度互动融合模式，构建出一套渐进性阶梯式软件卓越工程师培养体系，如图13.2所示。

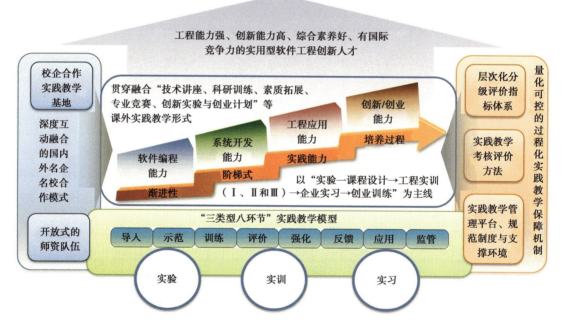

图13.2 "渐进性阶梯式"软件卓越工程师培养体系

通过深入分析软件工程专业教学内涵与软件工程学科特点，提出了遵循教学规律和体现实践教学生命周期的"三类型八环节"软件卓越工程师教学模型。构建了培养学生理论基础、专业技能、工程实践能力与创新创业素养的教学课程体系，包含"知识域、能力单元、素质特点"的层次化分级评价指标体系、考核方法和量化可控的过程化管理平台、规范制度及支撑环境;通过"嫁接互补优势",探索深度互动融合的国内外名企名校合作模式,打造人才培养合作基地和开放式的师资队伍。

(1)提出了"三类型八环节"软件卓越工程师实践教学模型

深入研究"实验、实训、实习"3种实践教学的具体内涵,三者循序渐进、相辅相成,实现了对软件工程人才不同阶段的能力培养。实验侧重培养专业技能,实训侧重培养工程、团队协作与沟通、创新等能力,实习进一步加强工程能力、社会适应以及产业融入能力。围绕3种类型的实践教学,设计了贯穿实践教学的8个环节:导入、示范、训练、评价、强化、反馈、应用、监管。

(2)优化重构了培养体系,强化学生实践能力的培养

渐进性阶梯式的软件卓越工程师培养体系紧密结合工程实践和技术创新,突出了课程教学、工程实践和素质教育的有机融合与递进发展。实践表明,该培养体系具有合理、实用和可操作的特点。

围绕"三类型八环节"实践教学模型,针对学生工程实践能力的培养,学院整体规划与实施验证型实验、设计型实验、创新实验、实训和实习等,实施以"实验→课程设计→工程实训(Ⅰ、Ⅱ和Ⅲ阶段)→企业实习"为主线的阶梯式实践课程体系,并引入学科讲座、科研训练、专业竞赛、创新训练、创业教育多种方式加强软件创新人才培养途径。

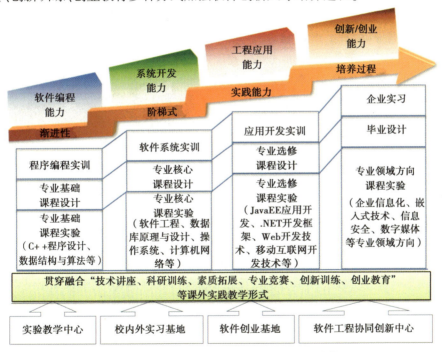

图 13.3　渐进性阶梯式软件卓越工程师实践培养体系

2.实施了教学和实践方法改革

(1)教学过程中融入科研成果和工程案例,强化学生综合能力培养

在教学中融入科研成果和工程案例,优化组合教学课程与实验,增加与企业合作的工程实训课程比例。实训包括Ⅰ、Ⅱ和Ⅲ3个阶段:程序设计实训→软件工程实训→软件生产实

习。循序渐进地训练学生运用所学知识解决工程实际问题,逐步提升学生综合实践能力,在实践中夯实理论基础。实训是由企业导师指导,以企业实际项目案例为任务,严格按照软件工程开发流程,实施需求分析、系统设计、系统开发、系统测试和运行维护的项目开发过程。实习阶段安排在学院企业实习基地实施,学生全程参与企业研发过程,体验真实的软件企业环境。

(2)营造科技创新氛围,推动学生创新实践

以学业导师制、学科前沿讲座、科研训练计划和专业竞赛为载体,实验实训实习竞赛并举,营造良好的科技创新氛围,推动学生广泛参与科技创新活动,培养学生的科学素养和创新意识,学院面向全校成立了软件创新班,培养个性化的软件创新人才。

(3)将创业教育融入教学中,培养创业创新型人才

将创业类课程融入课程体系中,鼓励学生创新创业,促进学生多元化发展。学院和企业合作,邀请企业家开设创业管理、企业成长等系列讲座,讲授软件行业领域的创业方法与技巧。设立创业专项基金,学生通过项目申报、答辩、审批等方式,由企业导师指导学生模拟实际的创业过程,激发学生的创业热情,培养创业创新型人才。

3.教学和实践质量保障机制

(1)加强师资建设与教学质量保障组织机构建设

成立由教学指导委员会、教学督导、学业导师、企业专家等组成的教学质量保障组织机构。教学指导委员定期听课,对青年教师的授课进行试听和特别指导,改进教学质量。教学督导采取随机抽查教学进度、教案、教学日志、作业布置及批改情况,召开学生座谈会等方式,全面考察任课教师工作态度、教学能力与水平。为每个班配备4~6位学业导师,加大学业导师的指导、沟通力度,为学生的专业学习做充分的引导和监管。加强企业专家的教学参与力度,为将学生培养成为真正具备行业特色软件的研发和管理能力的专业人才,我院重视课内外实践教学环节对培养和发展学生能力素质的不可替代的作用,加强企业项目实践教学的整合。在教学方法改革的探索与实践中,教师积极采用案例分析、讨论式、启发式、诊所式、情景式等教学方法,提高授课质量与效果。

(2)构建了软件卓越工程师课程教学质量保障体系

软件卓越工程师课程教学质量保障体系如图13.4所示,该保障体系依托教学管理信息化平台,实现课程体系质量、授课过程质量、学习过程管理、实践教学质量、创新能力培养5个方面的保障。该平台有效实现了教学实施过程和质量保障过程的管理,能够有效支持课程体系制订、知识体系制订、课程授课、实践教学、毕业设计过程监控等活动。

(3)构建与企业同步的软件卓越工程师实践教学管理与支撑平台

构建与企业同步的软硬件一体化的软件工程实践教学管理与支撑平台。依托平台,完善"实验、实训和实习"的实践教学质量标准和管理制度、建立以"知识—能力—素质"综合为优的实践教学考核方法,构建专兼职相结合的开放式师资队伍,保障实践教学八环节与学生实践过程中设计、开发、错误跟踪、软件测试等全过程动态管理,实现从教学管理、项目过程管理、质量评价的实践教学过程的全生命周期量化可控管理。

实践教学内涵及体系被中软、东软、软酷等知名企业的高校合作实践部门认可。为实现教学过程和质量评价的实践教学全生命周期的管理,我们与企业共同研发了软件工程实践教学

平台,为渐进性阶梯式实践教学体系实施提供了支撑,该平台建立在当前最新的技术和知识之上,为实践教学提供了大量的管理工具和企业的研发环境,如缺陷管理、任务跟踪管理等,它是一个完整和集成的技术架构,为实践课程及实训的顺利开展提供了技术支持(图13.5)。

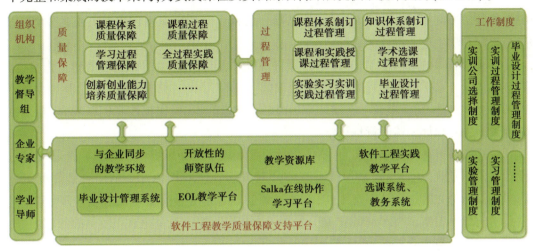

图 13.4 软件卓越工程师课程教学质量保障体系

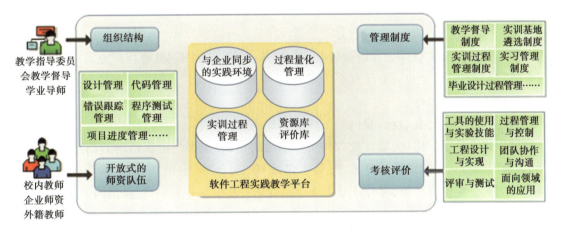

图 13.5 软件工程实践教学质量保障机制

三、专兼职相结合的开放式师资队伍及校企合作

(一)专兼职相结合的开放式师资队伍及校企合作

结合"卓越工程师培养计划"的培养目标,学院建设了一支具有"两个精通、两个背景"(精通软件工程理论方法和软件工程新技术,具有企业化和国际化背景)的专、兼职并存的开

放式师资队伍。教师队伍由校内专兼职教师、IT企业兼职教师、外籍教师共同组成。

学院通过遴选具有工程实践经验的、教学效果好的本院教师，聘请合作企业具有较高理论水平的高级工程师担任兼职教师和企业导师，为软件卓越工程师的培养构建起了一支高素质的教师队伍。例如，聘请中软、东软、软酷等公司企业导师参加指导培养方案的制订工作，并参与教学和学生毕业设计的指导。

注重青年教师的培养工作，通过老教师"传帮带"，使新进教师尽快胜任教学工作，从而促进青年教师业务水平的不断提高，制订专业教师、实验人员的进修，选派缺少工程实践经历的教师到企业进修学习，促进教师在实践中提高教育教学能力、操作技能和创新能力，选派中青年教师到国内外软件公司进行培训学习。

开放式的师资队伍为企业实习、毕业设计等实践教学的开展提供了保障。企业实习与毕业设计均采用专兼职结合的"双导师制"。在"双导师制"中，校内导师的职责是负责实习监管与毕业设计论文的指导与审定工作，企业导师的职责是为学生提供工程实践环境、工程项目及技术的指导工作。"双导师制"充分发挥了学校专职教师和企业兼职教师的各自优势，力求实现人才培养与企业需求的"无缝衔接"。

(二) 校企合作

学院与国内外知名软件企业进行校企联合培养，为进一步探索教育与产业需求相结合的良好模式，学院与软件企业双方经友好协商，在平等自愿的基础上，根据资源共享、互利双赢、共同发展的原则进行合作。

1) 促进产学研一体化，建设校内外工程实践基地

学院促进产学研一体化，加大校内外实习基地的建设，积极与重庆市地方信息产业合作办学，为地方和行业定制培养软件人才，其中包括HP、富士康、宝信、中国四联等企业。学院在地方政府和企业的支持下，联合建立了4个实验室和9个专业实验室，包括国家Linux技术培训与推广中心、重庆市信息安全技术中心、重庆市中间件技术与服务实验室、网络与分布式计算技术实验室、嵌入式技术实验室等。聘请企业专家为学院的兼职教师，开展案例教学。保证学院所有的本科学生都能参与企业实践，有效地将企业对软件人才的需求融入学院的教学教育过程中。

2) 建设基础设施，营造良好的工程实践教学环境

为保障实践教学体系顺利开展，完成基础设施。利用公司捐赠软件系统和自主研发的实践教学管理软件，组建与业界同步的工程化综合实验室，并逐步实施网上教学管理和网上课程答疑等工作。

3) 校企合作方式

① 软件创新中心：在学院设立了软件创新中心，旨在推动学生课外软件项目开发活动的更好开展，企业定期投入人员、最新软件和设备对中心进行技术支持。学院将在课程设置中添加一些企业相关技术的课程。

②定制培养:软件企业按照软件卓越工程师培养要求对学生毕业设计提供必要的资源,安排学生进行为期1学年的毕业设计和项目实践,并负责在此期间的学生教学管理。

③实习实训:充分利用软件企业在软件开发、系统集成、项目管理、实战培训等方面的企业理念和成功经验,培养学生分析问题、解决问题和创新发展的实际动手能力,使学生能较快适应企业和社会发展的需求,学院与软件企业双方共同在校内或软件企业设立"重庆大学软件学院实训基地",双方合作开展学生实习、实训教学。

4)企业合作培养

企业参与软件工程专业培养方案的制订,聘请国内知名软件企业和公司的专家参与专业的教学、学生实习和实训方案的制订,参与部分专业课程的建设,以及软件项目实践课程指导、校内软件项目开发实训和毕业设计的指导工作。

企业合作培养的内容包括软件工程认知教育、软件项目实训、软件新技术讲座、企业家讲坛、软件项目开发实践、毕业实习和毕业设计等。

(1)软件工程认知教育

聘请企业工程师对学生开设专业教育讲座和研讨课程,组织学生到软件企业参观,对学生进行软件工程认知教育,使学生初步了解软件工程专业和工程职业要求。

(2)软件项目实训

结合培养方案,聘请企业资深工程师指导学生进行软件项目的实训,3个阶段的软件项目实训计划包括:程序设计实训(大一下,第2学期),软件工程实训(大三下,第6学期)、软件生产实习(大四上,第7学期),循序渐进实现学生能力的阶梯式培养。实训按照"分散实训、自由选题、过程抽查和统一验收"的方式,学院制订了一系列关于实训选题、过程管理和验收答辩的管理制度。

(3)软件新技术讲座和企业家讲坛

聘请国内外软件企业的专家和工程技术人员,对2~3年级的学生开设软件新技术系列讲座,使学生能够及时了解国内外业界的研究新动向、新技术和发展趋势;开设"企业家讲坛",请企业高管和专家传授创新理念和管理经验,介绍企业对学生综合素质的要求;根据教学需要、聘请企业的资深专家来学校授课,将最先进的技术带入课堂。

(4)软件项目开发实践

软件企业将一些软件开发实际项目放到校内实践基地,由学校提供计算机房和实验设备,学生可以在校内参与这些项目的开发,得到企业教师的具体指导,对培养学生的工程实践能力是十分有益的。

(5)毕业实习和毕业设计

毕业实习采取企业和学生双向选择,合作企业到学院招聘并选择实习学生,学生根据自己的意愿应聘并选择实习企业。实习期间,要求学生参加企业实际的1~2个软件项目开发,与企业员工一样接受企业的管理,完成企业分配的软件项目开发等工作。

四、"卓越计划"培养保证措施和推进

(一) 优化和完善学院"卓越计划"组织机构和制度

为了保证"卓越计划"培养的正确实施,学院成立了软件卓越工程师培养计划领导小组,下设校企合作指导小组、教学管理工作小组、实习管理小组,并建立专家委员会(图 13.6)。

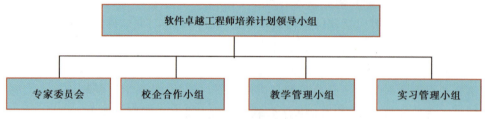

图 13.6 "软件卓越工程师教育培养计划"组织机构

学院针对软件卓越工程师教育培养计划的实施,进一步完善一系列相关的管理制度,主要包括如下内容:

①"软件卓越工程师教育培养计划"的实施办法。

②关于加强教师工程实践能力的办法。

③重庆大学软件学院外聘教师管理办法。

④重庆大学软件学院学生企业实训管理规定。

⑤重庆大学软件学院毕业设计过程管理规章制度。

(二) 进一步完善和实施软件卓越工程师的培养体系

按照"软件卓越工程师培养计划"的要求,进一步完善软件卓越工程师的课程体系和实践教学体系。

在课程体系方面,改革课程结构,优化课程体系,重视实践与创新能力训练,建立以软件人才需求为导向,以软件工程学科发展为背景,以激励政策为动力的教学内容动态更新机制。

在实践教学体系方面,通过实践育人、环境育人,学习企业的先进技术和先进企业文化,深入开展工程实践活动,参与企业技术创新和工程开发,培养学生的职业精神和职业道德。认真研究和制订企业学习阶段的培养目标,统筹好校内培养与企业实践的关系,把企业学习阶段纳入人才培养整体方案。制订细化可操作的企业阶段培养方案,探索多种校企合作方式和联合培养模式。

(三)进一步加强专兼职教师队伍建设

结合软件卓越工程师培养计划的要求,进一步探索和完善建立高水平师资队伍的新途径。聘请国际知名企业具有较高理论水平的高级工程师担任兼职教师和企业导师,从而为卓越工程师的培养构建起一支高素质的教师队伍。此外,学院还要进一步加强青年教师的培养工作,提高他们的业务水平,以更好地适应软件卓越工程师培养计划的要求。

(四)建立软件卓越工程师评价指标体系

构建"知识—能力—素质"综合为优的评价指标体系。根据软件工程专业的特点,构建包括"知识域、能力单元、素质特点"的层次化分级评价指标体系。评价指标包括业务考核和综合素质评定。业务考核主要评定一定时间内学生完成任务的情况,侧重对学生工具的使用与实验技能、工程设计与实现能力、面向领域的应用能力等方面的考核。综合素质评定通过对学生实践过程的学习工作表现,评价学生所具备的素质,包括专业素质、个人素质和团队精神等。

以实训为例,工程实践的结束节点是通过项目验收,完成项目交付。项目验收是由质量管理部门独立进行的,验收包括对代码规模、功能实现、文档质量等方面的验收。学生实训的成绩分为个人表现和个人项目绩效两方面,通过项目验收评分进行考核。个人表现反映学生平时的工作情况,主要考核指标如下:团结协作能力、态度主动性、解决问题能力、纪律得分、日志/周报情况、考勤情况。个人项目绩效由项目验收成绩和个人组内评定共同确定。项目验收成绩由质量管理组根据验收的结果进行评定,主要指标包括功能、界面、技术、创新、演示效果、文档、规模、易用性、可靠性、可维护性。个人组内评定由项目经理和开发组长共同评定,主要指标包括项目贡献度、代码和文档数量、效率、质量、进度、流程。

(五)推动软件工程专业认证

国际专业认证是工程教育的导向,软件工程教育专业认证有助于进一步完善软件工程专业评估体系,以培养出适应软件产业发展的实用型软件工程创新人才。推动软件工程认证教育,有助于提高工程教育质量,促进软件工程教育的国际互认,提高国际竞争力。

按照"卓越计划实施工作评价方案"的要求,推动软件工程专业认证的工作具体如下:

(1)提出软件工程专业认证申请

软件工程专业按卓越计划培养方案培养出第一届学生毕业后,将提出接受工程教育专业认证和参与卓越计划实施工作评价的申请。

(2)提交软件工程专业认证报告

提交软件工程专业认证自评报告和软件卓越计划实施情况补充报告,说明软件工程专业认证自评报告中卓越计划专业培养方案对标认证标准的达成情况,并补充未能在专业认证自评报告中说明的问题。

(3)邀请卓越计划专业认证专家组到软件学院现场考察

学院将按照工程教育专业认证的安排进行准备,安排参与卓越计划的学生、教师、专业负责人参加认证工作,并进行现场考查。

五、主要成果和特色

(一)主要成果

(1)卓越软件工程人才培养成效显著

2014年,"构建渐进性阶梯式工程实践教学体系,造就实用型软件工程创新人才"获得国家级教学成果奖二等奖(图13.7)。2021年,"使命驱动,前沿牵引,产教融合,造就具有持续创新能力的软件人才"获得重庆大学教学成果奖一等奖(图13.8)。

图13.7 国家教学成果奖二等奖

图13.8 重庆市教学成果奖一等奖

自2013年以来软件工程专业学生获得省级及以上学科竞赛奖110多人次。包括全国和美国数模竞赛一等奖、微软"创新杯"中国赛区一等奖、IBM Power 技术应用全国大赛一等奖等,2014 年获得了教育部—IBM 高校合作项目最佳创新人才培养校企合作奖(图 13.9)。

图 13.9 教育部—IBM 高校合作项目最佳创新人才培养校企合作奖

(2)制订软件卓越工程师课程体系和实践教学体系

参考 IEEE-CS 与 ACM 联合组制订的软件工程知识体系(SWEBOK),引进吸收 CDIO 国际工程教育改革模式,制订了软件工程专业的卓越工程师培养标准,根据培养软件卓越工程师的培养目标,制订并实施软件卓越工程师的培养计划。提出了渐进性阶梯式工程实践教学体系,以国际软件标准规范为基础,以软件产业需求为导向,突出实践教学、工程实训、创新能力、素质教育有机融合,创建了注重工程实践、注重创新训练的渐进性阶梯式工程实践教学体系。

(3)构建软件卓越工程师培养质量保障体系

组建优秀的师资和管理团队,建立软件卓越工程师的评价指标体系,实施以知识、能力、素质为优的考核机制,运用自主研发的实践教学管理平台,形成系统、规范、可度量的教学质量保障体系。

(4)培育了一批富有朝气、勇于探索、经验丰富的师资队伍

软件工程专业非常重视师资队伍的培养,形成了比较完备的体系和方法,保证教师具有足够的教学能力、专业水平、工程经验、沟通能力、职业发展能力。建立了一支以教授、教学科研骨干为核心的、高水平的教学师资队伍。

(二)特色

以国际软件工程专业教育标准和 CDIO 工程教育理念为基础,以软件产业需求为导向,突出实践教学、工程实训、创新能力、素质教育的有机融合,创建了注重工程实践、创新创业训练的渐进性阶梯式课程体系和实践教学体系。

围绕教学体系,建立量化可控的过程化教学保障机制,成立实践教学质量保障组织机构,依托信息化平台,完善实训、实习、毕业设计等各项管理制度,设计教学质量控制过程,改革教学评价方法,实施以"知识—能力—素质"综合为优的教学评价模式,形成系统、规范、可度量的教学质量保障机制,实现对教学的过程化管理。

六、结束语

在学校主管职能部门的负责组织下,软件工程专业"卓越计划"建设工作按照培养要求得到了有效落实和实施,并取得了良好效果。学校在师资队伍建设、课程与教学资源建设、教学方式方法改革、实践教学建设及教学管理改革等方面,对"卓越计划"相关专业予以优先支持。在招生计划、招生宣传、人才引进、师资培训等方面,对"卓越计划"专业实行政策倾斜。

总之,软件人才的培养需要探索和创新,更需要不断地总结和提高,为把软件工程专业"卓越计划"工作完成得更好,我们将不断努力,为国家培养出更多、更优秀的新型软件人才。

(本章执笔人:重庆大学大数据与软件学院　蔡斌、张毅)

第十四章

学生感言

研究学术　　造就人才　　佑启乡邦　　振导社会

给领跑者以空间，创造通向成功的天梯
给并跑者以约束，搭建顺利成才的平台
给跟跑者以帮扶，砌筑成长自立的台阶

中国特色重大风格的一流本科教育体系

何承洋　2014 级土木工程专业

我是土木工程专业 2014 级第一批"卓越工程师"计划试点的学生。由于没有前人的经验可供借鉴,当时的卓越工程师班的建设可谓困难重重,但回想起来,还是相对顺利且意义非凡的。

第一项改革在于课程体系的创新,例如将原本不同课程中不可避免重复的内容进行了整合;将一些专业课内容提前到第二或第三学期进行,既平衡了各个学期的学习精力,又保证了基础课程的知识能够快速地在专业课中得到运用。第二,正因为有了课程体系的精简与整合,我们在大三以及大四时期,有了更多的时间直接参与到专业相关的实践当中,最令我印象深刻的创新是校企联合毕业设计,在设计院参与了实际设计工作,充分培养了自己对结构设计相关理念的把握能力以及对工程实践中的构造要求的熟练程度。

毕业之后,我保研来到同济大学。科研过程中,进行相关结构试验的设计时,由于有了本科毕业设计阶段对结构设计相关规范的熟悉,我有意识地注意到了一些规定与建议,从而使工作开展得更加得心应手;另外,在设计院的专业实践,同样得益于本科毕业设计的提前接触,我对结构设计相关流程较为熟悉,避免了过长的"适应期"。总之,本科阶段培养的各种专业能力,直到今天依然在潜移默化地影响着我,让我深感有幸。

总的来说,土木工程专业的"卓越工程师"计划是成功的,也非常感谢当时付出了心血的任课老师们!

李远清　2015 级土木工程专业

2015 年初,学院发布了成立第一届卓越工程师班的通知,我满怀期待地申请并非常荣幸地成为其中一员。在卓越班里,学院为我们精心设计了专业课程、课程实践以及毕业设计,为我们配备了专业能力突出、教学经验丰富的课程老师,全程精心呵护我们成长。课程方面,学院科学整合部分课程提高学习效果,如多"高层房屋设计"与"对应结构抗震"内容结合;同时增设了"检测鉴定""BIM"等新课程,开阔了我们的视野。实践方面,大三下学期的综合课程设计,涵盖了之前的混凝土课程设计、基础工程课程设计、施工课程设计以及 CAD 绘图等内容,全面锻炼了我们的专业知识运用能力和解决实际工程的能力;同时学院为我们提供了大型工程项目参观、校外导师授课等贴合实际工程的学习机会。毕业设计方面,按照个人发展意向，我选择了工程设计方向，大四下学期在中机中联完成了某七层框架剪力墙结构设计，在实际工程中锻炼了专业知识能力和团队协作能力，加深了对专业知识的理解，提高了学习能力和工作能力，为毕业后的学习工作打下了坚实的基础。经过卓越工程师班的培养，我们学到了丰富的专业知识，提高了专业实践能力，在校内校外双导师指导下完成了贴合个人未来发展意向的毕业设计，为日后成为一名卓越工程师奠定了基础。

2018年我被保送到同济大学攻读硕士研究生，去年硕士毕业，由于卓越班对我解决复杂工程问题能力的训练，让我获得了广东省建筑设计研究院有限公司的结构优才名额。在这里，我想说一声，谢谢！

康善之　2016级建筑学专业

我是建筑学2016级的康善之，是参与重庆大学"卓越计划"的学生之一。这几年随着注册建筑师制度和市场需求的演进，社会对于建筑大类从业人员综合素养和工程技能的要求在逐年提升，在此背景下，"卓越计划"及时为我提供了非常好的资源和平台，帮助我去应对这些变化和挑战，关于此，我有三点感触：

第一，与产业一线结合的设计课程有效强化了我的职业素养。例如，我在四年级参与的城市设计课题，实现了学校、企业和社会的三方联动。其间，我获得了校企两方导师的共同指导，还通过展览与成都市民进行了互动，对实际项目和社会需求的认知得到了很大提升。第二，面向全球的培养体系大幅拓展了我的国际视野。学校提供了大量访学交流、国际竞赛和联合设计课程的机会，地域囊括了亚洲、欧美和大洋洲等地。在本科期间，我参与了两个交流项目，获得了3项国际竞赛奖项，这些经历让我得以接触大量前沿的知识理论。第三，在学校鼓励下参与的工程与科研实践切实提升了我的综合能力。我在北京、重庆和成都三个城市参与了7个建筑设计项目，还对一些工作进行了研究性拓展；我还依托学校提供的平台和资源，参与了两项科研课题，跨出了建筑设计的知识边界，这些经历皆和校内课程形成了良性的互补关系。

回顾本科的学习经历，由衷感谢"卓越计划"这套产学研充分联动的培养体系，它为我日后的深造与工作打下了扎实的基础。

唐卉　2009级给排水科学与工程专业

"卓越计划"实施去企业一线做毕业设计，是很好的思路。可以知道书本上的知识是如何在实际工作中运用，更重要的是提前了解了本专业在做设计这个方向的实际工作状态。作为一个工科专业，绝大多数毕业生最终都是走向工程师这条道路，研究生也是如此。所以提前了解工程师的工作是很必要的。如果同学们都能有机会既做实验，感受做科研的生活，又有一线企业的实习经历，那我们在判断自己究竟应该怎么走时，心里就会有底很多。所以将毕业设计放到一线企业做是很好的。

王冠超　2017级机械设计制造及其自动化专业

在参加了中国机械行业卓越工程师教育联盟第二届"恒星杯"毕业设计大赛后感言：重庆大学机械学院共有9人参赛，在校企合作项目背景下，由校内导师和企业导师投入了大量的时间和心血进行耐心指导，在进入决赛前的前十天，导师组又对参赛作品进行了答辩和进一步指导,大赛决赛在西安交通大学(兴庆校区)进行。大赛组共评选出金奖 1 项,银奖 6 项,铜奖 12 项,优秀奖 30 项和佳作奖 70 项。我院 2017 级机自实验班学生周毅获大赛银奖,机自 10 班学生王冠超获大赛铜奖,其余参赛的 9 项作品均获得佳作奖项。在参赛过程中,同学们对校企合作项目进行了创新设计,锻炼和培养了同学们理论联系实践的能力和工程素养。

黄艺　2015 级机械设计制造及其自动化专业

2017 年 11 月,一个由 17 人组成的机器人学院特训班开班了,来自固高各个分公司以及合作企业的负责人给同学授课,授课内容重点面向企业研发的 6R 机器人、大数据、云平台、小五轴 CNC 机床、Windows 系统开发的 BOB 及 OS 的开发等。接下来到东莞松山湖和深圳固高进行为期两周的实践学习。在之后大半年的时间里,学习了有关机器人研发的课程 5 门,并在工程师的带领下,完成了企业项目的研发,以研发的项目作为毕业设计课题,在企业导师和校内导师指导下,顺利完成了毕业设计,与此同时,经过这个项目的训练,同学们在毕业前就具有了一年的工程实践经验。

戴翔　2017 级电气工程及其自动化专业

我认为卓越计划给我的收获主要有两个,第一在于提升专业知识运用能力。我的第一次实习是在重庆新世纪电气有限公司,该公司是做中低压电器的保护和测控,在现场不仅有工程师为我们介绍电气设备和公司产品的相关知识,也能实地接触到整个产品的研发制作过程。我的最大收获是在车间实习中跟随工人师傅完成交流屏和直流充电屏的接线过程,从中学习到这些设备的工作原理,进一步巩固专业知识。第二次实习在重庆君微电子科技有限公司,该公司主要做电机控制的方案设计与逆变器产品的开发,我的任务是编程设计,用 FPGA 硬件去实现永磁同步电机矢量控制算法。实习的最大收获是从无到有的过程,从开始的完全不了解到不断查阅相关资料,不断尝试探索,最终完成了实习任务。本次实习极大地提高了自己的编程能力,也加深了对前置课程"电机学"和"FPGA 电子设计"的相关理解。总之,两次实习的安排十分贴合专业基础,让学生能从书本理论走向实践应用,将学习的理论知识运用于实践当中,在实践中巩固自己的专业知识,反过来检验书本上理论的正确性。

第二是丰富了自己对电气专业的认识。两门课程让我们了解到电气各个方向的先进技术,如机器人可视化巡检技术和城市轨道交通供电系统智能化,同时老师也耐心解答我们对未来工作的疑问。其次,老师会列举企业中出现的实际案例,带着我们用专业知识分析和解决该问题,如继电保护故障分析及快速处理方法等,老师会教我们从实际线路录波图的角度分析故障类型。

最后,感谢学校及学院给我们提供优质的企业平台,为我们邀请到优秀的师兄师姐讲授工程案例和工作经验,让我们能将专业知识融入实践之中,更好地实现自我价值。2017 级电气卓越班保研人数 14 人,占比 50%,考研 9 人,升学总占比 82%,在未来,我们将继续努力,追求卓越,用自己的学识和奋斗回馈学校和学院的辛勤培养。

刘卓　2013 级能源与动力工程专业

学习期间很荣幸能够入选重庆大学"卓越计划",提升自己的综合能力。经过"卓越计划"三年的培养,我熟练掌握了本专业比较系统的工程热力学、流体力学、传热学、燃烧学、热工自动控制原理、计算方法、锅炉原理、汽轮机原理、制冷与低温原理等方面的基本理论和基本知识,了解了国内外热能与动力工程专业科学和技术的理论前沿、应用前景及发展动态。并经过系统的训练,例如为期两周的东方锅炉厂实地学习与参观、能源系统仿真与模拟课程等,锤炼了我的工程实践技术,使我具备了一定的创新能力与工程应用能力。这些宝贵的经验使我受益匪浅,深感能够入选"卓越计划"十分幸运。与此同时,"卓越计划"的培养模式锻炼了我的组织与管理能力、交流沟通与团队协作能力,使我具有独立获取知识、信息处理、终身学习和创新的基本能力。我相信"卓越计划"必将促进工程教育改革和创新,全面提高我国工程教育人才培养质量,努力建设具有世界先进水平、中国特色社会主义现代高等工程教育体系,促进我国从工程教育大国走向工程教育强国。

谢尹 2016 级能源与动力工程专业

作为一名能源领域的工科生,我十分有幸顺利入选"卓越计划"。在培养全程中,我深刻感受到国家对高质量各类型工程技术人才的关照和需求,也更加明确应把自身发展与国家需求紧密结合在一起。在校学习期间,我能有更多机会深入优秀企业进行深度实习实践。"卓越计划"校企联动的设计课程、面向国际的学术活动和走向一线的工程实践,使得我们学以致用、在真实项目中历练。一方面,这样的学习过程有效提升了我对于专业知识的运用能力,另一方面也极大拓展了我对行业前沿的认识,更加明确了我为国家能源事业奋斗终身的决心。随着深度的企业实习、校企教师的合作指导和团队协作的学习实践,我的工程实践能力和自主创新意识得到了极大提升。如今我已是博士在读,随着眼界进一步扩大,我发现"卓越计划"培养过程中强化知识面拓展、强化工程应用能力、培养终身学习能力的理念非常正确。尤其是在新时代背景下,大学生更主动成长为具有国际视野、通晓国际标准、能解决复杂工程问题的创新人才,"卓越计划"带给我的,是终身受益的,是值得我带给身边更多同伴的。

彭泽川 2015 级材料科学与工程专业

我于 2019 年 6 月完成了重庆大学"教育部卓越工程师教育培养计划"材料科学与工程本科专业的学习,同年保研至东南大学继续攻读硕士学位。本科阶段卓越计划的培养,为我硕士阶段的学习打下了坚实的基础。工程实践是卓越计划的核心,通过走出课堂、走进企业,为我们开拓了视野,加强了工程认知。卓越计划课程设置兼顾学科属性和行业背景,不因强调行业标准而忽视学科基础,同时也不因强调学科基础而弱化行业特点。我们在进行基础知识积累的同时,也时刻跟进工程行业进展。我的硕士课题是基于一个企业的横向项目,这使得课题的切入不再困难。了解了行业现状,洞悉行业需求进而开展研究。要探索形成中国特色、世界水平的工程师培养体系,努力建设一支爱党报国、敬业奉献、具有突出技术创新能力、善于解决复杂工程问题的工程师队伍,是习近平总书记在 2021 年 9 月的中央人才工作会议中指出的。除了技术能力,卓越计划更培养了我们爱党报国、敬业奉献的精神品质。当今世界局势动荡,同时新冠肺炎疫情全球蔓延,我们能有此刻安全无忧的学习、生活、工作环境,并不是理所当然。祖国的强大,是我们坚实的后盾与保障。因此,我们不能坐享其成,要怀着一颗热忱奉献之心,有做好一颗螺丝钉的精神,在岗位上发光发热。

许弟升　2015 级材料科学与工程专业

作为东南大学在读博士研究生,我更加体会到了卓越工程师教育培养背后的重要意义,这是为建设创新型国家和人才强国战略服务的。如今,在进一步专业学习过程中,我发现无论是在科研视野,科学研究方法还是科研与工程实践的结合等方面,卓越工程师教育培养都给我带来了很大的帮助,我现在仍然受益匪浅。其中,给我印象最为深刻的是以下三点:

第一,丰富了讲课方式,授课过程中,专业课老师们将理论知识与工程实践相结合,有时候还会穿插本专业对我们的社会与国家的重要意义,让我考虑问题的思维更加全面了,而不是仅仅注重课本知识。第二,建立了实习模式,让我们在大三暑假可以去对应专业的单位进行短期实习,使我们能够更早地接触到本专业在实际中的应用,也是因为这样提前的实习使我对本专业有了更深刻的理解,坚定了我继续学习的信念。第三,开阔了科研视野,每学年都会开展一定的本专业前沿相关的课程,尤其是还会邀请一些国内外的知名专家为我们做相关的讲座,不仅丰富了我们的专业知识,还让我们通过近距离接触专家,极大地感受到了行业引领者的思想和境界。

很荣幸能作为材料科学与工程专业卓越工程师教育培养计划学生中的一员。我也会不忘初心,继续深入学习专业知识,争取可以在未来真正成为一名材料科学与工程专业卓越工程师。

熊晨晨　2016 级材料科学与工程专业

卓越工程师教育培养计划是促进我国由工程教育大国迈向工程教育强国的重大举措。重庆大学是一所以工科为主的综合性研究型大学,创新的工程教育理念格外突出,课内课外实践、创新实践等机会众多,且始终重视多学科支撑与互补。材料科学与工程专业卓越计划一直强化工程实践能力培养,强调学生必须具备专业知识基础与技能,并能够实际应用到不同领域。同时十分注重国际化工程人才培养,重视学生综合素质与社会责任感的培养。

身为材料科学与工程专业的一名学生,体会了工程设计基础课程设计,建筑材料工艺与设备课程设计,国家级大学生创新训练项目,专业认识实习与毕业实习等实践工作。前往不同岗位领域进行实践操作,如前往厦门市建筑科学研究院集团股份有限公司实习,深入理解基础专业知识在实际中的应用。远赴挪威科技大学短期交流学习,在跨文化环境下,了解了材料学领域的顶尖工程技术,开阔了国际视野。

艾松元　2014 级冶金工程专业

十分有幸成为第一届冶金工程卓越工程师班的一员。在为期四年的丰富和充实的学习生活中,我不仅掌握了科学理论知识,而且培养了动手实践能力和科研思维,这对我今后的学习和工作产生了重要的影响。

我最大的感受与收获是:在卓越工程师计划的培育下,我们充分理解了理论学习与工程实践相结合的内涵,以理论知识指导工程实践,以工程实践检验理论知识。得益于卓越工程师计划“校—企—外”深度融合的贯通式的实践教学体系,我们有机会与来自行业知名企业的专家在课堂教学上探讨交流,接收到了丰富的工程实践一线的最新的技术与知识。我们也曾多次前往攀钢、中冶赛迪等大型钢铁相关企业学习交流,真正做到了以工程实践检验理论知识。此外,卓越工程师计划提供了良好的科研平台和条件,为培养创新型的全能人才提供了良好的外部环境,在充分的科研训练过程中,有效提升了动手能力及逻辑思维能力。

在未来的科研求索路上,我将把个人的发展聚焦到服务国家科技发展战略上来,积极投身科学研究,希望未来能为国家解决材料方面"卡脖子"的技术问题贡献自己的绵薄之力。

廖勇进 2015级冶金工程专业

卓越计划不仅是注重理论层面的深厚,更是注重将理论结合实践的创新能力。就我个人而言,有如下两点收获与大家分享:

第一,卓越计划涵盖面广。课程不仅包含基础冶金工艺理论,还囊括企业管理等一系列课程。尤其是后者,对于现代企业制度来说,更是弥足珍贵。一个企业要想实现自身远景,离不开好的管理制度。在学习了本课程后,我初步搭建了管理的思维,从宏观角度思考问题。不仅对整体意识、大局意识有了更深层次的理解,在人际沟通方面也大有裨益。这对我分析、思考及处理问题的能力都给予了很大锻炼。第二,联系实际。传统的书本知识或许能给我们基础理论框架,但如今知识的迭代更新速度远超我们想象,因而需要时刻联系实际。卓越计划正是立足于实践,邀请了很多业内专业专家给我们授课;从现今企业的实际现状出发,让我切身体会到了书本理论在实际生产中的应用,体会知识的神奇。实际生产与理论的差别,让我深刻领悟了"一切从实践中来"这句话的含义。因而在现在的工作中,更加注重以实践检验理论,理论充盈实践;这样才能避免与实际脱钩。

吕昱峰 2014级计算机科学与技术专业

作为第一届计算机科学与技术卓越班的成员,本科三年的卓越工程师计划教育培养对我影响颇深。学校在培养计划、导师制度、硬件建设等各方面给了充足的支持。

首先是培养计划的变革,一方面在各类课程中加大了实践的内容,尤其是硬件综合设计课程在2016年探索"以赛促教"的教学模式,让学生从掌握基本原理知识转变为动手实现简单的CPU,本人也将课程设计成果参加"龙芯杯"系统能力培养大赛,进一步加深计算机体系结构认知,对我当前从事的工作帮助巨大。另一方面,我们从大一到大三引入了企业实践课程,包含了云计算、游戏开发和先进数据库技术等领域。企业专家的授课带来了全新的认知和学习体验。其次,学院为卓越班的自由探索提供了良好的环境。学院为同学们提供了24小时开放的实验室,提供了大量智能设备、高性能服务器和GPU显卡。卓越班在这个小天地中自习、研讨、做项目和打比赛,并根据自己的兴趣开展技术探索和学术研究。最后,在导师制度上,卓越班导师通常会通过小的科研项目来培养大家的研究兴趣。当初我因为对聊天机器人感兴趣,最后深入了自然语言处理领域,保研后继续跟随导师做自然语言处理研究。导师制度让同学们对科研工作有了初步认识,对日后工作和学习有极大帮助。

尽管同学们在国内外顶尖高校深造,在各大头部企业开枝散叶,但是每位同学身上已经留下了"卓越工程师"的烙印,相信大家必将成为我国信息技术发展的骨干力量。

阳剑 2014级自动化专业

非常幸运在校期间能够入选自动化专业卓越计划实验班。通过卓越计划的培养,实验班的同学们实现了多方面的能力的锻炼和提升,对同学们后续的学习和工作产生了深刻的影响。具体而言,同学们感触最深的主要体现在以下三个方面:

第一,思政教育扎实。坚定的理想信念是最有力的武器,也是成为一名卓越工程师的关键。卓越计划建设通过主题班会、专题讲座、外出研学等多样化的教学方式和丰富的教学内容培养了学生的坚定的理想信念和高尚的爱国情怀和职业素养,增强了班级的凝聚力和同学们的上进心,使班级学习氛围浓厚。班级中的学生不仅在学业上展开了激烈的竞争,促进了彼此的进步,也在各个方面互帮互助,形成了彼此深厚的友谊。第二,思维方式发生转变。也许技术会随着时间的推移而被淘汰,但一个好的学习习惯和思维方式却能够终生受用。卓越计划培养强调"需求驱动,学以致用、创新发展、服务社会",以此强化学生的工程师意识。教学内容和教学模式都围绕培养学生新的思维方式和提高学生的实践能力进行了有针对性的改革。新的培养模式改变了学生过去的被动学习。在学习中同学们不仅知道了自动化专业的学生要扎实地掌握哪些知识,提高哪些能力,更重要的是深刻认识到为什么要掌握这些知识和提高这些能力,将来去解决哪些问题,为社会服务。第三,科研能力显著提高。科研能力培养是卓越计划建设的重要内容,为此学院制订了相关的激励政策并通过多种方式引导学生课外积极参加学科竞赛、科研项目训练、学术研究等活动,达到提高学生学以致用、创新创业能力的目的,全面提升了学生的综合竞争力。

卓越计划的成功实施得益于学院领导的高度重视和诸多老师的辛勤付出,特别是负责卓越计划建设工作的老师、学院与企业的指导教师,他们高尚的情操、卓越的能力和无私的工作精神会对学生的成长产生终身影响。

李紫荆 2017 级电子信息工程专业

很荣幸能够加入电子信息工程卓越班。卓越班的诸多举措让我受益良多。首先,卓越班实行小班教学,并且配备班级导师。小班教学可以充分发挥创新实践课堂的优势,每个同学都有机会在学术讨论中发表自己的观点,老师也能更好地了解每个同学对知识的掌握情况,有助于提高学习效率。卓越班的班级导师除了在学习方法上为我们提供悉心指导,在学业生涯规划上也为我们提供了许多中肯的参考意见,使我们受益匪浅。卓越班参与了丰富的课外实践项目。在大二期间,我们参与了成都华迪公司的实训项目——"智能灭火机器人",我们利用电路与单片机编程知识设计了自动巡线灭火的智能小车,在这个过程中,我们学会了知行合一,为之后的课程设计、实践作业打下了坚实的基础。在大三期间,我们参与了中国移动公司的实训项目"物联网开发与应用",学习了物联网相关理论并结合 PCB 硬件设计、嵌入式开发等知识,完成了远程烟雾报警器、远程温湿度监控器及智能门锁等设计,这次的实习经历提高了我们的自主创新能力和工程能力,同时也开阔了视野,增长了见识。在学习氛围上,卓越班里没有无所事事,也没有吊儿郎当,只有心无旁骛和越战越勇。除了在课程学习上,大家都朝着满绩的目标奋斗以外,在课外实践上,有人投身于专业竞赛,也有人潜心于学术研究。身边都是优秀的同学,我们很难不思进取。在这种浓厚的学术氛围中,我们互帮互助,彼此成就,大家都实现了自己的目标。最后,感谢"卓越计划"给我们提供的优秀的学术资源,我们会带着这些宝贵的经历,拥有一个美好的未来!

魏博　2017 级软件工程专业

　　大学期间"卓越计划"的培养体现在学习生活中的方方面面，在大部分的课程学习中都会有实践环节，应用课堂上学到的理论知识来完成项目开发，既加深了对理论知识的理解，同时还能充分锻炼动手能力、自学能力以及合作能力。在大一和大三的暑假期间学校还安排了项目实训，让我真正体验了将一个项目从无到有地一步一步实现出来，增加了丰富的实战经验，也体会到了更接近真实工作的场景。

　　现在，我已步入社会，在工作中，我发现不仅是简单地编写代码，而是大部分时间都需要与其他人沟通合作，需要与产品经理讨论需求，需要与同事讨论如何实现或者怎么合作完成一个任务，这些知识都是我在"卓越计划班"所学习的。同时，"卓越计划"也锻炼了我的自学能力，为适应工作提供了很大帮助。进入公司工作不像在学校那样可以有一个学期的时间来学习掌握一个科目，在工作中可能就只有一两个星期来适应工作，便要立刻接手任务，通过大学学习使得我可以快速地适应这样的节奏。

第十五章

社会评价

教育不是注满一桶水，而是点燃一把火。
　　　　　　　　　　　——叶芝

林景华　广东省建筑设计研究院有限公司结构专业总工程师、GDS结构创新工作室主任

李远清同学是土木工程"卓越计划"班毕业生,是经我面试挑选入职的学生。当时在面试的学生中就发现他专业成绩、实践经验比较突出,在面试阶段他也获得了我院的结构优才名额。现在他在我的工作室(GDS结构创新工作室)工作9个月时间,表现出了较强的学习能力、专业素养和团队协作能力,相比其他应届生能更快地适应工作。通过校企联合毕业设计,他对规范、图集已经具有一定的熟悉,刚来就能参与到结构计算、结构施工图绘制工作当中;同时他具有较强的学习能力,能较快地接受新事物、新知识,如项目需要采用新隔标进行隔震结构设计时,他以较短时间就学习相关规范、图集和软件完成了某中学的隔震初步设计;他也具有较强的分析能力,能从多个角度分析问题,也具备有限元分析的基本能力,包括采用PKPM、YJK进行隔震结构新隔标计算方法研究、采用YJK进行加腋梁板的计算参数分析、采用ABAQUS进行双桩承台有限元分析、框支转换部位有限元分析等。现在,在完成常规结构计算分析、施工图绘制的基础上,他已经能够参与到工作室的超限工程分析、结构咨询工作中,也能协助开展工作室的部分技术课题工作。在这里,我想从用人单位的角度,高度肯定重庆大学土木工程学院的卓越工程师班的改革与实践,有利于提高学生的专业能力、学习能力和工作能力,有利于为土木工程行业培养高素质人才。

陈宇敏　成都自来水公司总工

重庆大学给排水科学与工程专业的学生在实习过程中总体展现出了良好的吃苦耐劳的精神,基础知识扎实、专业过硬、上手快,尤其在2013年7月成水六厂高浊度水应急处理过程中表现出了良好的专业素养。

戴政富　四川玉树科技(集团)总经理

对重庆大学给排水科学与工程专业实习学生的整体表现十分满意,一致认为重庆大学的学生知识面广、基础扎实、动手能力强、善于思考和总结。实习学生给企业提出了38条改进建议,其中10余条被企业采纳。

谭晓霞　重庆青山工业有限责任公司人力资源部长

在 2000 年 12 月，重庆大学与我公司签署了校企合作战略协议，共同致力于科学研究、人才培养。2021 年 3—6 月，重庆大学机械与运载工程学院安排了 26 名大四学生以带薪顶岗实习的方式进驻我公司进行毕业设计实习，采用校内导师和校外导师双导师制，共同确定毕业设计课题、详细设计研究内容及毕业设计的全面指导。26 名学生分配到本公司研究院下属结构系统设计开发所、换挡设计开发所、密封紧固件所、智能化所、装备开发所、工程中心工艺设计所、传动设计开发所等 7 个设计研发部门，进行为期 3 个月的毕业设计实习。在企业导师的倾力指导下，学生们较快地融入工作中，与企业工程师共同开发设计。在设计过程中对企业产品的研发流程、设计制造方法等能较好地理论联系实际，部分同学的设计具有一定的创新性，可以为企业生产实践带来一定的价值。学生在 3 个月内圆满完成了校企深度合作的毕业设计课题，部分同学获得了毕业设计"优"的成绩。

本次毕业设计实习拓宽了校企人才培养的合作渠道，为学生们能够尽快进入工程项目或科研项目奠定了基础。本公司将以此为契机，继续深化与重庆大学在科学研究、人才培养等方面的合作，为地方经济建设和培养企业迫切需要的工程技术人才而努力。

肖凌峰　国网重庆市电力公司人力资源部经理

重庆大学电气工程学院卓越计划毕业生在基础理论知识、工程实践能力等方面能力都较为突出，学校的课程思政建设、通识课程体系都较为完善，落实了立德树人的根本任务。学校通识教育课程质量高、数量多，学生基础理论知识扎实。但实践教学环节还可继续加强，以增加本科学习中实习机会，强化学校联合、协同培养，提升学生对社会各行业真实现状的了解和认知。

李国强　广西防城港核电有限公司计划部经理

重庆大学能源与动力工程专业"卓越计划"毕业生遍布于公司多个领域与岗位，在工作中谦虚好学，积极进取，志存高远，具有扎实的专业基础理论知识、高尚的工作操守，能够很好地应用所学知识和技能解决相关工作问题，展示了良好的精神面貌和优秀的工作水平。数年来，重庆大学"卓越计划"毕业生陆续加入公司，其中大部分已走上公司重要管理岗位以及关键技术岗位，在核电运行与维修、电力市场开拓、核电新项目开发建设、公司治理等各个领域扮演着不可或缺的角色。我相信，只要继续保持脚踏实地、积极进取的良好作风，重庆大学"卓越计划"毕业生定会取得更大的成就。

林祥毅　垒知控股集团股份有限公司人力资源部部长

垒知集团是总资产 40 多亿的多元化科技型集团企业，曾上榜"福布斯亚洲中小型企业200 强"，公司集聚了一大批毕业于重庆大学材料科学与工程专业的优秀拔尖人才。自教育部实施卓越工程师教育培养计划以来，公司积极参与重庆大学材料科学与工程专业卓越工程师教育培养计划，在集团总部和各地成员企业建立了多个联合培养教学实践基地，设立了企业奖学金，每年提供人数不等的各类实习、实践岗位，给在企业实习、实践的学生和带队老师提供了良好的学习生活环境，并对实习期达到 3 个月及以上的学生给予就业优惠，学生实习、实践热情高涨,积极性高,效果显著。

近年来,公司招聘录用重庆大学材料科学与工程专业卓越班毕业生 3 人,与普通班毕业生相比,这些学生学习成绩优异,基础理论和专业知识扎实,爱岗敬业,动手能力、社会适应和沟通能力、解决实际问题的能力等综合能力强,创新创业意识显著提升,主动承担工作任务,包括高挑战性的工作任务的主观能动性明显增强,与企业文化和工作氛围的磨合期明显缩短,磨合度显著增强。主人翁意识强,在企业员工入职培训中能够起到明显的模范带头作用,工作业绩突出,晋升速度比较快。

杨晓东　攀钢集团西昌钢钒有限公司炼钢厂副厂长

重庆大学卓越工程师班培养的同学来到攀钢集团西昌钢钒有限公司后,秉持"耐劳苦、尚俭朴、勤学业、爱国家"的校训,践行生产实践与理论相结合的思维,在理论应用与科技创新等方面有着优异的表现。

通过在炼钢厂的实践,在基础理论方面,巩固了在校学习的专业课程知识;在企业导师的悉心指导下,深入生产一线,通过不断的实践,开阔了视野;学习方法恰当,虚心请教,会从失败中找经验,具有致之于行的学习态度与认真思考、勤于钻研的习惯。在工作创新方面,学习目的明确,善于发现并提出问题,会努力尝试多种方式解决问题,有强烈的求知欲和好奇心;有独立学习与研究问题的能力;能够结合所学的专业知识,运用已有经验和技能,独立分析并解决问题。敢于质疑,对问题有独到的见解,富有创新精神。在思想政治方面,西昌作为三线城市的代表,学生在工作中处处体现出"艰苦创业、无私奉献、团结协作、勇于创新"的三线精神,在新时代大学生思想政治教育中有着独特的优势;在不断提高自己政治觉悟和理论水平的同时,也意识到自己所肩负的社会责任,对个人人生理想和发展目标,也有较成熟的认识和定位。

卓越计划的模式有利于培养学生学以致用的思维与能力,益于适应由学校向社会的过渡;同时也为企业注入新的活力,互利共赢。

高聪立　华为分布式与并行软件实验室

计算机科学与技术专业卓越工程师班毕业生吕昱峰,于我司任职 AI 工程师岗位,从事MindSpore 深度学习框架的研发。吕昱峰同学具备良好的 AI 研究背景,熟练掌握深度学习框架开发网络模型的专业技能,具备良好的自然语言处理专业知识,能够在深度学习框架研发中胜任相关研发任务。

吕昱峰同学入职后,在针对深度学习框架易用性提升方面有独到的见解,能够通过其本身 AI 算法研究的经验认识到深度学习框架研究的不足并对其快速迭代改进。在入职后利用其自然语言处理专业背景,快速补齐了 MindSpore 在 LSTM、GRU、RNN 等算子的能力,解决了与竞品框架能力不对齐的问题。此外,该同学具有很强的个人表达和主动思考能力,多次对外进行布道活动和在线视频录制。

综上可见,重庆大学计算机科学与技术专业的学生培养质量高,能够胜任本部门具有挑战性的工作岗位。通过卓越工程师培养,学生具备扎实的基础理论知识和突出的实践创新能力,学生到产业界后能够快速适应工作岗位并成为企业的技术骨干。

张勇　华为技术有限公司 2012 实验室的部门主管

成欣雨是 2014 级电子信息工程卓越班同学。成欣雨同学在校期间表现优异,不但理论成绩优秀,还参加了大量的课外实践活动,包括重庆市"TI 杯"电子设计竞赛、国家大学生创新计划项目,以及生物组织焊接、激光测距、SLAM 自主导航小车等教师科研项目内容和一系列面向"卓越计划"的企业实习活动。本科毕业后被保送进入重庆大学学习,硕士研究生毕业后加入了华为技术有限公司的 2012 实验室。成欣雨在招聘工作中以优异的表现吸引了我部门的注意。她进入公司以后不但能快速完成角色转换,还能在不同研究方向项目研讨中积极参与讨论,思维非常活跃,经常能发表一些独特的见解,体现了她宽广的知识结构和扎实的学科基础。在具体研发工作中表现出了很高的工作效率和很强的工程实践能力,入职仅半年就为参与的项目作出了重要贡献,是一个不可多得的创新型人才。

刘娜　苏州汇川技术有限公司人力资源部高级招聘经理

汇川技术在学生的培养上制定了明确的职业生涯全景图,具体的培养方案采用"1+3+4"的培养模式,就是围绕 1 条主线:校园人—企业人—职业人—岗位人,3 大脉络支撑:规程规划、运营策划、效果检验,4 个培养阶段:初识 ISC 课堂集训,四大制造中心和计划中心学习,部门定制化培养,双导师培养。该培养方案与重庆大学自动化专业卓越计划实验班学子接受过的培养方案契合得较为密切,使得近年来加入汇川技术的卓越班学生不仅能够开阔视野,而且在实践能力上也得到很大提升。同学们对汇川实习非常满意,评价很高。参加实习的学生也获得了汇川公司各部门主管和企业导师的喜爱和一致好评:第一,学生整体学习态度及工作态度都非常值得肯定,做事认真细心,责任心强,虚心好学。第二,能在较短的时间内掌握工作要点及技巧,并结合在学校中所学的专业知识进行迭代创新,将其合理地利用到实习工作当中。第三,综合能力强,执行力强,有主见,做事踏实务实。尤其部分同学表现异常突出,善于思考与总结,有担当,能够在企业导师的引导下积极为企业献计献策。第四,重大学子在实习中表现出了极高的理论水平及实践能力。

汇川技术有限公司欢迎重庆大学自动化专业的学子毕业后加入企业科研团队,为企业振兴和中国自动化的发展作出自己的更大贡献。目前已有部分重庆大学自动化专业硕士毕业生和博士毕业生来到汇川工作,由于他们在科研领域的积极探索、面对挫折的百折不挠以及优秀的团队协作和工作奉献精神,在我公司成长迅速,现皆已成为业务骨干。

张潇葳　上海汉得信息技术股份有限公司研发中心系统管理部经理

重庆大学软件工程专业"卓越计划班"每年都有优秀毕业生进入汉得公司,并在公司不同部门不同岗位上奉献自己的青春,贡献自己的知识和智慧。

在公司核心部门内每年都有重大学子崭露头角,担任部门中重要岗位,并能够凭借自身专业能力、管理能力评聘经理、高级经理等岗位,在重要核心岗位上做出突出贡献和业绩。在日常研发工作中,能够将软件工程基础理论及专业知识熟练运用于解决企业项目开发过程中遇到的复杂工程问题。能够运用所学知识和技能,分析、识别、表达并通过文献研究等方式获得有效结论,总结形成解决问题的方法论,并能将方法论推广赋能给其他同事,不藏私,乐于分享,乐于奉献。在项目开发实践中,遇到困难能够迎难而上,挺身而出,利用现代化工具获取相关领域最新研究进展,通过学习和融会贯通,能够举一反三地设计、研究出满足特定需求的系统,并能够从设计中体现高性能、高可用、高可靠的架构设计思想等合理的解决方案。在客户现场能够运用自身所学知识,结合客户的生产实际与客观环境,灵活解决客户问题,并通过有效的口头交流、书面沟通等方式与客户达成一致意见,为客户排除风险,获得客户好评。

总之,就职于汉得公司的重大学子在各个方面都能取得公司领导、同事的一致认可和肯定。

安晓英　凤冈县龙泉街道办事处财政所所长

我单位黄聪同志于2013—2017年在重庆大学能源与动力工程学院进行本科学习,其间加入重庆大学"卓越计划",进行了为期三年的系统培训与学习,具有扎实的技术技能与较高的思想水平。经过"卓越计划"的培养,黄聪同志在思想上,为人正直、稳定、谦虚,具有较强的事业心与进取心,能够设身处地地为他人着想,热爱集体,积极学习我党先进的思想与理论,积极向党组织靠拢;工作上,业务能力扎实、业务水平优秀、爱岗结业、态度诚恳、上进心强、坚持原则、顾全大局、谦虚忍让,能够以身作则,在同事中起到良好的带头作用;生活上,乐于助人、关心同事、作风正派,具有较好的群众基础。"卓越计划"旨在面向工业界、面向世界、面向未来,培养造就一大批创新能力强、适应经济社会发展需要的高质量各类型工程技术人才,为建设创新型国家、实现工业化和现代化奠定坚实的人力资源优势增强我国的核心竞争力和综合国力。黄聪同志是本单位为数不多的具有扎实自然科学基础、创新能力与可塑性强的实用性技术人才,其自身素质的提高与取得的成绩离不开"卓越计划"的培养,充分肯定了"卓越计划"的培养成效。

后　记

　　自 2011 年以来,重庆大学的工程教育围绕教育部"卓越计划",不断呼应经济社会发展,尤其是建设创新型国家的战略需求,从目标定位、组织构架、教学管理、政策措施、培养模式等方面进行了全方位的改革和探索,取得了令人瞩目的成绩。但面对新四次工业革命的强烈冲击,人工智能、大数据、物联网、云计算、区块链、智能制造、智慧城市、智慧能源的"海啸山呼",我国的工程教育改革依然任重道远。就我校的工程教育而言,人才培养链、科研创新链、产业市场链等的衔接不够密切,政产学研协同合作的深度、广度尚待加强,学科专业的结构体系较为陈旧,对新经济、新技术、新产业、新业态的回应不足。工程教育的教育教学、科学研究、教师发展、制度设计、治理体系、理念目标、实践体系等,都需要更加深入的改革和创新。

　　面对经济社会发展出现的新科技、新业态、新产业以及新工科建设的方向要求,未来我校的工程教育要扬弃历史制度主义和传统工科惯性思维、工业及变革、知识生产模式视角所归纳的经验与不足,建立"大工程观",摒弃工程教育传统狭隘的科学、技术内涵,强调知识的完整性和系统性,注重政治、经济、道德、环境、可持续发展与工程自身的结合,并且逐步强调工程实践,从而让工程教育秉持回归引领、回归创新、回归实践、回归质量、回归协同。在学科专业方面,要洞察人类需求、明晰产业发展的新方向,突破学科基础导向,转为国家战略和产业需求导向,调整优化、改造升级学科结构和专业,积极主动布局新工科建设,敢为人先设置前沿及短缺专业,同时破除专业分割壁垒、不断跨界交叉融合。在人才培养方面,明晰未来经济社会发展的新工科人才特征和需求,着力培养引领未来科技与产业发展的人才,持续有效更新工程人才知识体系、课程体系和教学体系,创新工程教育方式手段,提升学生的国际视野、工匠精神以及工程伦理、生态思维,促进工科生的工程科技创新、跨学科及跨界能力,建立全周期、立体化、多维度的教育理念与实践,进一步优化个性化人才培养模式。搭建多层次、跨领域的校企联盟,推动政学产研的合作办学、育人、创新、共赢,积极探索发展未来产业学院和高等工程师学院,构建区域共享的高水平人才培养及实践平台,综合联通、运用内外部资源条件,打造工程教育开放融合的新生态。

　　我们欣喜地看到,重庆大学工程教育已形成自己的特色和经验,为国家战略发展、社会经济进步、产业转型升级、大国工匠培育等作出了卓越的贡献。未来我校的工程教育所面临的挑战与希望并存,我们必须坚守自信与自省、担当与作为、开放与创新的主旨,深入实施《重庆大学本科教育 2029 行动计划》，在新工科人才培养和跨学科工程教育方面持续发力。秉持"研究学术、造就人才、佑启乡邦、振导社会"的办学宗旨，为建设中国特色、重大风格的世界一流工程教育和学校的"双一流"建设做出不懈的追求和努力。

嘉陵东流，日月交辉，大自然生生不息，用规则演绎着生命的轨迹；

人文重大，英才辈出，学子们岁岁寻梦，用文化滋润着个体的心灵。

重庆大学本科生院院长

2022 年 3 月